제4물결 페미니즘: 정동적 시간성

The Feminist Fourth Wave: Affective Temporality

제4물결 페미니즘: 정동적 시간성
The Feminist Fourth Wave: Affective Temporality

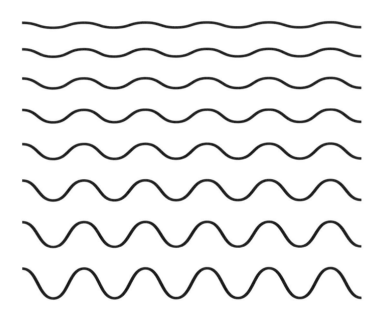

프루던스 체임벌린 Prudence Chamberlain 지음

김은주, 강은교, 김상애, 허주영 옮김

EDITUS palgrave macmillan

• 일러두기

1. 이 책은 프루던스 체임벌린Prudence Chamberlain의 *The Feminist Fourth Wave: Affective Temporality*(2017)를 완역한 것이다.

2. 주석은 모두 각주로 처리했으며, 옮긴이가 작성한 주는 해당 각주 앞에 '(옮긴이)'로 표시했다.

3. 옮긴이가 이해를 돕기 위해 추가한 내용은 [ ]로 묶어 표시했다

차례

감사의 말

이 책을 이루는 견해들은 여러 컨퍼런스에서 발표된 바 있다. 컨퍼런스에서 오간 논의는 정동affect에 대한 사유와 물결 서사에 대한 이해를 발전시키는 데 도움이 되었다. 로열홀로웨이 런던 대학RHUL이 주최한 '학계에서의 페미니즘'에서는 부정성 및 '아니오no'의 힘에 대해 이카 윌리스Ika Willis와 대화를 나눌 수 있었다. 마찬가지로 골드스미스 대학의 '급진적인 부정성Radical Negativity'은 여러 페미니스트 집단과 결부된 연대의 감각뿐만 아니라 나쁜 정동에 주목할 수 있도록 했다. 런던 퀸 메리 대학의 '페미니즘: 영향: 유산 심포지엄Feminism: Influence: Inheritance Symposium'은 아이러니 및 동시대 행동주의에 관한 논의를 촉구하는 장이었다.

책에 포함된 수많은 아이디어들은 이전에 출판된 작업들에서, 그리고 그 작업들을 통해 발전되었다. 엘리자베스 에번스Elizabeth Evans와 함께 쓴 글「비판적 물결들: 서구 페미니즘에서 정체성, 담론, 실천을 탐구하기Critical Waves: Exploring Identity, Discourse and Praxis in Western

제4물결 페미니즘: 정동적 시간성

Feminism」는『사회운동 연구: 유럽에서의 새로운 페미니즘들*Social Movement Studies: New Feminisms in Europe*』에 실려 출판되었다. 「아이러니의 상속과 경박함의 발전*Inheriting Irony and the Development of Flippancy*」은『페미니즘, 영향, 유산: 영어영문학에서의 새로운 에세이들*Feminism, Influence, Inheritance: New Essays in English Studies*』에 수록되었다. 그리고 가장 최근에는「정동적 시간성: 제4물결을 향해*Affective Temporality: Towards a Fourth Wave*」가『젠더와 교육: 지금이 아니면 언제? 동시대 행동주의, 사회적, 교육적 맥락에서의 페미니즘*Gender and Education: If Not Now, When? Feminism in Contemporary Activist, Social and Educational Contexts*』에 포함되었다. 이 모든 논문은 정동, 시간성, 페미니즘에 대한 나의 사유에 도전하고, 그것을 발전시키고 고무해 준 엄격하고도 협력적인 심사자들을 거쳤다.

나는 로열홀로웨이에서 나를 지지하는 수많은 동료들과 일하면서 이 책을 시작했다. 로버트 햄프슨*Robert Hampson*과 로버트 이글스톤*Robert Eaglestone*은 책을 쓰는 과정에서 엄청나게 유용한 조언을 주며 함께 초고에 대해 논의했다. 크리스틴 크라이더*Kristen Kreider*는 이 작업의 모든 초고를 사심 없이 읽어 준 지지가 되는 동료일 뿐만 아니라, 훌륭한 박사 과정 지도 교수였다. 그녀의 도움이 없었다면 정동적 시간성에 관한 논의는 세상에 나올 수 없었을 것이다. '발생적 제약*Generative Constraints*'은 정체성 정치와 시간성을 논의하는 데 유용한 그룹이었다. 이런 점에서 니샤 라마야*Nisha Ramayya*, 다이애나 데미언*Diana Damien*, 케이트 포츠*Kate Potts*, 닉 웨이크필드*Nik Wakefield*에게 감사의 말을 전한다. 엘리자베스 에번스와 함께 일하고 글을 쓰는 것은 물결 서사에 대한 나의 의견을 공고하게 해

주었으며, 동시대 페미니스트 행동주의에 대한 나의 이해에 큰 도움이 되었다. 크리스틴 온^{Kristin Aune}과의 토론과 이메일은 특히 온라인 공간 및 젊은 세대와 관련하여 동시대 행동주의에 대한 훌륭한 통찰력을 제공했다. 엘리 윌리엄스^{Eley Williams}는 흔들리지 않는 친구이자 불평 없이 고된 일을 떠맡은 편집자였을 뿐만 아니라, 열정적으로 정치에 대해서 말을 해줬다. 1980년대에도 분명히 정동과 페미니즘이 있었다고 말해 준 스펠라^{Spela}에게도 감사 드린다.

나를 지지해 주는 가족들에게 감사하다. 페미니즘에 지속적으로 관심을 가지고 연결되고자 하는 아버지, 함께 정치에 관해 논의하고 와인 한 잔을 하면서 다른 목소리를 주는 자매, 그리고 지속적으로 인내심 있게 초안을 읽어 주는 어머니에게 감사하다. 하지만 무엇보다도 내가 흥미를 잃었을 때 내 원고에 흥미를 가져 준 점에 대해서 가족들에게 감사를 표하고 싶다. 마지막으로, 커피가 어디 있는지 알고 나의 작업을 언제 중단시켜야 할지를 알고 있는 아내 킴 버시^{Kim Bussey}에게 감사하다.

1장

서문

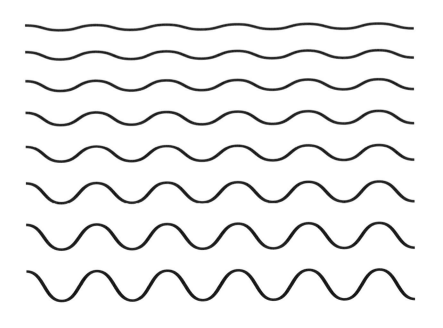

최근의 페미니즘 학계, 언론, 행동주의 단체는 페미니즘 물
결이 네 번째 단계에 다다랐음을 인지했다(Aune and Dean 2015;
Evans 2015; Cochrane 2014; Munro 2013; Baumgardner 2011; Wrye
2009). 미국에서 제4물결에 관한 주장이 일부 이루어지긴 했지
만, 영국에서 제4물결이라는 용어는 일찍이 2013년부터 지지를
받았을 만큼 강한 견인력을 가지고 있다. 이 책은 물결 서사를 이
용하는 데 따르는 문제점을 다루면서도, 전반적으로는 제4물결
의 순간에 대해 고찰한다. 물결 [서사]에 대한 비판을 인지하면서,
나는 '정동적 시간성affective temporality'이라는 개념을 탐구하기 위해
[물결] 서사를 정동과의 대화에 놓고자 한다. 물결이라는 용어는
페미니즘을 제한한다는 이유에서 비판받아 왔음에도 여전히 사
용되고 있다. 이는 물결 서사와 관련한 문제가 해결되었다기보다
는, [물결 서사가 가진] 문제에도 불구하고 여러 생산적인 가능성
을 갖는다는 뜻이다. 따라서 페미니스트들은 더 유연한 접근법을
허용하는 물결 서사에 대해 연구할 필요가 있다. 현재 순간의 정
동적인 즉시성에 어떻게 과거와 미래가 영향을 미치는지를 고려
하면, 물결은 페미니즘 시간성feminist temporality에 접근하기 위한 수
단이 될 수 있다.

　　『가디언The Guardian』의 저널리스트인 키라 코크런Kira Cochrane은
2013년에 『반항하는 모든 여성들: 제4물결의 등장All The Rebel Women:
The Rise of the Fourth Wave』을 출간했다. 그녀는 제4물결의 출현을 탐구하
면서 왜 바로 이 순간에 행동주의가 급등하고 있는지에 대해 논
한다. 이 책은 코크런이 제4물결의 핵심으로 여기는 강간 문화,
온라인 페미니즘, 유머, 교차성과 포함이라는 네 영역으로 나뉜

다. 제4물결의 상승에 대해 논하면서, 코크런은 영국에 한정해 여러 활동가들에 주목한다. 그녀는 이 활동가들을 페미니즘으로 이끈 개인적 경험뿐 아니라, 공적 차원에서 이들이 사회운동 전반에 기여한 바를 자세히 설명한다. 거리 성희롱 경험으로 페미니즘에 뛰어든 지넌 유니스Jinan Younis, 올림픽 기간 동안 여성 운동선수에 대한 성차별적 보도에 절망하여 '노 모어 페이지 3No More Page 3' 캠페인*을 시작한 루시앤 홈스Lucy-Anne Holmes, 여성 성기 절제FGM 과정에 관련된 여성들에게 신체적이고 정신적인 지원을 제공하는 동시에 여성 성기 절제 관행에 반대하는 캠페인을 벌이는 단체 '이브의 딸들Daughters of Eve'을 설립한, 일곱 살에 성기 절제를 받은 님코 알리Nimko Ali 등이 언급된다. 이어서 코크런은 캐럴라인 크리아도 페레스Caroline Criado-Perez, 로라 베이츠Laura Bates, 소라야 슈말리Soraya Chemaly와 같은 다른 주요한 페미니스트들과 '페미니스타Feminista,' '밤을 되찾자Reclaim the Night,' '남런던 강간위기대응센터 Rape Crisis South London'와 같은 단체들을 나열한다. 코크런은 개인과 단일 캠페인에 주목하고 있으며, 이 사례들이 영국에 한정된다는 점은 [이 책에서 진행될 논의에] 유용하다. 코크런이 이 여성들을 제4물결의 간판 인물로 제시하고 있지는 않더라도, 행동주의와 [페미니즘에 대한] 관심이 급등하는 현상의 경과를 나타내는 예시로 사용하고 있다. 코크런이 자세히 설명하는 행동주의는 페미니즘 제4물결을 구성하는 정동적 강도affective intensity에 대한 나의 이해를 뒷받침한다.

---

* (옮긴이) 『선The Sun』 신문이 헐벗은 여성의 사진을 싣는 문제에 대해 다루는 캠페인이다. 이 캠페인에 대한 자세한 내용은 웹사이트(https://nomorepage3.wordpress.com/about/)를 참조.

「왜 지금인가?Why Now?」라는 제목의 장에서 코크런은 행동주의, 주요 목적, 중심적인 성취, 중추적인 참여자를 고려하면서 각 물결의 역사를 추적한다. 코크런은 제4물결로 눈을 돌리면서, 어떻게 여성들이 자신의 문화로부터 한발 물러서 예리한 눈으로 그 문화의 실패를 불현듯 인식하는 순간이 나타날 수 있는지를 고려한다. 그러나 문화적, 사회적 맥락을 검토하기 위해 한발 물러서는 이 움직임은 무엇인가—한발 물러서 더 폭넓게 살펴볼 수밖에 없게 만드는 갑작스레 떠오르는 자각—에 의해 촉발되어야 한다. 코크런은 이 [자각의] 순간이, 자해[를 하기]나 거식증[에 걸린 여성들]이 늘어나는 동시에 패션모델의 신체 사이즈는 줄어들면서, 신체 이미지에 대한 [여성들의] 우려가 증가했기 때문이라고 본다. 그녀는 이 현상을 2010년 집권한 [보수당과 자유민주당의] 연립 정부에 의해 악화된 경제공황의 맥락에서 숙고한다. 긴축재정을 반대하는 운동은 실제로 페미니즘의 새로운 물결에 기여했고 반영되었으며, 이전 몇 년 동안 약해졌던 것으로 보이던 시위와 저항의 문화를 만들어 냈다. 영국 의회의 공금 유용 스캔들과 공공서비스 예산의 가차 없는 삭감으로 촉진되었으며, 이는 영국 국민의 정치화가 새로운 페미니즘 물결의 시작에 에너지를 더했다.

페미니즘의 역사는 '대중적인 것'을 향한 회의를 증명해 왔다. 여기에서 "대중적인 장르는 (……) 종종 페미니즘 정치와 페미니스트 주체에 반하는 것으로서 위치 지어져 왔다"(McBean 2015: 15). 그럼에도 불구하고 제4물결은 초기에 언론으로부터 인정과 신뢰를 얻는 듯했다. 이와 같은 [언론의] 인정은 페미니즘 주체들과 페미니즘 정치에 반하는 것이라기보다는, 행동주의의 '한복판'에서 보도하는 이들이 [페미니즘] 활동의 급등이라고 식별한 것에 붙일 이름을 찾아야 했기 때문인 것으로 보인다. 그 이후로 제4물결이라는 용어는 『허핑턴 포스트』, 『텔레그래프』, 『LA 타임스』, 『뉴욕 타임스』를 포함한 여러 언론 매체에서 사용되었다. 이 용어는 학계에도 등장해, 여러 대학 중에서도 레스터 대학과 런던 대학UCL에서 [페미니즘 제4물결에 대한] 학술 대회가 개최되기도 했다. 따라서 이 경우, 제4물결이라는 용어가 대중적으로 사용되는 방식은 페미니즘이 이 용어를 운용하는 방식과 어긋나지 않는다. 대신에 이는 행동주의의 급등이 얼마나 널리 퍼져 있는지를 보여 준다. 제4물결이 오직 학자들에 의해서만 식별된 것이 아니며 활동가들 및 펼쳐지고 있는 행동을 논평하는 저널리스트들에 의해서도 사용되고 있다는 사실은, 이 급등이 다양한 분야에서 나타난 페미니즘을 관통했음을 시사한다.

기술의 동시대적 발전이 페미니즘 제4물결을 촉발하는 데 중요한 역할을 했을 수도 있다. 따라서 "학자들은 새로운 기술이 [페미니즘] 논의와 행동주의에 미치는 영향을 반드시 고려해야 한다"(Munro 2013). 일라사이드 먼로Ealasaid Munro는 기사 「페미니즘: 제4물결?Feminism: A Fourth Wave?」에서 제4물결이 인터넷, 특히 콜아웃call-out 문화*를 촉진하는 소셜 미디어에 의해 가능해졌다고 주장한다. 소셜 미디어는 페미니즘이 반대하는 성차별주의 및 여성혐오와 직접 맞붙을 수 있는 환경을 조성하여 그에 부단히 이

---

* (옮긴이) 문제적인 행동을 한 인물을 온라인상에서 공개적으로 망신을 주거나 왕따를 시키는 문화를 뜻한다.

의를 제기할 수 있게끔 했다. 온라인에서 [활동하는] 여성의 수가 증가하고 있을 뿐만 아니라, '일상 속의 성차별Everyday Sexism'과 '노 모어 페이지 3'를 포함한 여러 페미니즘 캠페인이 인터넷상에서 출범하기도 했다. 그러나 먼로는 온라인에 존재하는 여성들의 수가 늘었음에도 불구하고, 여전히 서구 민주주의 국가에서 여성들이 통탄할 만큼 과소 대표되고 있음을 시인한다. 연립정부 내각에서 여성들은 낮은 비율의 의석만을 차지하고 있을 뿐이다. 먼로가 제시하는 제4물결의 또 다른 특성은 교차성이다. 그녀는 특권 점검하기privilege checking와 더 개방적인 페미니즘을 향한 시도의 일환으로 (시스cis, 유색 여성WoC, 트랜스 배제적 래디컬 페미니스트 TERF와 같은 용어를 포함한)* 새로운 전문 어휘를 도입하는 것에 대해 논의한다. 그러나 교차성은 페미니즘 내부에서 1980년대 이래로 죽 논의되어 왔다(Evans 2015). [그렇기에] 교차성이 페미니즘 제3물결의 핵심 방법론으로 간주될 수야 있겠으나, 페미니즘의 개방성은 물결 서사 내외부를 막론하고 계속 이어지고 진보해야 하는 과정인 듯하다. 이는 각각의 새로운 물결이 교차성이 증대된 시기가 도래했음을 알린다는 뜻은 아니다. 그보다 페미니즘이 시간이 지남에 따라 점점 더 교차성을 늘려 간다는 뜻이다. 사회 전체가 불평등(특히 계급, 섹슈얼리티, 인종을 둘러싼 불평등)을 점점 더 자각하게 됨에 따라, 페미니즘 역시 더 주변화되거나 간

---

* 시스젠더cisgender는 태어날 때의 젠더 혹은 섹스로 스스로를 정체화하는 이들을 서술하는 데 사용하는 용어다. WoC(Women of Color)는 유색인 여성에게 보통 교차성의 실패나 교차적인 재현에 대해 논할 때 사용된다. TERF(Trans-Exclusionary Radical Feminist)는 트랜스 배제적인 래디컬 페미니스트의 약어이며, 트랜스 활동가들과 스스로를 트랜스 배제적인 페미니스트라고 정의하는 이들 모두에 의해 사용된다.

과된 정체성들을 포함하고 지지하는 데 익숙해진다. 먼로는 페미니즘의 네 번째 현현이 특히 운동의 주변부를 점유하는 사람들에게 목소리를 주는 일과 관련된다고 쓰면서 이에 동의하는 듯하다.

『사회운동 연구』의 최근 특별호에서 편집위원 크리스틴 온과 조너선 딘Jonathan Dean은 영국과 유럽에서 일어난, 페미니즘의 부활로 보이는 현상에 대해 다루었다. 그들은 "제4물결이라는 용어가 아직 제3물결이 달성한 수준의 명성을 얻지는 못했지만, 제4물결의 출현은 페미니즘 실천에서 물결에 기초한 은유가 갖는 매력이 지속하고 있다는 증거"라고 말한다(2015: 381). 물결 서사의 내구성을 시인한 온과 딘은 제4물결에 대해 상술하거나 묘사하려 하지 않는다. 코크런이나 먼로와 마찬가지로, 그들은 유머나 온라인 행동주의 같이 [제4물결의] 몇 가지 주요 특성을 추정하기는 한다. 그러나 이들 특성이 제4물결의 현현에 대한 완전한 개괄이나 완결된 정체성을 만들어 내지는 않는다. 두 필자는 [제4물결에 대한] 포괄적인 개요를 제시할 수 없음을 인정하는 한편, [물결의] 동시대성을 시인한다. 행동주의의 순간이 펼쳐질 때 그것을 구성하는 요소들을 식별할 수는 있지만, 전체 그림의 의미는 그 사건이 끝나기 전까지는 이끌어 낼 수 없다. 결정적인 서술을 피함으로써, 온과 딘은 제4물결에 대해 쓰면서도 그것의 발전을 억누르지 않는다. 실로 [물결의] 진보와 발전을 결정하는 것은 행동주의 운동이다. 페미니즘, 행동주의, 학계의 관계는 오랫동안 생산적이기도 하고(Simic 2010), 까다롭기도 한(Boetcher Joeres 2000; Stacey 2000; Wiegman 2002; Currie and Kazi 1987) 대화로 자리 잡아 왔다. 행동주의와 학계는 서로에게 영향을 미치지만, 그럼에도 불구하고 무엇이 페미니즘의 행동을 구성하는지에 대해 의견이 일치하지 않을 수 있다. 어쩌면 제4물결의 본질을 명확하게 약술하기를 망설이는 것은 자연스러운 성장이나 발전을 저지하기를 꺼리는 학문적 자세를 뒷받침하는 듯하다. 제4물결의 외연을 명명함으로써 그 본성을 고정시키는 호명보다는, 페미니즘의 이 순간이 갖는 불확실성이야말로 행동주의를 더 유기적으로 발전하게끔 한다. 물결이 정식화된 정의의 제약 밖에서 스스로 형성될 수 있다는 이 관념은 내가 정동에 주목하는 이유를 잘 드러낸다. 여기에서 정동은 매우 우연적이고 적응력 있으며, 개인적인 것과 정치적인 것 사이의 공간들에서 작동한다.

페미니즘의 구조

물결 서사는 여전히 널리 쓰이면서도 비판을 불러일으킨다는 점에서 논쟁적이다. 물결 서사를 둘러싸고 발생하는 어려움은 페미니즘 담론, 구체적으로는 사회운동이 이야기를 만들어 낼 때 의존하는 구조와 직접적으로 관련된다. 서사는 모든 목소리를 언제나 아우를 수는 없으므로 [특정 목소리에] 집중한다(Springer 2002). 특히 물결과 관련하여, 연대기적인 배열은 [특정한] 몇몇 시기 전체가 사라지거나 얼버무려진다는 뜻이다(Laughlin et al. 2010). 또 이야기는 특정한 활동가들을 주인공으로 만들면서 다른 이들이 진행하고 있는 풀뿌리 활동은 간과할 수 있다(Laughlin et al. 2010). 페미니즘을 체계화하는 데 사용되는 구조에 의해 이러한 생략이 발생한다면, 물결 [서사]의 한계는 불가피할 것이다. 이러한 구조가 실패와 성공의 서사로 놓일 때, 페미니즘을 [순서대로] 배열하는 일에 있어 특히나 완고해진다(Hemmings 2011). 우리는 사회운동이 이해되는 방식을 결정할 그 어떤 페미니즘 이야기도 선택할 수 있다. 이는 용감한 여성 개인들에 관한 것일 수도 있고, 진보의 이야기거나 시대가 변함에 따라 정체성을 잃어 가는 이야기일 수도 있다. 또 이 이야기는 격렬한 행동의 빛나는 순간들로 나뉠 수도 있고, 역사에서 간과되어 온 순간들에 집중할 수도 있다. 그리고 나는 물결 서사를 이용해 제4물결 페미니즘의 이야기를 들려주고자 한다. 이러한 나의 결정은 물결 서사의 탄력성에 크게 의존한다. 바다 은유가 지속적으로 비판받아 왔음에도 불구하고, 물결은 페미니즘 행동주의가 네 번째로 늘어났다고 여겨지는 이 시기를 묘사하기 위해 여전히 사용되고 있다. 게다가 나는 물결이 내포하는 솟아오름과 원기 왕성함이, 페미니즘 내부에서 행동의 증가를 일으키는 정동적으로 강렬한 기간을 잘 드러낸다고 믿는다.

서사에 의존할 때 페미니즘이 무엇인지 정확하게 기술하거나 페미니즘을 페미니즘이 아닌 것과 구별할 필요가 사라진다. 번호나 연대기[로 페미니즘을 기술하기]를 거부한다 하더라도, 퀴어 queer나 트랜스포지티브trans-positive와 같이 '페미니즘'에 선행하는 수식어와 [페미니즘과의] 구별은 드러나게 되어 있다. 이는 흑인 페미니즘에도 적용될 수 있으며, '흑인'과 '페미니즘' 사이의 긴장은 사회운동에 정착된 백인성에 대한 필수적인 응답으로 여겨진다(hooks 2014; Lorde 2013). 이와 유사하게 몇몇 활동가들은 자유주의 페미니즘과 확연히 분리된 입장을 취하는 래디컬 페미니즘을 지지하거나 [스스로를] 래디컬 페미니스트로 정체화할 수도 있다(Tong 2014).

그렇다면 물결이 궁극적으로 분열을 초래한다는 비판은 사실상 모든 페미니즘에 적용될 수 있는 것처럼 보인다. 나는 수많은 다양성과 차이가 그 안에 포함되어 있다는 것이야말로 정치가 갖는 힘이라고 본다. 이는 페미니즘을 계속해서 진보하게 한다. 페미니즘의 신조를 지지하는 여성들을 모두 포함하고 이들을 더 나은 방식으로 대표할 수 있게끔 하면서 말이다. '물결 서사'를 페미니즘의 가장 문제적인 용어 중 하나로 여기는 것은 운동 전체가 언제나 서로 다른 용어, 대안적인 정체성, 풀뿌리 운동, 세부 집단으로 풍부해져 왔음을 간과하는 것이다.

물결의 편재성ubiquity을 지배의 한 형태로, 그러니까 진보, 저항, 전복이라는 페미니즘 정치에 반하는 것으로 읽을 수도 있다. 캐슬린 A. 로플린Kathleen A. Laughlin이 쓰듯, 물결은 "여전히 여성 권리 운동의 기원을 분석하고 설명하기 위한 지배적인 개념 틀이다"(2010: 76). 아마도 물결은 익숙해지기도 연구하기도 어려운 거대 서사로 자리 잡은 듯하다. 물론 주로 미디어에 의해 선택되고 정의된 몇몇 행동주의의 격렬한 순간들이 페미니즘의 전부라고 이해될지도 모른다는 점은, 꾸준히 행동을 이어 나가고 있는 활동가들의 노력을 깎아내리는 것처럼 보인다. 그러나 물결이 편재한다는 바로 그 이유 때문에, 서구 페미니즘에서 물결이 갖는 중요성을 일축하기란 거의 불가능하다. 그렇다면 낸시 휴잇Nancy Hewitt이 제안한 것처럼 "특정 시기의 행동주의를 구성하는 여러 상충하는 요소들을 인지하기 위해 물결 개념 자체를 재구성하는 것"이 가장 유용할 것이다(2012: 659). 물결을 사용하는 것 [자체]에 의문을 제기하는 대신 물결이 왜 사용되는지, 물결이 페미니즘의 역사 전체를 대표하는 것처럼 보이지 않도록 그 의미를 어떻게 바꿀 수 있는지를 고려하는 것이 더 유용할 수 있다(Evans and Chamberlain 2015). 실로 물결은 훨씬 너른 바다에서 일어나는 현상으로, 여러 다른 요인에 의해 영향과 자극을 받는다. 그렇다면 물결은 지난 두 세기 동안 일어난 페미니즘 행동을 합한 전부가 아니라, 특히나 화끈하고 격렬해 보이는 순간들에 부여된 이름이라고 할 수 있다.

온과 딘은 다음과 같이 질문한다. "새로운 물결은 이전에 발생한 모든 것을 쓸어 내기 위해 나타나는 것일까? 또 페미니스트 어머니들과 딸들에 대한 이야기는 여성들 사이에 존재하는 다른 종류의 관계를 느슨하게 하고, 지식 재생산에 관한 이성애 규범적 모델을 만들어 내는 것일까?"(2015: 379) 이러한 질문은 두 가지를 시사한다. 첫째는 물결이 페미니즘의 역사를 삭제하지 않는다는 것이다. 새로운 물결이 선언되거나 부상할 때, 새로운 물결은 이전 물결의 노력을 뿌리 뽑지 않는다. 사실 새로운 물결은 평등을 목표로 하여 꾸준히 이어져 온 [페미니스트들의] 투쟁에 특정한 급등을 더할 뿐이다. 따라서 물결들이 비슷한 시간대를 차지하거나 어떤 방식으로든 겹쳐지는 경우, 이들을 서로 충돌하는 것으로 여기면 안 된다. 둘째는 서로 다른 세대의 페미니즘 사상과 행동주의를 묘사하는 데 사용되는 그 어떤 가족 서사보다 물결 서사가 더 생산적일 수 있다는 것이다. 제2물결과 제3물결[의 관계]를 묘사하기 위해 초기에 사용되었던 어머니와 딸 모델은 위계와 반항의 감각을 드러내며, 새로운 것이 오래된 것을 대체한다는 느낌을 만들어 낸다. 마찬가지로, 가족 서사는 페미니즘이 이성애 규범적인 존재 모델을 여성의 종속을 떠받친다는 이유에서 비판해 왔다는 사실을 간과한다(Rich 1995). 따라서 [페미니즘] 정치를 가족 서사로 깔끔하게 정리하려는 것은 사회에서 '어머니'와 '딸'의 역할을 수행하는 데 따르는 어려움을 간과하는 것과 같다. 온과 딘은 물결을 "서로 다른 맥락에서 서로 다른 의미를 갖고 서로 다른 효과를 취하는 일련의 담론"으로 이해할 수 있다고 제안한다(2015: 397). 여기서 강조하고 싶은 것은 딘과 온의 정의 전반에 걸쳐 흐르는 우연성이다. [새로운] 물결을 특정한 세대와 결합시키거나 진보의 불가피함 탓으로 돌리는 것과는 달리, [물결의] 급등은 상호 의존적인 다양한 요인들에 의해 형성된다. 물결은 담론, 효과, 맥락, 정동이 모두 수렴하는 순간으로, 단결된 행동주의가 적응하고 진화해 나가는 활기 넘치는 시기를 만들어 낸다.

　　제4물결의 순간이 부상했음을 인정하면서 "역사적 특이성과 세대적 특이성 사이에는 중요한 차이가 있다"는 점을 고려하는 것이 유용하다(Kaeh Garrison 2000: 144-45). 세대적 특이성이 암시하는 바는, 젊은 여성 집단이 그들의 정체성에 더 호의적이고 잘 들어맞는 사회운동을 형성하기 위해 [페미니즘] 정치에 접근할 때 [새로운] 물결이 부상한다는 것이다. 그러나 이는 역사적 특이성과 혼동되어서는 안 되며, 정동적 시간성에 대한 나의 이해를 더 잘 뒷받침하는 것은 이 역사적 특이성이다. 역사적 특이성은 사회운동으로서의 페미니즘이 시대의 변화에 맞추어 적응해야 함을 시사한다. 즉 [새로운 물결은] 젊은 여성들이 페미니즘 운동의 전면적인 혁신을 밀어붙인다는 뜻이 아니다. 오히려 시대가 진보하면서 페미니즘이 새로운 형태를 취할 것이 요구된다는 뜻이다. 예를 들어, 이 특정 순간에 우리는 [페미니스트들이] 페이스북이나 트위터 등의 온라인 포럼을 사용하여 소통하고, 조직하고, 캠페인을 펼치는 모습을 볼 수 있다. 이러한 온라인 운동은 페미니즘을 1990년대에 태어나 기술 발전과 함께 자란 젊은 여성들만의 영역으로 옮겨 놓지 않는다. 그렇다기보다 소셜 미디어는 페미니즘을 장려하고 제4물결에의 참여를 공고히 하는 데 [소셜 미디어의] 연결성과 즉시성을 활용할 수 있는 다양한 여성들에게 플랫폼을 제공하고 있다. 그러므로 특정한 기술과 행동주의가 나타난 원인은 세대가 아닌, 연대기적 시간 속에서 방법론적 혁신이 불가피한 시점에서 구해져야 한다.

정동은 시간에 대한 이러한 이해와 공명하며, [시간 이해에] 세대 개념에 반하는 것으로서 순간 개념을 보충한다. 물결을 세대적인 의미로 이해하면, 어머니와 딸 모델이 제안한 가족 계보와 마찬가지로 특정한 유형의 정체성만을 고려하게 된다. 게다가 물결에 대한 세대적 이해는 젊은 세대로 하여금 자기 세대의 요구를 가지고 새롭게 시작할 준비를 해 이전까지의 기대를 타파하고 완전히 혁신할 것을 요구하면서, 페미니즘 정치가 사실상 역사의 흐름에 적응하지 못한다고 암시한다. 요즘 우리의 소셜 미디어 사용법이 시사하듯, 기술 발전은 정치적 맥락에서 생겨난 변화들과 마찬가지로 [다른 시대에서보다] 흔히 나타나는 특정한 형태의 참여를 만들어 낸다. 결과적으로 이러한 형태의 참여는 특정한 종류의 느낌feeling을 자아 낸다. 기술이 가능케 한 속도는 응답성, 즉시성, 신속성의 감각, 그리고 대화를 하거나 불만을 표현할 수 있는 문화를 보장한다. 이 책에서 내가 정동, 느낌, 감정에 중점을 두는 이유는 어떻게 개인적인 것과 정치적인 것이 페미니즘 운동에 여전히 영향을 미치고 있는지 인지하기 위함이다. 더욱이 그렇게 함으로써 나는 물결 서사를 분리적인 방식으로 이해하지 않을 수 있다. 대신에 특별히 주목할 만한 [행동의] 급등이, 정동이 특히나 강렬한 시기 또는 느낌의 증가와 관련된 것일 수 있음을 시사하고자 한다. 세대적 차이 또는 오래된 것을 대체하는 새로운 것으로서의 물결 [개념]을 거부함으로써, 정동은 오랫동안 존재해 온 페미니즘의 바다에 각각의 새로운 [물결이] 현현하여 활력 넘치는 시기를 만들어 낸다는 서사를 마련한다.

정동에 대한 장[4장]에서 탐구하듯, 느낌과 감정emotion은 사회 운동에서 중심적인 위치를 차지한다. 페미니즘과 여성들이 '너무 감정적over-feeling'이라거나 '히스테리'[를 부린다는] 등 험난한 역사를 가지고 있긴 해도, 일상적인 성차별과 고질적인 여성혐오가 궁극적으로 느낌의 반향을 일으키리라는 점을 인정하는 것은 중요하다. 이러한 느낌들은 어떤 측면에서는 전적으로 감정적인 것일 터이나, 다른 측면에서는 실제적이고 체현되는 영향을 미치기도 한다. 예컨대 아일랜드의 임신 중절 금지 조항으로 인해 [이곳 여성들은] 임신 중절 시술이 합법적인 영국으로 이동한다. 이러한 법은 여성들에게 불쾌감을 줄 수 있다. 동시에, 임신 중절을 금지하는 법이 여성들의 몸에 영향을 미치고 [시술을 받기 위해] 이동해야 할 필요를 만들어 내기 때문에, [여성의 임신 중지를 둘러싼] 정치적 곤경은 체현된 경험 속에 위치하게 된다. 따라서 정동이 중요한 이유는, [정동이] 생각하고 느끼는 감정적인 측면과 그러한 느낌이 체현된 경험 사이를 중재하기 때문이다. 정동은 육체적인 경험 그리고 가부장적 사회를 마주할 때 피할 수 없는 내면화된 감정적 반응 사이의 어딘가에 위치해 있다. 또한 정동은 변화한다. 정동은 일련의 우연한 사건에 의해 형성되는데, 여기에서 정동은 주로 움직임으로 작동하고, 몸들 사이에 퍼지며, 개인적인 경험이 외적으로 표현된 느낌이 되도록 촉진한다. 온과 딘이 물결을 정식화한 것과 같은 방식으로, 정동은 사람들, 외부의 영향, 광범위한 사회적 맥락, 기술 발전, 대중의 감정적 반응을 자극하는 개별 사건에 의해 결정된다. 바로 이러한 우연성 때문에, 정동은 페미니즘 물결과 특히 잘 어울린다. 정동과 페미니즘 물결은 강도의 급등이 끊임없이 변화한다는 점, 그리고 그 강도가 더 이상 지속될 수 없을 때 사라진다는 점까지 매우 비슷하다. 이 책에서 나의 목적은 물결을 결코 쉽게 이해되거나 설명될 수 없는 현상으로서 위치시키는 것이다. 물론 물결은 특히나 힘 있는 페미니즘 물결을 일으키기 위해 활동가들이 응집하는 시간성이기도 하다.

제4물결

이 책의 궁극적인 목적은 정동적 시간성을 현재 진행 중인 영국의 제4물결 페미니즘과의 연관 속에서 고찰하는 것이다. 이미 언급한 바와 같이, 나의 목표는 제4물결을 구성하는 요소를 명시하는 것도 아니고, [제4물결을] 투박하게 묘사하는 데 사용될 수도 있는 활동가들의 정의나 유형을 제시하는 것도 아니다. 그 대신 영국에서 일어나고 있는 제4물결의 정동에 대한 나의 연구가, 물결을 정동적 시간성으로 이해하는 데 적용될 수 있는 하나의 방법론을 제시할 수 있기를 희망한다. 이렇게 하는 나의 목적은 물결 서사에 대하여 정체성이나 세대에 입각하지 않은 접근법을 발전시키고자 하는 것으로, 물결의 분리적인 측면이 아닌 에너지의 예외적인 급등이라는 측면에 주목한다. 페미니즘 운동 내부에서 시간성을 퀴어링queering*할 가능성을 타진하기 위해, 나는 물결이 강도의 순간으로서 작동하는 방식을 고려할 것이다. 이 강도의 순간은 조르조 아감벤Giorgio Agamben이 약술한 '동시대'에 대한 이해로 돌아가 연결된다. 그러나 나는 강도의 순간이 전개될 때 그 순간을 기록하고 분석하는 것이 굉장히 어렵다는 점도 시인하고자 한다. [그 순간의] 내부에 있으면서 [그에 대한] 개관을 제시하는 것이 어떻게 가능한가? 더욱이 제4물결 페미니즘은 동시대

---

* (옮긴이) 동사로 사용되는 퀴어queer는 헤게모니적 이분법과 관련된 생각, 기대, 태도의 불일치에서 벗어나기보다는 그러한 불일치에 주의를 집중시키는 과정을 의미한다. 헤게모니적 이분법을 붕괴시키는 것은 아주 조금이라도 패러다임을 '퀴어링'하는 데 기여한다. 미미 마리누치, 『페미니즘을 퀴어링!』, 권유경·김은주 옮김(봄알람, 2018), 237쪽.

의 우연한 사건들 속에서 전개되면서 변화를 거듭할 것이다. 현재 사용되고 있는 특정한 방법이나 행동주의는 새로운 소셜 미디어 사이트가 만들어짐에 따라 크게 바뀔 것이다. 마찬가지로 보수당 정부의 경제 정책은 지금껏 페미니즘의 새로운 물결에 영향을 미쳐 온 데 그치지 않고, [제4물결이라는] 이 순간에 더 큰 영향을 미칠 수 있는 법안을 더 많이 통과시킬 것이다(Cochrane 2014; Evans 2015; Karamessini and Rubery 2014). 따라서 내가 우연성과 적응성을 강조하는 이유는 단지 물결의 정식화와 관련되어 있기 때문이 아니며, 제4물결의 순간을 다루는 나의 방식을 잘 보여 주기 때문이다. 온과 딘은 제4물결이 "제3물결 페미니즘보다 명료하지 않다"고 쓰지만, "경제 위기와 점점 더 양극화된 젠더 논의의 맥락에서 2000년대 중반 이후 등장한 새로운 형태의 행동주의에 관한 상세 사항들"을 포착한다(2015: 381). 온과 딘이 보여주듯, 제4물결에 대해 쓰면서도 그것의 정확한 정체성을 설명해 내기란 어렵다. 제4물결이 형성된 몇몇 맥락적 요인을 인지하는 것은 가능할지 모르겠지만 말이다.

1990년대 『매니페스타*ManifestA*』를 공동 저술한 미국 페미니스트 제니퍼 바움가드너*Jennifer Baumgardner*는 가장 최근에 발간한 책 『펨! 구구, 가가, 헛소리에 대한 단상*Fem! Goo Goo, Gaga and Some Thoughts on Balls*』에서 제4물결을 다루었다. 그녀는 "나는 제4물결이 존재한다고 이야기되고 있기 때문에 제4물결이 [존재한다고] 믿는다. 나는 제4물결이 중요하다고 생각하는데, 나의 세대가 중요하다는 걸 스스로 얼마나 확신했는지 기억하기 때문이다"(Baumgardner 2011: 251)라고 쓴다. 바움가드너는 제4물결을 페미니즘의 새로운 물결로 확립하는 데 제4물결을 선언하는 것만으로도 충분하다는 것을 인정하지만, 두 번째 표현은 [제4물결의] 급등을 약화시킨다. 제4물결이 중요한 이유가 오로지 새로운 세대가 어떤 식으로든 인정되어야 하기 때문이라고 쓰면서, 바움가드너는 물결을 한 번 더 분리적인 것으로 만들 뿐만 아니라, 보이고자 하는 나르시시즘적 욕망에 부분적으로 연결시킨다. 앞서 주장했듯, 물결은 단순히 젊은 세대의 활동가들이 자신들을 선임자들과 구별해야겠다고 결정하기 때문에 일어나는 것이 아니다. 실제로『버스트*Bust*』의 공동 창립자이자 편집자인 데비 스톨러Debbie Stoller는 바움가드너와의 인터뷰에서 자신은 제4물결을 알아차리지 못했다고 밝혔다. 스톨러는 소셜 미디어를 포함한 기술 플랫폼이, 젊은 페미니스트들로 하여금 [기존의 것과 내용상으로는] 동일한 정보를 새로운 방식으로 유포할 수 있게 만들었다고 말하기까지 한다. 또한 제3물결에서 해체되었던 정체성 정치가 [제4물결에 와] 다시금 더욱더 강조되면서, 제2물결의 몇몇 사유가 거의 귀환했음을 시사하기도 한다(Baumgardner 2011: 72). 따라서 스톨러와 바움가드너는 모두 제4물결이라는 발상을 구박하고 있는 듯하다. 순전히 [제4물결이라고 일컬어지는 행위들이] 페미니즘을 혁신하지 않았기 때문에 제4물결은 진행 중이지 않다는 스톨러의 믿음은 [지금까지] 페미니즘 정치가 연속성에 의해 정의되어 왔다는 사실을 간과한다. 페미니즘은, 물결의 분리된 모습이 강조되었음에도 불구하고, 여성과 남성이 평등하게 대우받는 사회를 만드는 것을 목표로 한다는 점에서 한결같았다. 어떤 담론과 기술이 작동하는지에 따라 서로 다른 맥락에서 달리 드러날 수는 있겠지만, 이 목표는 여전히 [페미니즘이라는] 사회운동의 중심에 있다. 제4물결은 나르시시즘적 선언이 아니며, 이전 물결의 단순한 반복도 아니다. 오히려 제4물결은 페미니즘 행동주의가 정동적으로 격렬해지는 시기를 인식하는 것이다.

이렇게 스톨러와 바움가드너가 제4물결을 [나와는] 다른 방식으로 이해하고 있음에도 불구하고, 여전히 제4물결을 정의하기란 어렵다. 제4물결이 페미니즘의 역사 전체와 연속성을 가진다는 이유에서 [그 존재가] 부정될 수는 없는 것처럼, 제4물결이 그저 [이전 세대와] 차별화하기 위한 젊은 세대의 필요에서 등장한 것일 수도 없다. 즉 정동적 시간성의 한복판에 위치해 있는 와중에 제4물결을 감히 특징짓기란 어렵다. 따라서 나의 방법론은 구체적인 제4물결 캠페인들을 탐구하는 것이며, 각각의 캠페인은 동시대를 정동적으로 정식화하는 데 서로 다른 통찰을 제공한다. 나는 제4물결을 활동가들에 의해 정의된 것으로 이해하지만, 이는 그들의 정체성과는 무관하다. 그 말인즉슨 제4물결의 정동은 사회적, 정치적, 경제적 맥락에 따라 형성될 뿐만 아니라 물결 속에서 활동하는 페미니스트들에게 영향을 받기도 한다는 뜻이다. 그렇다고 해서 이들 개별 활동가가 제4물결의 간판 인물 혹은 모든 페미니즘의 대변인으로 자리매김되어야 한다는 뜻은 아니다. 그보다 이들의 노력이 제4물결 속에서 출현하는 정동에 크게 기여하거나 그 정동을 증대시키고 있다는 뜻이다. 페미니즘 캠페인과 [캠페인이] 사용할 수 있는 기술은 그렇지 않았더라면 불안하고 혼란스러웠을 환경에 연대, 진취성, 변화와 같은 좋은 느낌들을 불어넣으면서, 널리 퍼져 있는 정동에 영향을 미치고, 정동을 변화시킨다.

방법론

이 책의 방법론은 다섯 개의 구체적인 사례 연구를 살펴보는 것으로, 각각의 사례는 제4물결의 정동적 시간성이 갖는 여러 측면을 대표한다. 각 사례들이 동시대를 구성하는 다양한 정동들과 모두 연결되어 있지는 않다. 그러나 이 사례들은 느낌이 어떻게 개인적인 것에서 정치적인 것으로 이동하는지, 그 결과 활동가들로 하여금 일관적이고 집단적인 페미니즘의 급등에 집결하도록 하는지를 조명한다. 게다가 이 사례들은 정동적인 급등이 어떻게 사회운동의 '끈적한' 형태를 만들어 낼 수 있는지 보여 준다. 사회운동에서 느낌과 활동가들은 서로 애착을 가지거나^{attached} 밀착되기^{adhered} 때문이다. 나의 목표는 제4물결에 대한 완전한 조망을 제공하는 것이 아니다. 이는 제4물결이 아직 초기에 있는 것으로 보이기에 전적으로 이해할 수는 없다는 사실에 부분적으로 기인한다. 마찬가지로 내 연구의 목표가 정동적 시간성을 규명하려는 것이기에, [정동이라는] 용어가 제시하는 불확실성을 받아들여야 한다. 정동에 대해 다룬 4장에서 설명하듯, 사적 감정과 공적 감정, 외밀성^{extimacy}과 내밀성^{intimacy}, 힘과 통로는 모두 '되기^{becoming}'의 상태에 있다. 이와 같이 물결과 정동은 모두 한 상태에서 다른 상태로의 이동이 행동의 급등을 통해 이루어지는 경계 공간^{liminal space}이다. 경계의 반응성, 우연성, 불확실성이 뜻하는 바는, 행동

제4물결 페미니즘: 정동적 시간성

주의의 순간 속에서 [그것의 경계를] 완벽히 정확하게 정의하기란 어렵다는 것이다. 게다가 페미니즘 시간성 또한 일련의 우연한 사건들을 통해 형성된다. 이 경우 과거, 현재, 미래는 동시대 행동주의의 순간 속에서 서로 닿는다. 이렇게 정동과 시간성이 모두 불확실하기에, 나는 개별적인 사례 연구로 접근하게 되었다. 그리고 [이 책에서 주목하고 있는] 모든 사례는 제4물결이 시간과 맺는 독특한 관계, 그리고 제4물결을 생산해 오고 또 제4물결이 계속해서 생산하고 있는 느낌들의 몇몇 유형을 드러낸다.

나는 영국의 페미니즘 제4물결을 규명하기 위해 [제4물결의] 순간 속에서 활동하는 주체들이나 활동가들을 인터뷰하지는 않았다. 1990년대부터 제3물결이라는 용어가 쓰이면서(Evans 2015) 제3물결의 시간성에 대한 보다 광범위하고 심도 있는 논의가 가능해졌다면, 제4물결은 아주 최근에야 공적 담론장에 들어왔다(Aune and Dean 2015; Cochrane 2014; Evans 2015; Munro 2013). 그 결과 몇 안 되는 이 용례들을 제외하고는 제4물결의 기원을 추적하기는 어렵다. 어떤 기관들이 제4물결을 용어로 사용하고 있는지, 얼마나 많은 활동가들이 물결 서사의 [네 번째] 반복에 스스로를 결부시키고 있는지 확인하기 어려운 것이다. 대신에 이 책은 제4물결이 어떻게 특정한 정동을 생산하는지, 어떻게 그에 반응하는지를 살핌으로써 [제4물결에 대해] 사유할 것이다. 그렇게 함에 있어, 나는 물결의 정동을 읽어 내기 위해 불확실성과 몰두의 방법론을 제안하고자 한다. 이를 위해 나는 페미니즘 이론과 퀴어 이론을 함께 들여다보았다. 어떻게 에이즈 행동주의가 격렬했던 시기를 페미니즘 물결 서사에 위치시킬 수 있을지 사유하기 위하여, 액트 업ACT UP*에 대한 헤더 러브Heather Love와 앤 크베트코비치Ann Cvetkovich의 글에 의존하고자 한다. 액트 업은 미국 LGBT 저항운동의 역사와 계보를 이해하는 데 중추적인 역할을 하지만, 독립적인 순간으로 존재하지는 않는다. 오히려 액트 업은 과거와 미래에 걸쳐 수년 동안 캠페인이 펼쳐진 와중에 일어난 큰 물결이었다. 크베트코비치와 러브는 펼쳐지고 있는 행동주의의 동시대성을 기록하기란 불가능에 가깝다고 증언한다. 이는 로지 브라이도티Rosi Braidotti와 주디스 버틀러Judith Butler가 「페미니즘은 그 이름이 페미니즘이 아니더라도Feminism by Any Other Name」(1997)라는 제목의 논고에서 숙고했던 정서sentiment다. 이 논고에서 브라이도티와 버틀러는 페미니즘 학계가 현재의 즉각적인 요구에 응답할 필요성에 대해 논의한다. 비록 그러한 대응이 필연적으로 불확정성과 불확실성을 동반하더라도 말이다. 행동의 순간 속에는 불명료함이 존재한다. 따라서 캠페인의 내용과 목적이 명확하게 약술될 수 있다 하더라도, 그것이 변이하고 진화하는 장면은 되기의 과정에 휘말리게 될 것이다. 이러한 되기의 상태에 있는 페미니즘은 막연하지는 않더라도 불확실하며, 장기적인 목표에 맞추어 즉시적이고 반응적으로 움직이면서 형태를 갖추어 간다.

　동시대성에 대한 정동적인 이해를 확립하고 제4물결의 생성/되기becoming를 다루기 위해서, 나는 다섯 가지의 특수한 제4물결

---

* 　(옮긴이) '힘을 폭발시키기 위한 에이즈 연합AIDS Coalition to Unleash Power'의 약자로, 미국의 성소수자, 특히 에이즈 위기에 처해 있는 남성 동성애자들과 그 지지자들이 1987년에 설립한 에이즈 권리 운동 단체다. 액트 업에 대한 자세한 내용은 4장을 참고하라.

사건happening을 연구하고자 한다. 각각의 사건event, 즉 행동주의나 캠페인은 제4물결에 특징적인 일련의 정동을 제시할 것이다. 이는 이 정동들이 그대로 유지될 것이라거나, 혹은 심지어 이 캠페인들이 제4물결이 지속하는 동안 계속될 것이라는 뜻이 아니다. 다만 이들이 제4물결이 발생하는 데 필수적인 것이었다는 뜻이다. 따라서 나는 영국 제4물결 페미니즘의 초기 몇 년이 다양한 느낌의 강도를 통해 어떻게 만들어져 왔는지 보이고자 한다. 그리고 이 모든 느낌은 행동주의가 지속하는 데 도움이 되는 정동적인 환경을 만들어 냈다. 첫 번째로 제시할 사건은 슬럿 워크Slut Walk로, 이는 매우 작고 국지적인 사건들도 이제는 몇 주 만에 전 세계적인 시위가 될 가능성을 가지게 되었음을 고려하기 위함이다. 슬럿 워크는 2011년 캐나다에서 시작되었는데, 몇 달 안에 영국에서도 같은 시위가 조직되었다. 이는 영국, 미국, 캐나다 페미니즘의 매우 긴밀한 관계를 보여 준다. 물론 몇몇 차이는 불가피하지만, 물결이 진행되는 과정에서 세 나라의 페미니즘이 모두 서로를 반영했다는 사실은 대서양을 횡단하는 유사성이 존재함을 보여 준다. 또한 나는 어떻게 광범위하게 다양한 집단의 시위자들이 '슬럿'[이라는 단어의 의미]를 타파할 수 있었는지 논하면서 슬럿 워크를 기표와 관련하여 사유하고자 한다. 다음으로 여성들이 일상적으로 경험하는 여성혐오를 기록하기 위해 2012년에 개설된 트위터 계정인 '일상 속의 성차별'에 주목하고자 한다. '일상 속의 성차별'은 아카이빙 실천이 온존하는 성차별 문제를 어떻게 다루고 있는지, 최신 기술의 요구에 응하기 위해 어떻게 변화하고 있는지 사유할 수 있게 해줄 것이다. '일상 속의 성차별'

아카이브는 사회가 성차별 사건들을 더 이상 간과하지 않기를 바라는 마음에서 수천 명 여성들의 경험을 기록하고 퍼뜨리는 데 소셜 미디어 포럼을 이용했고 온라인 행동주의의 한 형태가 되었다. 이는 고속 통신과 소셜 미디어가 발달하는 시대에 개인적인 것과 정치적인 것이 맺는 관계를 보여 준다.

비슷한 맥락에서, 2013년 입소문을 탔던 '페이스북 강간 문화 고발 캠페인Facebook Rape Campaign'을 자본의 권력과 관련해 논하고자 한다. 활동가들은 페이스북이 여성에 대한 폭력을 조장하고 부추기는 콘텐츠를 호스팅하고 있음을 알아챘다. 페이스북에는 여성들의 동의를 얻지 않은 사진을 게재하고, 가정 폭력에 대한 농담을 하며, 강간을 여성들이 당해 마땅한 것으로 옹호하는 데 오롯이 전념하는 단체들이 존재했다. 페이스북이 이들의 페이지를 삭제하기를 꺼리자, 캠페인에 참여한 활동가들은 더 많은 수단이 필요하겠다고 결정했고, 페이스북에 광고를 게재한 브랜드들로 눈을 돌렸다. 브랜드들이 페이스북에서 광고를 철수하기 시작하자, 페이스북은 어쩔 수 없이 행동에 나섰다. 이 캠페인은 신자유주의적 맥락 안에서 페미니즘과 자본을 둘러싼 물음을 제기한다. 페미니즘은 기업과 어느 정도까지 공모해야 하는가? 그리고 이러한 공모는 사회운동이 산업의 조작적 도구가 될 것이라는 포스트페미니즘적 불안을 얼마나 잘 드러내는가? 나는 브랜드들로 하여금 페이스북에서 광고를 철회하도록 압력을 행사하는 단체들이 어떤 변화를 가져왔는지 탐구할 것이다. 물론 차이를 [만들어 내기] 위해 활동가들이 기업에 의존하는 일이 불만족스러울 수 있으나, 소비자들은 그들의 구매력을 성차별과 여성혐오에 대항하는 도구로 사용할 수 있다. 온라인 문화에 대해 이어 가면서, 나는 '트롤링trolling'을 수전 팔루디Susan Faludi의 반격backlash 개념과 비교하여 독해할 것이다. 지금까지 나는 인터넷 페미니즘의 신속한 동원력과 광범위하게 뻗어 나가는 캠페인을 강조하면서, 인터넷 페미니즘을 대체로 긍정적으로 다루었다. 그러나 소셜 미디어는 초기 단계의 반격 또한 조성했으며, 제4물결 페미니즘과 반격은 동시에 펼쳐지고 있는 것으로 보인다. 이와 같은 동시 발생이 의미하는 바는, 페미니즘 물결이 여성혐오에 의해 영향을 받고 자극되는 동시에 여성혐오도 페미니즘에 의해 자극된다는 것이다. 인터넷상의 관행과 특히 관련이 있는 '트롤링'은 온라인상에서 다른 사람을 끈질기게 괴롭히는 사람/들을 묘사하는 데 사용된다. 트롤링은 별로 해롭지 않을 수 있다. 하지만 페미니즘에 관한 한, 트롤링은 많은 경우 성폭력 및 신체적 손상에의 위협과 직접적으로 연관되어 있다.* 인터넷은 익명성을 허용하고, 이 익명성은 '트롤'들이 특히나 폭력적이고 무자비해지도록 만든다. 인터넷이 안전한 공간으로 기능하지 못하는 것이다. 나는 '트롤링'의 문제 및 [사회운동과] 동시 발생하는 반격이라는 아이디어를 5파운드짜리 지폐에 여성의 얼굴을 새기기 위한 캠페인과 관련해 사유할 것이다. 캐럴라인 크리아도 페레스가 이끈 이 캠페인은 단지 성공적이었기 때문만이 아니라, 온라인상에 존재하는 위협

---

* 이에 대해서는 페미니즘 제4물결을 논하는 장에서 구체적으로 탐구할 것이나, 여기에서 간략하게 언급하자면, 로리 페니Laurie Penny와 캐럴라인 크리아도 페레스를 포함하여 현재 활동 중인 많은 활동가들은 안전을 위협받은 후 하는 수 없이 집을 떠나야 했다. 이외에도 페미니스트들의 캠페인과 행동주의에 대응해 온라인상에서 이들에게 강간과 폭력 위협을 가하는 일은 흔하다.

과 성폭력의 문화를 밝혀냈기에 주목할 만하다.

　마지막으로, 나는 슬럿 워크가 제안한 몇 가지 어휘 아이디어에서 가져온 언어적 전략들과, 페이스북 강간 문화 고발 캠페인을 통해 드러난 포스트페미니즘적인 측면들로 돌아올 것이다. 2015년 바하르 무스타파Bahar Mustafa는 해시태그 '#모든백인남성을죽이자killallwhitemen'를 사용했다는 이유로 고발당했다. 이전에 무스타파는 골드스미스 대학의 다양성 담당자로 일하면서 퀴어, 비남성, 유색 인종 [학생들]이 다양성 관련 대학 행사에 참여하도록 권했다는 이유로 비난받았던 적이 있다(이는 영국의 전국 신문에 보도되었던 사건이다). 그녀는 교내의 이성애자 백인 남성들을 배제하고 역차별한다는 비난을 받았다. 따라서 그녀가 이 해시태그를 사용했다고 고발당했을 때, 그 사실이 대학에 보고되었음은 물론 국가적 차원에서까지 논의되었음은 놀랍지 않다. 나는 무스타파의 비꼬는 발언을 두고 일어난 전례 없는 반응을 탐구하면서, 특정한 정체성들이 교차되었을 때 어떻게 행동주의에 대한 의도적인 오해가 발생할 수 있는지 사유하고자 한다. 무스타파의 경우는 여전히 제4물결 페미니즘이 유색인 여성에게보다 백인 페미니스트에게 더 안전한 공간이라는 점을 강조한다는 점에서 양가적이다. 그러나 이는 한동안 유용했던 페미니즘의 수사가 사회운동을 비판하고 약화시키고자 하는 이들에 의해 어떻게 이용되었는지를 보여 주기도 한다. 이렇듯 다양성 담당자이자 페미니스트인 이가 배제와 역차별[이라는 혐의로] 고발당할 수 있다는 점은, 이제 사회운동을 위한 도구가 페미니스트 전용 공간의 필요성을 약화시키는 데 이용되고 있다는 사실과 맞닿는다. 영국의 페미니스트 학생들이 캠퍼스에 편협한 연사들을 초빙하는 것에 반기를 들었을 때, 종종 [연사들의] 발언권을 뺏고 논의를 종식시킨다는 비난을 받아 왔다는 사실과도 맞닿는다. 나는 표현의 자유를 다루면서 [페미니스트 전용 공간의 필요성을 주장하는 것의] 어려움에 대해 살펴보겠다. 표현의 자유에 대한 나의 논의는 페미니즘이 배제와 편협함으로 비난받지 않으면서 아이러니나 발언권 뺏기 같은 전략을 여전히 사용할 수 있도록 하는 것과 함께 갈 것이다.

결론

결론적으로 이 책의 목적은 영국 페미니즘의 네 번째 물결이라는 순간 속에서 물결 서사가 유용하게 쓰일 수 있음을 옹호하기 위해 물결 서사를 계속해서 이어 가는 것이다. 시간 기록 timekeeping에 주목함으로써, 나는 [물결의] 불연속성에 찍힌 방점을 옮겨, 과거와 미래가 페미니스트 행동주의[가 펼쳐지는] 현재의 순간에 영향을 미치는 방식을 강조할 것이다. 마찬가지로 나는 정동에 대해 숙고함으로써 정체성이나 실천praxis이나 세대에 주목하는 물결 정의를 피하고자 한다. 정체성, 실천, 세대 개념은 물결들의 유사성에 초점을 맞추기보다 [차이점에 초점을 맞추어] 각각을 확고하게 구별하는 데 이용될 수 있기 때문이다. 주로 영국의 페미니즘에 집중하고 있기는 하지만, 나는 미국과 캐나다의 페미니즘이 이 동시대적 순간에 영향을 미치고 있음을 분명 인정한다. 기술이 발달하면서 먼 거리를 가로지르는 빠른 대화가 놀랍도록 쉬워졌으며, 대서양을 가로지르는 의사소통 및 공동 조직이 가능해졌다. 게다가 북아메리카는 제1물결부터 제3물결까지 번호로 표기된 물결이 선언되는 등, 영국과 유사한 [페미니즘] 물결의 진행을 경험했다. 정동적 시간성을 영국의 독특한 맥락을 통해 사유하기 위해 영국의 사례 연구에 특히 집중하고 있기는 하나, 여기에서 논의하는 대부분의 행동주의에 미국에서 온 온라인상의 영향, 비판적인 영향이 분명히 존재함을 밝힌다.

참고문헌

Aune, Kristen and Dean, Jonathan(2015), "Feminist Resurgent? Mapping Contemporary Feminist Activisms in Europe", *Social Movement Studies.* DOI: 10.1080/14742837.2015.1077112.

Baumgardner, Jennifer(2011), *F'EM! Goo Goo, Gaga, and Some Thoughts on Balls*(Berkeley: Seal Press).

Boetcher Joeres, Ruth-Ellen, "Feminism and the Word Wars", *Signs*, Vol. 25, No. 4(Summer 2000), pp. 1153~1156.

Braidotti, Rosi and Butler, Judith(1997), "Feminism by Any Other Name", *Feminism Meets Queer Theory*(Bloomington: Indiana University Press), pp. 31~67.

Cochrane, Kira(2014), *All The Rebel Women: The Rise of the Fourth Wave Feminist*(London: Simon & Schuster, Kindle e-book).

Currie, Dawn and Kazi, Hamida, "Academic Feminism and the Process of De-Radicalization: Re-examining the Issues", *Feminist Review* No. 25(Spring, 1987), pp. 77~98.

Evans, Elizabeth(2015), *The Politics of Third Wave Feminism: Neoliberalism, Intersectionality, and the State in Britain and the US*(Basingstoke: Palgrave Macmillan).

Evans, Elizabeth and Chamberlain, Prudence, "Critical Waves: Exploring Feminist Identity, Discourse and Praxis in Western Feminism", *Social Movement Studies: Journal of Social, Cultural and Political Protest*, Vol. 14, No. 4(2015), pp. 396~409.

Hemmings, Clare(2011), *Why Stories Matter: The Political Grammar of Feminist Theory*(London: Duke University Press).

Hewitt, Nancy A., "Feminist Frequencies: Regenerating the Wave Metaphor", *Feminist Studies*, Vol. 38, No. 3(Fall 2012), pp. 658~680.

hooks, bell(2014), *Ain't I a Woman: Black Women and Feminism*(Abingdon:

Routledge).

Kaeh Garrison, Ednie(2000), "U.S. Feminism-Grrrl Style Youth (Sub)Cultures and the Technologies of the Third Wave", *Feminist Studies*, Vol. 26, No. 1, pp. 144~145.

Karamessini, Maria and Rubery, Jill(2014), *Women and Austerity: The Economic Crisis and The Future for Gender Equality*(Abingdon: Routledge).

Laughlin, Kathleen A., et al., "Is it Time to Jump Ship? Historians Rethink the Waves Metaphor", *Feminist Formations*, Vol. 22, No. 1(Spring 2010), pp. 76~135.

Lorde, Audre(2013), *Sister Outsider: Essays and Speeches*(Berkeley: Crossing Press).

McBean, Sam(2015), *Feminism's Queer Temporalities*(London and New York: Routledge).

Munro, Ealasaid, "Feminism: A Fourth Wave?", *Political Insight*, Vol. 4, No. 2(August 2013), pp. 22~25.

Rich, Adrienne(1995), *On Lies, Secrets and Silence: Selected Prose, 1966 – 78*(London: W.W. Norton & Company).

Simic, Zora, "'Door Bitches of Club Feminism?': Academia and Feminist Competency", *Feminist Review*, Vol. 95, No. 1(July 2010), pp. 75~91.

Springer, Kimberly, "Third Wave Black Feminism", *Signs*, Vol. 27, No. 4(Summer 2002), pp. 1059~1082.

Stacey, Judith, "Is Academic Feminism an Oxymoron?", *Signs*, Vol. 25, No. 4(Summer 2000), pp. 1189~1194.

Tong, Rosemarie(2014), *Feminist Thought: A More Comprehensive Intro duction*(Boulder: Westview Press).

Wiegman, Robyn, "Academic Feminism Against Itself", *NWSA Journal*, Vol. 14, No. 2(Summer, 2002), pp. 18~37.

Wrye, Harriet Kimble, "The Fourth Wave of Feminism: Psychoanalytical Perspectives Introductory Remarks", *Studies in Gender and Sexuality*, Vol. 10, No. 4(2009), pp. 185~189.

2장

물결 서사

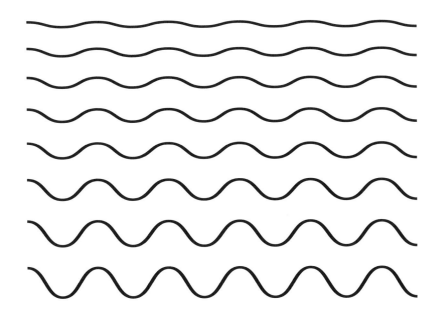

미디어와 학계가 제4물결 페미니즘의 출현을 다루기 시작하면서, 물결 서사를 둘러싼 논쟁이 재점화되었다(Aune and Dean 2015; Evans 2015; Munro 2013). 물결을 둘러싼 논의는 물결 서사의 전반적인 효용을 다루며, 특히 제2물결과 제3물결에 집중되어 있다. 제1물결에서 연대기상으로 멀리 떨어져 있는 보다 최근의 두 물결은 연달아 발생했는데, 제2와 제3이라는 번호 표기는 현역으로 활동 중인 페미니스트들의 세대를 분리시키는 것처럼 보였다(Bailey 1997; Baumgardner and Richards 2000; Purvis 2004). '제1물결'은 여성들이 투표권을 쟁취했을 때 종료된 것으로 여겨짐에 따라 영국과 미국에서 [페미니즘] 행동주의가 일어났던 광범위한 기간을 포괄한 반면, 제3물결은 제2물결이 시작된 지 불과 수십 년 만에 [그 도래가] 예고되었기 때문이다(Bailey 1997). 물결 서사를 둘러싼 논의의 전면에 등장하는 것이 바로 [제3물결과 제2물결의] 근접성이다. 이는 물결 서사가 어떻게 분리와 배제를 만들어 내는지와 관련하여 다양한 문제를 제기했다. 나는 제4물결을 도입함으로써, 물결 서사를 둘러싼 논의의 틀을 바꾸고자 한다. 제4물결은 '제2물결'과 '제3물결'을 서로 대결하게 만들지 않으면서, 서구 페미니즘 역사의 변증법적 본성이라 할 만한 것을 수정하게끔 한다.

스스로를 제2물결이나 제3물결 페미니스트로 정체화하는 이들은 제4물결이라는 바로 이 순간에도 여전히 행동주의에 참여하고 행동주의를 이끌고 있다. 따라서 이들이 새로운 물결[제4물결]의 선언을 불필요한 것으로 여길 수 있다는 사실은 놀랍지 않다. 페미니즘 행동은 이들이 처음으로 가담했던 물결 이후로 멈춘 적이 없기 때문이다. 그러나 제4물결은 '오래됨'과 '새로움' 사이의 또 다른 단절을 의미하지 않으며, 단지 일련의 앞선 물결에 이어 번호를 더한 것일 뿐이다. 이 더하기를 생산적으로 고려하기 위해서는 물결을 특정 세대나 정체성이 아닌 시간성으로 사유할 필요가 있다. 시간성에 집중하면, '나이 든' 혹은 '이전의' 페미니스트들을 배제하지도, 그들로 하여금 자신들의 때가 지나가 버린 것처럼 느끼게끔 만들지도 않는다. 또한 급등하는 물결을 독특한 사회정치적 맥락 및 이 맥락이 생산하는 정동에 따른 결과로 볼 가능성이 생긴다. 이러한 가능성을 염두에 두면서, 이 장에서는 여러 세대를 아우르는 페미니즘들이 모두 제4물결의 순간 속에 작용하면서 공존하는 것이 함의하는 바가 무엇인지 분석하고자 한다. 물결 서사에 대한 비판을 들여다보면서, 나는 제2물결, 제3물결, 제4물결을 분리하는 주요한 이유가 무엇인지 탐구할 것이다. 물결 서사에 대한 비판이 제4물결이 도래하리라는 예고를 저지하지 못했다는 점을 감안할 때, 물결 서사에 대해 다룰 필요는 커지고 있다. 즉 물결 서사에 얽힌 부정적인 연상을 넘어 물결 서사를 개선할 수 있는 방법을 찾아야 하는 것이다. 물결 서사의 배제적인 특성이 재고될 수 있고 어느 정도 교정될 수 있는 만큼, 물결에 번호를 붙이는 접근법은 앞선 물결로부터의 완전한 분리를 함축하지 않는다. 대신 제2물결, 제3물결, 제4물결 운동에 참여했던 페미니스트들이 여전히 활동 중인 가운데에서 유익한 대화가 생겨날 수 있다. 각각의 시간성이 사회 변화를 시사하기는 하나, 사회 변화가 일어났다고 해서 페미니즘의 완전한 재발명이 요구되는 것은 아니다. 단지 새로운 물결의 현현이 사회의 변화된 맥락에 맞추어 조금 달리 응답해야 함을 인정하는 것일 뿐이다.

이러한 균열과 분리를 피하고자 한다면, 왜 물결 서사의 역사가 문제로 가득함에도 불구하고 지금 호출되고 있는지 숙고하는 것이 중요하다. '물결[파동]'은 바다와 관련된 것으로 널리 이해되어 왔다. 이러한 이해는 서사에 대해 다루는 기사와 책에 [바다를 은유하는] 제목과 말장난이 흔하다는 점에서 분명히 드러난다.* 물결[파동]을 바다와 관련하여 이해하는 은유는 페미니즘의 응집성을 긍정적인 방식으로 드러낼 수도, 부정적인 방식으로 드러낼 수도 있다. 일견 물결은 일관성의 감각을 주는 너른 물줄기를 가리키는 듯하다. 그러나 물결에 대한 일반적인 이해는 물결들이 서로 충돌한다는 것이다. 이러한 일반적인 이해로 인해 세대별, 연대별 분리가 이루어졌으며, 가장 최근에 발생한 물결은 이전의 물결을 대체하거나 경우에 따라서는 소멸시키는 것으로서 이해된다(Baumgardner and Richards 2000; McRobbie 2009). 이렇게 해파海波에 내재되어 있는 것으로 보이는 분리 상태를 교정하고자 하는 시도로, 물결 서사는 전파와 관련된 것(Laughlin et al. 2010; Hewitt 2012)이나 심지어는 인사로 손을 흔드는 것(Laughlin

---

* 「배를 버리고 떠날 때인가? 물결 은유를 재사유하는 역사가들Is It Time to Jump Ship? Historians Rethink the Waves Metaphor」(Laughlin et al. 2010), 「제3물결의 조류를 [해도에] 기록하기Charting the Currents of the Third Wave」(Orr 1997), 「페미니즘의 온라인 파도를 타기[서핑하기]: 인터넷과 페미니즘의 미래Surfing Feminism's Online Wave: The Internet and the Future of Feminism」(Schulte 2011)와 같은 작업들은, 어떻게 물결 서사가 우리와 행동주의의 관계를 표현할 수 있을지에 대해서, 물결 모티프에 대해서 재사유한다. 낸시 휴잇과 같은 이론가들은 물결이 전파나 진동수와 연관될 수 있는 방식에 대해 질문했으며(2012), 도러시 수 코블은 물결을 인사하거나 작별할 때 손을 흔드는 행위로 위치시켰다(2010). 이러한 예시들은 물결의 유연성을 보여 주는 데 어느 정도 도움이 된다. 즉 바다와 관련한 은유와 관련될 수 있고, 혹은 약간 다른 맥락으로 번역될 수도 있다.

제4물결 페미니즘: 정동적 시간성

et al. 2010)과 같은 여러 방식으로 재구상되었다. 이러한 해석은 모두 물결 서사를 분리하곤 했던 선형적인 서술 없이, [물결에] 더 유연하게 접근한다. 도러시 수 코블Dorothy Sue Cobble은 물결 서사에 저항하면서도, "자연에 동질적이고 일의적인 물결은 존재하지 않는다. (……) 가까이에서 보면, 바다는 역류와 회오리로 가득하다"(2010: 8)고 쓴다. 이로써 그녀는 물결의 잠재적인 복잡성을 다룬다. 그렇다면, 물결은 그렇다고 여겨져 왔던 것보다는 [페미니즘의] 다중성multiplicity을 더욱 잘 재현할 수 있을 것이다. 다시 말해, [우리는] 바다의 복잡성과 [물결에 내재한] 역류와 회오리와 같은 곤경을 인지함으로써 물결이 동질적이라는 주장을 거부할 수 있다. 페미니즘 시간성에 대해 생산적으로 접근할 수 있도록 말이다. 따라서 물결이 예측 가능하지도 균일하지도 획일적이지도 않다는 사실 덕분에, [내가 하고자 하는] 주장의 정당함이 설득력 있게 입증될 수 있을 것이다. 실제로, 물결은 페미니즘의 정동이 움직일 때 촉진되는 다중성과 다양성을 포괄할 수 있다.

물결을 이용하기: 사례 연구

물결의 용법, 물결 서사의 역사, 물결 서사를 재개념화할 수 있는 방법을 탐구하기 전에, 나는 구체적인 사례 연구에 집중하고자 한다. 1992년 『미즈 매거진Ms. Magazine』에 게재된 레베카 워커Rebecca Walker의 「제3물결 되기Becoming Third Wave」는 새로운 페미니즘 물결의 시작을 알리는 자기 인식의 순간이었다. 워커의 새로운 물결 선언은 제2물결 페미니즘으로부터의 단절이나 제2물결 페미니즘에 대한 비판을 표하지 않았다. 사실 워커는 제3물결의 선언이 단지 그녀가 위치한 사회정치적, 문화적 맥락에 대한 필수적인 응답이었음을 시사한다. 워커의 글은 내가 이 책에서 앞으로 탐구하고자 하는 정동적 시간성 개념을 뒷받침하는데, 구체적인 사건들, 역사적인 순간, 자기결정권에 관한 이야기를 하고 있기 때문이다. 2000년에 바움가드너와 리처즈^{Amy Richards}의 『매니페스타』가 출간되기 전까지, 제3물결은 유색인 여성들이 사용하는 용어로 여겨졌다. 「제3물결 되기」에서 워커는 페미니즘의 새로운 물결을 최종적으로 선언하기 전에 일련의 사건과 정동에 대해 논하는데, 이 모든 것은 유색인 여성인 워커 자신과 밀접한 관계를 맺는다. [제3물결 페미니스트로서의] 정체화를 대립적인 것으로 만드는 대신, 워커는 어머니의 에너지에 의지할 필요가 있다고 주장한다. 워커는 "앞서 어머니가 결심했듯이, 나는 여성의 역사, 건강, 치유에 나의 에너지를 쏟기로 기꺼이 결정한다"고 쓴다(1992).[*] 중요한 것은 워커가 어머니와의 유사점을 묘사하면서, 페미니즘이 세대를 거치며 이어 온 노력이 연속적임을 증명하고 있다는 점이다. 제3물결의 순간이 인지되고 있음에도, 페미니즘의 에너지[자체]는 이전 세대와 다르지 않다. 페미니즘의 에너지는 그저 행동의 또 다른 급등에 활용되고 있을 뿐이다.

---

* 워커는 이후의 작업들에서는 정치적, 개인적 의미 모두에서 어머니와 거리를 둔다. 『베이비 러브 *Baby Love*』(2008)는 직장에 있는 것을 향한 페미니스트의 집착(이라고 그녀가 이해하는 것)을 넘어 아이를 갖기로 선택하고 모성을 우선시하기로 결정한 일에 대해 논한다. 『흑인, 백인, 유대인: 바뀌어 가는 한 자아의 자서전*Black, White & Jewish: Autobiography of a Shifting Self*』(2001)에서도 워커는 어머니와의 감정적 거리에 대해 검토한다.

「제3물결 되기」는 매우 구체적인 사건들에 특별히 주목하고 있다. 워커는 직접 행동이 아닌 다른 형태의 페미니즘을 옹호하지도, 제3물결을 정의하려 하지도 않는다. 사실 워커의 글은 제3물결의 존재를 선언하는 것을 제외하고는 [제3물결의] 연대기, 방법론, 행동주의, 정체성 그 어떤 것에 관해서도 다루지 않는다. 그 대신에 워커는 자신에게 분노를 일으켜 그로 인해 행동에 나서게 된 여러 경험에 대해 숙고한다. 첫 번째 사건은 클래런스 토머스Clarence Thomas에게 제기된 성폭력 혐의를 두고 워커와 그녀의 남자 애인이 나누는 대화로 구성되어 있다. 토머스가 대법관에 지명되었을 때, 그는 동료 어니타 힐Anita Hill을 성희롱했다는 이유로 조사를 받았다. 이로 인해 토머스 사건이 널리 알려지게 되었고, 이는 언론의 어마어마한 주목과 관심을 끌었다.* 워커의 파트너는 곧바로 이 사건이 [흑인] 민권civil rights에 미칠 영향에 대해 우려한다. 본질상, 성희롱 소송은 권력을 가진 위치로 승진할 가능성이 있는 흑인 남성들에게 좋을 것이 없다. 이에 대응하여 워커는 "진보적인 흑인 남성들이 나의 권리를 우선시할 것을"(1992) 요구한다. 그럼으로써 워커는 이 사건에서 자신의 흑인 정체성

---

*　1991년에 클래런스 토머스는 대법원에서 퇴임하는 판사의 후임으로 지명되었다. 그의 지명이 발표된 이후, 이전 동료인 어니타 힐은 토머스를 직장 내 성희롱으로 고소했다. 힐은 이를 공론화하지 않았지만, FBI와의 논의가 담긴 테이프가 언론에 유출되면서 강제로 공론화되었다. [그로 인해] 힐은 공개적으로 토머스에게 불리한 증언을 할 것을 요구받았는데, 그녀의 고백이 토머스의 청렴한 성격과 정직함에 의문을 불러일으켜, 궁극적으로는 그의 지명을 무효화할 수도 있었기 때문이다. 토머스는 무죄로 밝혀졌는데, 그는 이 과정을 기대 이상의 신분 상승을 이룩한 흑인을 마타도어하려는 백인 중심적인 미국을 비판하기 위한 수단으로 이용했다. 이 사건을 주제로 다룬 책이 여럿 나왔으며, 힐의 『권력에 진실을 말하기Speaking Truth to Power』(1998)와 토머스의 『내 할아버지의 아들My Grandfather's Son』(2008) 등이 있다. 『내 할아버지의 아들』은 토머스의 회고록으로, 해당 사건이 등장한다.

과 여성 정체성이 어떻게 분리되기 시작했는지 보여 준다. 흑인 페미니즘의 강고한 역사에도 불구하고(Collins 2000; Lorde 2013; Mirza 1997; Springer 2002), 이 장면에서 인종 정치와 페미니즘이 서로 교차할 수 없었다는 사실을 부인하기는 어렵다. 이와 같은 실패는 궁극적으로 워커와 그녀의 파트너가 서로 생산적인 대화를 나눌 수 없도록 한다. 좌절감에 빠진 워커는 마침내 "당신은 저들이 나를 파멸시키려고 할 때 저들을 도울 셈이야?"라고 묻는다(1992). 워커가 표현하는 분노는 과장된 것도 아니고, 마치 그녀의 애인이 워커에게 그렇게 느끼도록 만든 것인 양 잘못된 대상을 향한 것도 아니다. 그보다 여성의 권리가 남성의 권리에 비해 완전히 부차적인 위치에 놓인 정동적인 순간에 대한 반응이라 할 수 있다.

워커는 이어지는 글에서, 기차에서 한 무리의 젊은 남자들이 그들의 성적性的 위업을 화제로 삼기 시작할 때 한 소녀와 어머니의 뒷자리에 앉아 있었던 일에 대해 논한다. 워커는 그 아이가 몸을 안으로 굽히면서 갑자기 내성적으로 변하고 행동을 삼가는 것을 보았다고 쓴다. 다른 남자가 그 무리에 합류했을 때 그들은 워커에게 수작을 걸기 시작했는데, 이때 워커는 다른 객차로 자리를 옮기기로 결정한다. 안전을 위협하는 공간을 떠난 뒤, 워커는 너무 화가 난 나머지 "몸을 벗어나, 순수한 힘force이 되기 직전"이었다고 그때의 경험을 묘사한다(1992). 여기서 워커의 관심사는 힘이며, 힘은 나중에 좀 더 긍정적인 방향으로 돌려지면서 '에너지'가 된다. 워커는 몸으로부터, 세상과의 내성적인 관여로부터 거의 벗어난다. [이렇게] 개인적인 경험으로 시작된 것은 탈체현된disembodied 힘이 된다. 이 힘은 내부에서 외부로 이동하며, 맥락과 정동적으로 관여할 것을 강제한다. 이는 순전히 워커가 기차에서 육체적인 위협을 느꼈기 때문이거나, 남자들이 자기주장을할 때 소녀가 공간을 적게 차지하는 법을 배우는 모습을 보았기때문이거나, 심지어 그녀의 애인이 중요한 정치적 순간에 대한페미니즘적 독해를 이해하지 못했기 때문이 아니다. 오히려 워커의 정동적인 순간을 구성하는 것은 이러한 경험들의 만남과 부딪힘이다. 그리고 바로 이 순간이 '제3물결'로 묘사된다. 물결은 특정한 한 형태의 행동주의로 구성되는 것도 아니고, 이 시점에 명확한 특징을 가지고 있는 것도 아니다. 단지, 물결은 여전히 페미니즘을 필요로 하는 세계에 정동적으로 관여하는 과정에서 탄생한 힘이자 에너지다.

또한 나는 이 글의 제목인 「제3물결 되기」에 잠시 주목하고 싶다. 이 제목을 워커 자신이 선택했든 『미즈 매거진』이 붙였든 간에, 이는 과정, 즉 아직 실현되거나 공고해지지 않은 거의-다-옴 almost-there을 의미한다는 점에서 중요하다. 『자아의 말들: 동일시, 연대, 아이러니*The Words of Selves: Identification, Solidarity, Irony*』에서 데니즈 라일리Denise Riley가 쓰기를, "되고자become 하는 나의 어색한 탐색은, 완전하게 **존재하고자**be 하는 나의 타고난 실패와 함께, 정치적 사고와 언어를 실질적으로 가능케 한다"(2000: 5). 라일리는 '되기 becoming'가 탐색의 과정 그 자체임을 인정한다. 워커가 그녀의 글에서 정치적으로 논쟁적인 소송에서 애인과의 대화로, 또 기차라는 공공장소로 이동할 때 보여 주는 것과 같은 탐색 말이다. 각 영역은 페미니즘과 젠더에 대해 서로 다른 숙고를 할 수 있게끔 하며, 따라서 워커는 경험과 정동을 탐색할 때 [제3물결이] '되었다having become'는, 완전히 구성된 의미를 제공하지 않는다. '되기'의 과정은 사이에–있음in-between-ness의 상태에 존재하는 것이다. 이는 왜 워커의 글에 제3물결을 정의하기 위한 구체성이 부족한지를 설명해 줄 수 있다. 또한 '되기'의 지속을 위해서는 에너지와 힘이 필요하다. 물론 되기는 사후에 합리화될 수 있다. 물결이 '사이에–있음' 상태나 정동적인 에너지가 실제로 허용하는 것보다 훨씬 확실한 형태를 갖추고 있는 것처럼 보이듯 말이다. 그러나 불확실한 순간들 속에서, 되기가 약속의 실패를 구성하는 것으로서가 아니라 정치적 사유를 위한 공간으로서 인식되는 것이 중요하다. 이와 같은 과정이 정치적 발전의 불가피한 부분임을 인정함으로써, 페미니즘은 고정되기를 거부하고, 다양한 유형의 정치를 위한 가능성을 열어젖힌다. 그리고 이 정치는 변화하는 정동성affectivity과 관계 맺으면서 진화할 수 있다.

물결을 이해하기

구체적인 정동적 환경과 새로운 물결의 출현 사이에 연관이 있다는 워커의 주장에 따르면서, 나는 왜 물결 서사가 특히나 페미니즘에 유용했는지를 숙고하고자 한다. 이전의 세 물결이 어떻게 형성되었는지 논의하기 위해 각 물결로 돌아가지는 않겠지만, 나는 정치적 행동주의 및 사회운동과 관련하여 [물결이라는] 상징이 갖는 다양한 가능성을 고려할 것이다.

명사 'wave'는 표면의 동요, 급등하거나 전진하는 운동, 심지어는 널리 퍼진 느낌을 의미하는 데 사용될 수 있다(Oxford English Dictionary 2017). 물결은 물의 운동을 반영하는 것 외에도 동요, 느낌과 관련이 있는데, 이 두 가지는 모두 정동적 시간성을 이해하는 데 필수적이다. 동요가 암시하는 바는, 물결은 그렇지 않았더라면 눈에 띄지 않았을 저류를 표면화하면서 수면에 의해 유지되는 고요함을 뚫고 나와야 한다는 것이다. 이는 현 상태^{status quo}의 필연적인 파괴로, 운동과 전진을 만들어 내기 위해 평온을 방해한다. 널리 퍼진 느낌이라는 [또 다른] 뜻은 동요 개념과 매우 관련이 깊다. 널리 퍼진 느낌이 페미니스트 집단들 사이에 정동적인 유대를 형성하기 때문이다. 정동에 관한 장에서 탐구할 것인 바, 널리 전파된 느낌이라는 감각은 더 이상 사회운동이 본질적인 정체성이나 경험의 획일성에 근거하지 않기에 특히나 필요하다. 느낌과 동요는 모두 물결이 새롭게 반복될 때마다 연상되는 급등과 에너지의 감각을 만들어 낸다.

동사 'wave'는 앞뒤로 가거나, 번갈아^{alternatively} 구부러지거나, 단순히 움직이는^{to be moved} 것을 뜻한다(Oxford English Dictionary 2017). 여기에서 초점은 물결이 규범에 대한 대안을 제공할 수 있다는 사실에 있다. 즉 물결은 직선적이고 좁은 곳에서 굽어 나오는 행위이자 규범적인 관행의 대안이다. 이는 [물결의] 이동성에 초점을 맞추어 진동과 충돌이라는 움직임을 강조하는 또 다른 하나의 주장이다. 특히 '움직인다'는 뜻이 중요한데, 이 [수동형 표현]에는 출발점과 종착점이 없으며 [출발점이나 종착점] 대신 움직이는 행동 자체가 주목의 대상이 되기 때문이다. 게다가 '움직인다'는 뜻은 물결이 단지 스스로를 움직이게 할 뿐만 아니라, 외적 요인에 의해 움직여질 수도 있음을 시인한다. 이렇듯 물결은 내적 정동을 통해 공고해지기도 하고 [외적 요인에] 반응하기도 한다. 이와 같은 물결의 특성은 특히 페미니스트들과 페미니즘 모두에 적절한 듯한데, 후자[외적 요인]가 경험을 통해 전자[내적 정동]로 움직이고, 전자가 구체적인 사회적 조건들에 의해 대규모 급등의 지점까지 고무될 수 있기 때문이다. 물결이 추적 가능한 출발점에서 완전히 명료하게 시작되는 것이 아니라면, 일련의 달성된 목표들로 깔끔히 마무리되면서 명료하게 종료되는 것도 아닐 것이다. 대신에 물결은 한 순간에서 다른 순간으로 힘을 실어 주며, 그 물결이 부서질 때까지 운동을 지속시킬 에너지를 이끌어 낸다.

이렇게 에너지에 초점을 맞추면, 물결 자체가 일종의 급등으로 여겨질 수 있음이 드러난다. 물결 서사는 차이를 지시하는 것으로도, 페미니즘의 진보에서 연대기상의 대사건을 의미하는 것으로도 이해될 수 있다. 그러나 물결 서사를 구체적인 순간 속에서 형태를 갖추는 에너지로서 접근하는 것이 더 적절할 수 있다. 바다를 떠오르게 하는 비유에 의존함으로써, 물결 개념은 느낌과 정동의 세勢가 역사적, 사회적, 문화적 맥락을 관통해 지속되는 방식에 대해 이야기할 수 있다. 물결은 정확하게 정의하기 어려운 급등과 정동에 대해 고려함으로써 새로운 가능성을 갖는다. 물결은 더 이상 구체적인 지점에서 나타났거나, 구체적인 시점에 수그러든 것으로 간주되지 않는다. 오히려 해당 맥락에 적절한, 느낌의 순간으로 간주된다. 바움가드너가 쓰기를, "각 [물결에 붙은] 라벨의 기준이 무엇인지 너무 골똘히 생각하면, 그 물결들의 온전성은 급속히 분해되어 서로에게로 소용돌이치게 될 것이다"(2011: 243). 이 언명은 물결 서사에 찬성하는 동시에 반대하는 듯하다. 이는 바움가드너가 1990년대에 공동 집필한 저술 『매니페스타』가 거의 전적으로 제3물결을 선언하는 일에 관한 것이었음을 고려하면 흥미로운 입장이다. 그녀가 여기에서 시사하는 듯하는 바는 [물결에 대한] 정의가 물결을 수용하거나 설명하는 데 반드시 도움이 되지는 않는다는 것이다. 오히려 각각의 물결이 갖는 분명한 정체성과 기준을 기술하는 순간, 물결들은 무너져 섞이기 시작한다. 이는 차이가 상실된다는 뜻이 아니다. 그보다 [각 물결에 대한 정의에] 그 정도로 집중하면, 범주화와 엄밀함을 신경 쓰느라 각 물결의 독특성을 간과하게 된다는 뜻이다. 만약 실제로 물결이 일련의 특성들로 이루어진 단단한 토대를 갖는 정체성 라벨이 된다면, 물결의 강도와 정동적인 가능성은 사라지고 만다. 따라서 우리는 물결을 이해하기 위해 관대한 접근법을 취해야 한다. 번호가 수반하는 차이에 초점을 맞추는 대신, 물결의 지속성과 다양성을 충분히 이해하면서 말이다.

이렇게 바다의 물결보다 에너지[의 파동]을 더 강조하는 것은 휴잇과 같은 비평가들이 전파$^{radio\ wave}$ 개념을 선호하는 이유일 것이다. 휴잇은 물결[파동]에 대한 전통적인 이해가 바다를 떠오르게 한다고 비판하면서, 그러한 단순성이 "다중적이고 겹쳐지는 순간, 연대기, 쟁점, 장소 들을 완전히 포착"할 수 없다고 주장한다 (2012: 1). 이러한 휴잇의 주장은 물결 서사의 잠재적인 복잡성을 시사한 코블의 주장과 상반되는 듯하다. 휴잇이 연대기적 물결의 문제라고 식별하는 바는 다음과 같다. 연속되는 번호는 각 새로운 [물결의] 현현이 이전보다 [지식이] 더 잘 갖춰져 있고, 사회적으로 더 진보적이며, 이념적으로 더 정교하다는 점을 함축한다 (Hewitt 2012). [그러나] 물결 서사와 역사수정주의에 대한 비판은, 교차성과 같은 특정한 '개념들'이 제3물결에 특유한 것으로 명명되기 훨씬 전부터 존재해 온 방식을 증명해 보였다.* '구식'이라는 이유로 종결되었다고 여겨졌던 몇몇 페미니즘이, 사망 선고를 받은 이후에도 계속 이어지고 있다는 증거 역시 존재한다.** 전파 [개념]은, 페미니스트들이 각자의 이해관계와 자신이 투자한 바에 따라 '주파수를 맞출' 수 있는 능력 및 의사소통을 우선시하면서, [물결 서사가 갖는] 이러한 문제들을 무효화한다. 아마도 무엇보다 중요한 것은, 전파가 상호 공존할 수 있다는 것, 따라서 페미니즘을 헤게모니적이거나 배타적인 것으로 재현하는 지배적

---

* '교차성' [개념]은 킴벌리 크렌쇼Kimberle Crenshaw(1991)에 의해 처음으로 만들어졌으며, 젠더뿐만 아니라 교차하는 억압들에 초점을 맞추는 다면적인 페미니즘의 필요성을 상술하기 위한 용어다. '교차성' 개념은 종종 페미니즘 내부에서 인종을 재현하는 일의 어려움과 관련하는데, 비록 제3물결 시기에 [페미니즘] 용어로서 두각을 드러냈다 하더라도 제3물결만의 개념인 것은 아니다. 오드리 로드Audre Lorde와 벨 훅스bell hooks 같은 사상가들은 제3물결이 선언된 때보다 훨씬 앞서, 더 많은 이들을 대표할 수 있는 페미니즘을 위한 아이디어를 탐구하고 있었다. 『내 등이라는 다리: 급진적인 유색인 여성들의 글The Bridge Called My Back: Writings by Radical Women of Colour』과 같은 책이 일찍이 1981년에 출판되기도 했다. 휴잇과 톰슨Becky Thompson의 『다인종 페미니즘: 제2물결 페미니즘의 연대기를 재구성하기Multiracial Feminism: Recasting the Chronology of Second Wave Feminism』(2008)는 페미니즘 시간선과의 관련 속에서 교차성 정치를 이해하는 방식에 도전했다.

** 나는 이 개념을 페미니즘 시간성에 대해 다루는 3장에서 더 탐구하고자 한다. 3장에서 나는 포르노그래피에 대한 페미니즘의 천착이 제2물결 시기에 이미 끝난 것으로 보였음에도 불구하고, 현재 진행 중에 있는 포르노그래피 행동주의에 대해 고려한다. 나는 [포르노그래피 행동주의와] 마찬가지로 제2물결과 관련된 래디컬 페미니즘에 대해 숙고할 것이고 래디컬 페미니즘이 페미니즘의 역사를 통틀어 연속되어 왔다는 사실, 따라서 특정한 시간대에 매여 있지 않다는 사실에 대해서도 논할 것이다.

제4물결 페미니즘: 정동적 시간성

인 위험을 약화시킬 수 있다는 것이다. 제1물결에 이은 제2물결, 제2물결에 이은 제3물결 등과 같이 바다를 떠오르게 하는 물결의 선형성은, 물결들을 가로지르는 생산적인 대화를 위한 공간이 만들어지지 못하게 한다. 마찬가지로, 세대 모델은 한 물결이 다른 물결로 완전히 대체된다는 관념을 지지한다. 더 젊고 새로운 [물결의] 반복은 이전의 반복에 대한 반응으로 형성된다는 것이다. 그러나 내가 다음 장에서 주장할 것처럼, 선형성과 세대적인 한계를 모두 반박하면서도 물결을 연대기적 의미로 이해할 수 있다. 물결이 순서대로 이어지는 것처럼 보인다 해도, 이는 시간성들의 교차를 가로막지는 못한다. 하나의 물결은 다른 물결을 지우지 않는다. 또 물결들은 일관된 종료 시점, 몇 년이 지난 후 행동주의의 급등이 재개될 시점으로 이어질 게 분명한 바로 그 종료 시점에서 깔끔하게 끝나지도 않는다. [물결 서사에서] 각각의 번호가 연속됨에 따라 과거가 지워지는 것은 아니다. 물결을 정동적 시간성과 관련해 숙고한다면, [물결 서사는] 실제로 동시성과 응집력을 제공할 수 있다.

물결 개념[의 사용]에 동의하는 이들이 바다와 관련된 은유가 꼭 분리를 의미한다고 보지 않는다는 점은 [나의 논의에] 유용하다. 사실 물결은 불연속적인 것으로도 연속적인 것으로도 이해될 수 있다(Henry 2004: 24). 물결은 넓은 바다의 일부이며, 해변에 충돌하는 것과는 약간 다른 방식으로 상호 작용한다. 또한 물결은 조수 패턴이 변화하더라도 연달아 작용하고 계속 이어진다. 그러나 물결을 일련의 번호 [매겨진 위치]로 묘사하는 것은 어떤 종류의 불연속이 존재함을, 즉 이전의 물결을 개선하는 데 여넘이 없는 새로운 물결이 출현했음을 암시하기도 한다. 가장 최근의 물결은 그 이전의 물결을 계승한 것으로 여겨지며, 실제로 이러한 계승은 둘 사이의 차이가 인지되는 와중에도 연속되는 형태로 위치 지어질 수 있다(Bailey 1997; Aune and Redfern 2010; Whelehan 1995). 물결들 사이의 차이는 언제나 내부적인 것도 아니고, 새로운 시대를 예고하는 페미니스트들만이 가져오는 것도 아니며, 사회적이고 경제적이며 정치적인 것이다. 페미니즘의 새로운 현현은 정동적 환경이 요구하는 것이며, 이 환경으로부터 구체적인 에너지를 얻는다. 앞서 이야기했듯, 새로운 물결의 현현은 이전 물결과의 완전한 단절을 의미하는 것이 아니며, 특수한 순간의 정동이 독특한 종류의 에너지를 생성한다는 사실을 인지하는 것이다. 그러므로 물결이 더 큰 바다의 일부라는 연상은 중요하다. 이 은유가 나타내는 바는 행동주의가 맥락 없이 갑자기 출현하지는 않으며, [행동주의의] 급등이 역사적이고 동시대적인 의미 모두에서 훨씬 광범위한 페미니즘적인 노력 속에서부터 나온다는 것이다. 물결을 일련의 번호 [매겨진 위치]로 묘사하고 있기는 하나, 이렇게 물결이 더 넓은 맥락과 관계한다는 사실은, 물결들이 선형적인 해석이 허용하는 것보다 더 많은 대화를 주고받고 있음을 인지하는 데 중요하다. 물결이 연대순으로 움직인다고 하더라도, 바다는 시간에 대한 선형적인 이해에 저항한다. [다시 말해] 물결의 번호를 세는 것이 과거의 실천에 대한 거부를 의미할 필요는 없다. 오히려 이전의 물결들 및 잠재적인 미래와 지속적으로 관여함으로써 [물결이] 태어날 수 있다.

물과 관련한 것[해파]이든 주파수를 맞추거나 돌릴 수 있는 기술과 관련한 것[전파]이든 간에, 물결은 에너지의 전달과 관련한다. 더 나아가 이 전달이라는 관념 너머에는 동작이나 운동을 지속하는 데 있어 에너지가 차지하는 중요성이 자리한다. 물결에 대한 이러한 이해는 독특한 시간성 속에 수렴하는 다양한 정동을 고려할 수 있도록 한다. 더불어 물결을 분리 혹은 한 세대의 정체성과 연관 짓는 대신, 전달 및 지속 가능성과 관련지을 수 있다. 전달과 지속 가능성은 모두 사회운동을 시작하는 데, 운동의 세를 얻는 데, 마지막으로 정동이 더 이상 일관적으로 주체들을 단결시킬 수 없을 때 운동을 분산시키는 데 필요하다. 물결을 구성하는 행동주의의 급등과 관련하여 정동을 분석하면, 정동이 다양한 느낌으로 구성되어 있으며, 미디어에 의해 선택된 몇몇 페미니스트 인물로부터 생겨난 것이 전부가 아님을 인지할 수 있다. 오히려 정동은 가장자리에서 형성될 수도 있고, 동일한 시간성 속에서 갑자기 활성화된 전혀 다른 장소로부터 감응될infect 수도 있다. 이는 또한 페미니즘 내부에 자체적으로 정동적 환경을 만들어 낼 수 있게 한다. 이로써 내가 말하고자 하는 바는, 물결이 반드시 페미니즘에 대한 접근법의 동일성이나 획일성을 대표하지는 않으며, 활동가의 동일한 '정체성'으로 구성된 것도 아니라는 점이다. 사실 페미니즘 물결은 부정성, 활동가들 간의 의견 불일치, 페미니즘 운동 내부에서 비가시화되었음을 표명하는 주변화된 목소리들로부터 정동적 충전charge을 받을 수도 있다. [페미니즘] 정치가 페미니즘 외부로 전달되는 힘을 만들어 내기 위해 다양하고 때로는 모순되는 에너지를 끌어낼 수 있는 데에는, 페미니즘 내부의 대화 및 정동적 충전이 중심적인 역할을 한다.

물결 서사에 대한 비판

물결이 유용한 가능성을 지니고 있음에도 불구하고, 물결 서사는 상당한 비판을 받아 왔다. 대중적인 느낌이 일어나는 순간, 대중적인 느낌의 급등, 대중적인 느낌의 다양한 형태와의 연관 속에서 물결 서사를 개선하고자 하는 [나의] 기획을 시작하기 위해서는, 먼저 물결 서사의 한계를 다루어야 한다. 『제3물결 페미니즘의 정치학: 영국과 미국에서의 신자유주의, 교차성, 국가*The Politics of Third Wave Feminism: Neoliberalism, Intersectionality, and the State in Britain and the US*』에서 엘리자베스 에번스는 물결 분류법을 제시한다. 에번스가 쓰기를, 물결은 연대기적, 대립적, 세대적, 개념적인 것이자, 구체적인 형태의 행동주의와 연결된 것이다. 물결을 이해하는 데 사용되는 이러한 범주들은 상호 배타적이지 않다. 실제로 세대에 초점을 맞춘 이해가 [세대 간의] 대립을 만들어 내는 것으로 이해될 수 있는 것과 마찬가지로, 행동주의의 개념과 방법론은 서로 연결되어 있을 것이다. [따라서] 에번스의 분류법이 나타내는 바는, [물결을 이해하는 데 필요한 범주가 아니라] 지금까지 물결이 어떤 식으로 이해되어 왔기에 [페미니즘의] 역사, 페미니스트 활동가들 전부와 관련하여 문제적인 개념이 되었는가 하는 점이다. 물결 서사를 범주화하거나, 연대기, 세대, 개념, 행동주의라는 틀 안에서 이해한다면, [물결의] 변이 가능성과 개방성은 상실되고 만다.

물결에 대한 연대기적 접근과 세대적 접근은 종종 결합된다. 두 접근은 모두 두 가지 의미에서 페미니즘의 새로운 시대를 예고하는 것처럼 보인다. 첫째는 젊은 활동가 집단이 페미니즘 투쟁을 이어받고 있다는 것이고, 둘째는 페미니즘 자체가 시대에 뒤떨어지지 않기 위해 개혁을 경험하고 있다는 것이다. 이는 필연적으로 선임자들을 시대에 뒤처진 이, 새로운 시대가 낳은 독특한 억압과는 무관한 이로 여기는 젊은 활동가들에 의해 나이든 활동가들이 쫓겨난다는 뜻으로 이어진다. 이러한 세대 차이의 감각은 페미니즘에서 사용되는 '어머니-딸' 은유에 의해 강조되고, 악화되기까지 했을 것이다. 가족적인 언어는 두 세대가 연결되어 있으며 친밀한 계보라는 강렬한 감각이 존재한다는 점을 시사할 수야 있지만, 어머니와 딸의 관계는 훨씬 더 많은 문제를 안고 있다. 어머니들은 딸들의 행동주의를 좌우하려고 굳게 결심한 듯 보이는 반면, 딸들은 기성세대의 영향력을 떨치기 위해 지나치게 공을 들인다(Henry 2004). 어머니와 딸은 [페미니즘 행동주의의] 방법과 목적과 정동을 친밀하게 계승하기보다는, 명확하게 기술된 세대에 각자 귀속됨으로써 [세대 간의] 차이가 만들어지는 방식에 대해 탐색하게 된다. 이전 세대는 새로운 물결의 선언으로 인해 추방되었다고 느낄 수 있으며, 따라서 그들의 에너지는 페미니즘 행동주의의 새로운 현현에 기여하는 쪽이 아니라 그것을 비판하는 쪽으로 방향을 바꾼다. 마찬가지로 젊은/새로운 페미니스트들은 연속성에 초점을 맞추기를 선호한 이전의 행동주의를 비판할 정도로, 스스로를 차별화하는 데 집착한다. 물결을 페미니즘의 새로운 여명 혹은 최신의 새로운 활동가 집단의 도래에 관한 것으로 이해한다면, 그 즉시 세대 문제가 발생한다. 이는 젊은이들의 행동을 우선시하면서, 정치에서 나이 드는 것이란 현실의 당면한 문제와 무관해지는 것임을 암시한다. 그리고 이는 필연적으로 세대 간의 대화를 방해한다.

　기술적인 발전이 행동주의와 정치가 조직되는 방식에 영향을 미치면서, [페미니즘 행동주의의] 방법론은 물결들의 차이를 이해하는 데에도 운용된다. 각각의 물결이 현현함에 따라 페미니즘이 근본적으로 변화하지는 않겠지만, 그 시대의 역량을 최대한 활용하기 위해 페미니즘 실천을 시대에 맞출 필요는 있을 것이다. 예를 들어, 현재의 통신 수단은 제1물결 페미니즘의 통신 수단과 완전히 다르다. 이러한 변화는 페미니즘의 목적을 근본적으로 바꿔 놓지는 않지만, 활동가들이 사회운동에 참여하는 방식에 영향을 미친다. [예컨대] 인터넷은 매우 빠른 의사소통을 가능케 한다. 또한 소셜 미디어가 점점 더 사람들의 삶 속에 편재하게 되면서, 회의를 온라인에서 진행할 수도, 클릭 몇 번으로 이벤트를 조직할 수도 있게 되었다. 따라서 제3물결 운동이 기술력의 향상과 연관되어 있음은 자명하다(Garrison 2000; Kinser 2004). 내가 앞으로 논증하겠지만, 제4물결 운동이 소셜 네트워킹 사이트를 이용함으로써 촉진된 것과 마찬가지로 말이다. 이전에는 페미니즘 단체를 조직하는 데 물리적인 참석이 필요했지만, 이메일이 의사소통 및 연결 과정을 훨씬 덜 번거롭게 만들면서 이제 물리적인 참석은 덜 중요해졌다. 기술이 발전함에 따라 페미니즘의 방법도 변화할 것이다. 활동가들은 의사소통하고 조직하기 위한 가장 효과적인 방법을 찾아내며, 이는 정치의 적응성을 보여 주는 증거다. 페미니스트들은 원하는 대로 사용할 수 있는 기술이라면 무엇이든 이용한다. 따라서 어떤 기술을 이용하는지에 따라 곧바로 물결 정체성이 드러나는 것은 아니다. 또한 새로운 기술의 사용은 이전의 방법론을 시대착오적이거나 당면한 현실과 무관한 것으로 만들지 않으며, 정보 유포의 양상이 변화해 온 방식에 발맞추어 [행동주의의 방법론이] 진화할 수 있도록 한다.

페미니즘 물결에서 가장 문제적인 것은 아마도 '정체성' 개념일 터이다. 정체성은 차이를 강조하고 분리를 야기하는 본질주의적인 특성을 각 물결에 부여한다. 각 물결이 구체적인 특징을 가지고 있다고 생각한다면, 배제의 문제는 영속된다. 또한 이는 [페미니즘의] 역사에서 [그 특징에] 딱 들어맞는다고 여겨지지 않는 이들을 침묵시키는 것으로 이어진다. 물결을 구체적인 정체성으로 분류하면 각각의 물결은 어떠한 유형의 여성이나, 특정한 형태의 행동주의나, 그 순간이 지나면 상실되어 버리는 목표들과 연관된다. 제2물결은 풀뿌리 조직과 성 해방을 강조한 의식 고양의 시대로 널리 이해된다(Rich 1995; Tong 2014). 이러한 이해는 제3물결이 스스로를 제2물결에 반하는 것으로서 정의하도록 했다. 제3물결은 DIY 펑크punk 및 잡지zine 문화*와의 연관성과 더불어, 다중적인 억압을 의식하는 교차적인 페미니즘으로 [스스로를] 정체화했다(Evans 2015; Garrison 2000). 아직 제4물결에 대해 논하는 글은 많지 않으나, 제4물결은 주로 온라인상에서 소셜 미디어가 콜아웃 문화를 촉진하면서 일어나는 것으로 이해되어 왔다(Aune and Dean 2015; Cochrane 2014). 또한 [제4물결은] 트리거

---

* (옮긴이) DIY는 '스스로 직접 만들어라Do It Yourself'의 약자로, 반권위주의를 모토로 삼던 1970년대 펑크 문화에서 파생되었다. DIY 펑크 문화는 생산부터 유통까지의 전 과정을 주류 산업을 거치지 않고 독립적으로 해결하는 실천을 뜻한다. 이러한 DIY 펑크 문화의 맥락에서 잡지가 탄생했는데, 이는 상업 출판사가 아닌 곳에서 제작된 독립 출판물을 가리킨다. 이러한 독립 잡지는 페미니즘의 창의적 작업과 정치적 표현을 위한 것으로, 제3물결 페미니스트들의 주요한 방법론 중 하나다.

워닝*과 안전한 공간을 강조하는데, 이러한 경향은 스스로를 피해자의 위치에 두는 사고방식이자 자기 보존의 일환이라는 점에서 비판을 낳기도 했다(Ahmed 2016). 이렇게 각각의 물결에 부여된 정체성은 페미니즘이 실천되어 온 다양한 방식을 부정하며, 그 대신 특정한 행동주의나 여성에 초점을 맞춘다. 사실상 각각의 물결은 다중적으로 구성되어 있다. 다양한 정체성, 행동주의, 쟁점이 [각 물결 안에] 존재하기 때문이다. 페미니즘 물결을 구체적인 특성들의 집합으로 환원할 시, 많은 이들이 배제되리란 점은 분명하다. 이들은 특정한 물결과 연관된 규범적인 정체성에 완전히 부합하지 않을 수 있으며, 따라서 그 물결에 대한 재현에서 부재하게 된다.

이를 염두에 두면서, 나는 번호를 매긴 물결을 선언하는 것이 어떻게 [페미니즘을] 임파워링empowering할 수 있을지에 대해 사유하고자 한다. 제2물결과 제3물결이 모두 자기 정체화했다는 점은 중요하다. 이것이 의미하는 바는 각 물결이 스스로 존재를 선언함으로써 [그 도래가] 예고되었다는 것이다. 제2물결은 마사 와인먼 리어Martha Weinman Lear의 기사 「페미니즘 제2물결The Second Feminist Wave」에 공식적으로 처음 기록되었다(Weinman Lear 1968). 제2물결이라는 용어는 분명 그 전에도 사용되고 있었으나, 리어의 기사는 페미니스트들과 활동가들이 당대에 인지했던 [페미니

---

* (옮긴이) 트리거 워닝trigger warning이란 누군가에게 정신적, 심리적 고통을 유발할 수 있는 글이나 이미지나 개념 등이 포함된 콘텐츠의 앞부분에 삽입된 경고문을 가리킨다. 트리거 워닝은 여성 대상 폭력에 대해 논하던 페미니즘 웹사이트에서 유래했다고 알려져 있으며, 주로 성폭력이나 정신 질환에 대해 다루는 콘텐츠에서 쓰인다.

즘] 행동의 급등을 묘사하기 위해 제2물결이라는 용어에 의지했다는 점을 확실히 보여 준다. 물결이 발생하는 순간에 일어난 이러한 자기 정체화는, 제2물결이 사후적으로 합리화되거나 소급적으로 정의된 것이 아님을 보여 준다. 대신에 제2물결이라는 용어는 일련의 열망, 즉 문화와 정치의 독특한 성좌에서 태어난 행동주의의 바로 그 순간을 향한 [페미니스트들의] 열망을 가리키는 데 활용되었다. 마찬가지로 페미니즘 제3물결 역시 한 무리의 페미니스트들에게 소급적으로 부과된 것이 아니라 페미니스트들이 스스로 자기 정체화한 것이다(Walker 1992; Baumgardner and Richards 2000). 이렇듯 제2물결, 제3물결은 스스로를 선언하면서 [당시의] 정치적, 문화적 풍조에 자신들이 필요한 이유를 반드시 명시한다.

이와는 대조적으로 제1물결이라는 칭호는 행동주의의 급등이 지나간 지 한참 후에 적용되었으며, 따라서 의문이 제기될 수도 거부될 수도 없었다. 이러한 상황의 이점은, 제1물결과 제2물결 사이에 연대기상의 간격이 존재하기에 계승에 관한 쟁점, 즉 딸의 반항이 거의 없었다는 점이다. 따라서 이는 제2물결과 제3물결 사이에 문제적인 관계가 확립된 이유가 [그 두 물결이] 연대기적으로 가까이 근접한 상태에서 각자 자기 정체화를 했기 때문임을 시사한다. 제3물결의 선언은 제2물결의 실패를 인정하는 것이라고 할 수도 있다(Roiphe 1994). 지금까지 제2물결과 제3물결의 연대기적 근접성이 의미하는 바는, 두 물결이 오직 서로와의 대화에만 관여하고 있으며 그 결과 서로의 차이와 연속성을 토대로 스스로를 정의한다는 것이었다. 이러한 대립은 물결 서사의 갱신을 둘러싼 대화에 더 많은 목소리를 도입함으로써 어느 정도 약화된다. 무엇보다 물결 서사의 번호 기표가 행동주의의 순간 속에서 선언된다는 점은 중요하다. 이는 새로운 물결의 자기 정체화가 현재의 흐릿함 속에서 이루어지기에, 뚜렷한 특성이나 방법론이 쉽게 인지되기 어렵다는 뜻이다. 새로운 물결을 환영하는 일은 미리 계획되는 것이 아니며, 완전히 묘사될 수는 없더라도 '느껴질' 수는 있는 정동적 힘에 응답하는 것에 가깝다.

또 다른 문제는 물결에 대한 제한적인 이해가 그 물결 전체를 대표한다고 여겨지는 간판 인물들을 설정한다는 점이다. 이것이 페미니즘 정치 자체의 결함이든 미디어가 행동주의를 해석하는 방식이든지 간에, 몇몇 특정한 여성들은 페미니즘적 순간이 갖는 다양성을 반영하지 못한 채로 전면에 나서게 된다(Mirza 1997; Springer 2002). 대부분의 경우 이 간판 인물들은 이성애자 백인이다(Collins 2000). 간판 인물의 [이성애자 백인이라는] 특성, 간판 인물이 계속해서 존재해 왔다는 점, 간판 인물을 향해 쏟아지는 찬사는, 바로 그 페미니즘적 순간에 장애인, 레즈비언, 퀴어, 흑인 페미니스트들의 노력이 함께 작용하고 있음에도 불구하고, 이들의 노력을 배제하곤 한다(Fernandes 2010). 간판 인물을 이용하면 불가피하게 다양성이 삭제되며, 페미니즘이 폭넓은 대중의 구미에 맞게 재현된다. 또한 많은 간판 인물들은 미국 문화와 영국 문화[의 차이]를 초월할 수 있는데, 글로리아 스타이넘Gloria Steinham이나 베티 프리던Betty Friedan 같은 미국의 페미니스트 인사들은 영국에서도 미국에서만큼이나 중요하게 여겨지고 있다. 이 문제적인 간판 인물들은 물결이 '특정 정체성'과 관련되어 있다는 곤경을 다시금 뒷받침한다. [그러나] 물결에 관한 글을 쓸 때 물결 전체를 대표하는 인물이나 특성을 찾기란 불가능하다. 실상 페미니즘은 단순한 제유법으로 환원될 수 없다. 물결 서사는 물결의 번호 표기와 관련해 만들어진 가정들에 반하면서, 복잡하고도 다중적인 방식으로 재구상될 수 있다.

구체적인 물결 정체성과 간판 인물은 모두 페미니즘 물결에 배제적인 규범을 설정했다. 이 규범은 물결에 대해 기록하고 아카이빙할 때 교양 있고 교육받은 백인 이성애자 여성들을 강조하면서 이어져 왔다(Kinser 2004). 따라서 물결이 대중적으로 이해되는 방식은 제대로 재현되지 않은 주변부를 만들어 낸다. 이 주변부에 주로 거주하는 이들은, 물결 서사에 기입될 때 그들만의 독특한 시간성이 제대로 재현되지 못한 이들이다. 이는 특정한 형태의 행동주의나 특정한 유형의 페미니스트들이 존재하지 않았다는 뜻이 아니라, 물결을 재현하기 위한 노력에서 다양성과 복잡성이 간과되었다는 뜻이다. 이와 같은 재현은 등장인물의 일부가 삭제되거나 지워지는 스토리텔링이자(Hemmings 2011), 수명이 짧은 행동주의가 잊히거나 기록되지 않는 아카이빙으로(Withers 2015), 물결에 대한 제한적이고 피상적인 이해를 낳는다. 그러나 정동에 초점을 맞추면, 펼쳐지고 있는 페미니즘 물결이 본능적이고 즉각적이며 느낌에 의존한다는 점, 물결이 기념되거나 사후적으로 합리화되면 곧 사라지리라는 점을 인지하게 된다. 동시대 행동주의의 즉시성 및 행동주의에서 나타나는 정동들은, 페미니즘이 가부장제 사회와 벌이는 전투에 의해서뿐만 아니라 페미니즘 내부에 존재하는 까다로운 관계들에 의해서도 발생할 수 있다. 부정적인 정동과 긍정적인 정동은 모두 [페미니즘의] 급등을 유지하는 데 필요하다.

더욱이 각 물결에 편협한 초점을 맞추는 경향에 대응하여 시간성 [개념]을 수정하고자 하는 글이 여럿 존재한다. 학자들과 활동가들은 [물결 서사에 대한] 우리의 지배적인 이해에 이의를 제기하기 위해 과거로 돌아간다. 이러한 방식을 통해 각 물결들 사이에 존재하는 다양한 연결이 드러나고 있으며, 이로써 물결에 대한 '정체성' 접근법이 실제로 유사성이 아닌 불연속성을 강조한다는 점이 분명해진다. 이러한 시간적 이동은, 비록 회고적인 분석을 통하긴 하나, 물결을 좀 더 무정형적인 것으로 만든다. 이와 같이 제2물결과 제3물결이 기록되어 온 불가피한 방식이 되어 버린 듯한 페미니즘 물결의 백인 대표성whitewashing과 이성애 대표성straightening은 미래의 위치에서 수정되고 논쟁된다. 그렇다고 물결 서사가 꼭 모든 행동주의와 활동가들을 포함하지 못하고 범위가 충분히 넓지 않다고 해서 문제적인 것은 아니다. 그보다 물결 서사의 이야기가 전달되는 방식을 다시 고안할 필요가 있다. 헤밍스Clare Hemmings는 바로 이 이유에서 페미니즘이 서사에 갖는 애착을 재고할 필요가 있다고 제안한다(2011). 페미니즘이 서사에 의존하면 특정한 행동주의, 활동가 들이 간과된다. 또 서사는 잘 조화되지 않는 궤적들을 서로 맞서게 하면서 페미니즘을 분리시키고 곤경에 빠뜨린다. 이와 같은 헤밍스의 연구는 페미니즘 이론의 문법을 숙고하는 데 긴요하다. 그러나 물결 서사가 여전히 여기저기에 퍼져 있기에, 스토리텔링에 대한 우리의 접근법을 혁신하기 위해서라도 물결 서사를 연구할 필요가 있다. 무엇보다

[물결에 대한] 정의가 결여되어 있다는 데 비판적인 초점을 맞춰야 한다. 활동가들은 에너지의 새로운 급등이 출현하고 성장하고 있다는 것을 인지할 수는 있지만, 이를 구체적인 인물이나 태도나 행동주의에 고정시키지는 않는다. 이와 같은 개방성은 중심과 주변의 경계가 덜 분명하게 정의되게끔 하고, 따라서 새로운 물결의 출현 속에서 다중적인 서사들이 공존할 수 있도록 한다.

물결 서사의 재개념화

마침내 이로써 나는 물결 서사를 재개념화하고자 한다. 다음 두 장에서 시간성과 정동에 대해 구체적으로 고찰할 것이므로, 이 장에서는 물결을 재고할 수 있는 생산적인 방식에 대해서만 다루고자 한다. 나중에 자세히 설명하겠지만, 페미니즘 시간 feminist time에 접근하기 위한 결정적인 방식이란 없다. 마찬가지로, 물결 서사는 계속해서 다양한 방식으로 이해되고, 비판받고, 경우에 따라서는 완전히 거부될 것이다. 하지만 이 장에서의 논의를 바탕으로, 나는 물결 서사가 '정동적 시간성' [개념]을 통해 생산적으로 이해될 수 있다고 가정하고자 한다. 정동적 시간성 개념은 아직 발생기에 있는 제4물결에 대한 논의에서 다양성, 다중성, 불확실성이 드러날 수 있도록 한다. 나는 물결을 이해할 때 다양한 차이뿐만 아니라 지각의 우연성을 고려하고자 하는데, 이는 물결은 담론과 맥락에 의존하며 담론과 맥락은 계속해서 변화할 수밖에 없다는 온과 딘의 주장과 유사하다(2015). [물결의] 의미,

효과, 맥락은 모두 물결 서사를 이해하고자 하는 개개인의 비판적 렌즈와 목표에 따라 좌우된다. 온과 딘은 제4물결을 구체적으로 묘사하려 하지 않으며, 무엇이 담론, 의미, 효과, 맥락을 구성하는지 정확하게 약술하지도 않는다. 이와 같은 정의는 내가 제시하는 '정동적 시간성' 개념과 마찬가지로 개방적이다. [물결을] 번호로 기술하는 것이 차이를 전면화하기는 하지만 물결 전체가 구체적인 사회적 맥락에 대한 강렬한 정동적 반응일 따름임을 인지한다는 점에서 말이다. 이 장에서 탐구한 바와 같이, [물결 서사가] 삭제와 배제를 낳은 것은 물결 서사 [그 자체]의 실패가 아니라, 물결에 대한 이야기를 들려주는 방식의 실패다. 물결 서사가 [페미니즘에 대한] 역사적 이해와 페미니즘 학계를 지배하고 있다는 단순한 이유에서 페미니스트 활동가들과 학자들이 물결 서사에 의존해서는 안 된다는 주장이 제기되어 왔지만, 물결 서사의 유용성과 필요성은 분명 존재한다(Evans and Chamberlain 2015). 물결 서사에 반대하건 찬성하건 간에 물결은 지속적으로 호출되며, 그 때문에 페미니즘 시간 기록에 관한 여타 개념들이 지향하는 중심 관념이 만들어진다. 그러므로 나는 물결 서사를 지난 세기 내내 이어진 페미니즘에 대해 말해 주는 구체적인 속성들로 구성된 것이자 개방적이고 다양하고 포괄적인 것으로서 재조명하기 위해, 물결 서사를 직접적으로 연구하고자 한다.

명칭에 번호가 붙어 있긴 하지만, 물결이 계속된다는 것은 [물결의] 연속성이 인정된다는 뜻이기도 하다. 새로운 물결의 반복은 '물결'[이라는 개념] 자체를 사용했다는 점에서 선행하는 물결에 의존하고 있음을 보여 준다. 워커는 스스로를 제3물결이라는 기표에 부착하는 대신, 완전히 새로운 서사를 만들어 낼 수도 있었다. 그럼에도 워커는 물결이라는 이미 확립된 틀 안에서 자신의 경험을 묘사하기로 결정했다. 또한 워커는 시대를 더 잘 반영하는 상징, 즉 자연에 덜 의존하면서 기술 발전의 시대에 더 큰 울림을 갖는 상징으로 [관심을] 돌릴 수도 있었다. 그러나 각각의 물결이 최종적인 목적을 향한 에너지의 새로운 급등을 예고한다는 점에서, 물결 [개념]은 분명 [각각의 물결 사이에] 연대가 존재함을 시사한다. 지나치게 단순화하자면, 페미니즘의 목적, 즉 성 평등은 여성들이 참정권을 획득한 순간 이후 크게 달라지지 않았다. 틀림없이 이 목적은 정치적 주체가 무엇에 초점을 맞추었는지, 바로 그 정치적 순간에 무엇이 가장 시급한 쟁점이었는지에 따라 다양한 방식으로 나타났다. 따라서 물결 서사가 꾸준히 사용되고 있다는 것은 곧 여성들의 권리가 여전히 페미니즘의 핵심에 자리하고 있다는 뜻이기도 하다. 물론 시간이 지남에 따라 여성들의 권리가 변화할 수도 있지만 말이다. 이는 또한 새로운 물결이 이전의 물결과 완전히 다르지 않음을 시사한다. 새로운 물결이 이전의 물결과 구분되는 지점은, 이미 확립되어 있는 페미니즘 투쟁을 이어 나가는 데 특정한 역사적 순간에 얽힌 새로운 에너지를 활용하는지의 여부다.

물결은 서사로서도 중요하다. 물결 개념이 행동주의의 자발적인 본성을 반영하기 때문이다. 페미니즘은 정동이 수렴하며 만들어진 특정한 [흐름]을 일정 기간 지속적으로 타면서 예상치 못한 세를 얻을 수 있다. 이러한 급등이 꼭 미리 정해지는 것은 아니다. 실제로 다음 물결이 언제 올지 결정하는 원로들의 집단 같은 것은 존재하지 않는다. 다음 물결은 때로는 느리고 점진적으로, 때로는 빠르고 맹렬하게 출현한다. 이와 같은 [물결의] 불확실성과 예측 불가능성 때문에 물결을 구성하는 에너지와 정동에 집중하게 된다. 이해하기 어렵거나 설명하기 어려운 요소들을 전면에 드러냄으로써, 만들어지는 중인 물결에 대해 더 심도 있게 검토하게 된다. 물결의 어떤 특성으로 인해 [물결 서사가] 비판받아 왔는지를 고려한다면, 물결의 불확실성과 불안정성은 [물결 서사에 가해지는 비판에 대한] 중요한 반박이 될 수 있다. 자연 발생적인 물결은 순전히 새로운 세대의 젊은 여성들이 [페미니즘에] 발을 들이고 있기 때문에 출현하는 것이 아니며, 한두 명의 간판 인물들에 의해 부추겨질 수도 없다. 마찬가지로, 비록 행동주의의 방법론이 정동이 형태를 갖추는 방식에 영향을 미친다고 해도, 특정한 순간의 정동이 오로지 방법론에 의[해 발생]한 것일 수는 없다. 이러한 불확정성은 각 물결이 구체적인 정체성으로 쉽게 인지될 수 있다는 관념을 약화시킨다. 사실상 통합된 정체성 자체가 불가능해지는데, 에너지와 정동은 형성되는 과정 중에 필연적으로 변화할 것이기 때문이다. 이러한 의미에서 물결[의 발생]이 미리 결정될 수 없다는 점 역시 중요하다. 각 물결이 이전 물결의 실패에 근거하여 형성되는 것이 아님을 시사하기 때문이다. 또한 이는 하나의 물결이 단순히 대립적인 목적이나 반동적인 행동주의로 정의될 수 없음을 뜻하며, 각각의 새로운 물결이 고루하고 구식인 엄마들에게 반항하는 딸들을 낳을 뿐이라는 관념을 무효화한다.

　무엇보다 중요한 것은, 물결 서사를 회피할 수 없는 듯하다는 점일 것이다. 문화적 상상력에서 물결 서사가 갖는 가치로부터 한 발짝 물러서려는 이들도 [물결] 상징에 어느 정도 의존하고 있다. 사실 물결을 언급하지 않고서 다른 입장을 분명히 표현하기란 불가능한 듯하다(Laughlin et al. 2010; McBean 2015). 물결을 완전히 거부하면 페미니즘의 역사를 형성해 온 방식의 중요한 부분을 간과하게 될 것이며, 반대로 물결의 용법을 수정하거나 그에 의문을 제기하면 필연적으로 물결 서사에 대해 곱씹게 될 것이다. 그러므로 물결과 관련되지 않은 페미니즘 시간성을 추구하는 학자들은 종종 새로운 사고방식을 구별해 내기 위해 스스로가 물결 서사에 상당 부분 의존하고 있음을 발견하기도 한다. 여기에서 내가 주장하고자 하는 바는, 지배적인 서사로 돌아와 이를 이용하는 것이 그저 그것을 영속화하기 위한 것만은 아니라는 점이다. '물결'을 수정하고 재사용하는 일은 페미니즘의 연속성을 위해서뿐만 아니라 역사의 공명이 제자리에 남아 있도록 하기 위해서도 필수적이다. 제2물결과 제3물결은 모두 특정한 정동적 시간성의 초기에 정체화되었고 선언되었다. 나는 제4물결에도 그와 같은 유형의 선언이 필요하다고 생각한다. 그러나 제4물결에 대해 논하면서, 동시대 페미니즘의 주변부에 위치할 수도 있는 활동가들을 갑자기 배제해서도, 행동주의의 형태들을 규범적으로 규정해서도 안 된다. 오히려 제4물결에 대한 논의는 새로운 에너지와 정동이 동시대와의 연관 속에서 나타나고 있다는 사실을 인지하는 것이 되어야 한다.

그렇다면 지금까지 다뤄지거나 이해된 방식과는 달리, 물결이 가진 가능성을 더 잘 반영하는 이해를 통해 물결에 접근하기 시작해야 할 것이다. 물결은 확실성을 택하고 정체성을 고정시키고 배제적인 관행을 확립하는 실천이 아닌, 불확실성, 개방성, 정동, 동시대적인 순간과 연관될 수 있다. 다음 장에서 탐구하겠지만, 동시대는 시간성의 다양한 가능성을 재현하며, 현재 순간을 [과거와 미래가] 수렴하는 자리이자 촉각적인 시간으로 여긴다. 세대에 따르든 연대기에 따르든, 실천을 기반으로 하든 정체성과 관련하든, 물결 서사를 확실성의 기표로 보기를 거부하면 다중성과 불확실성이 번성할 수 있는 공간이 마련된다. 이 '다중'이라는 관념은 제4물결의 순간에 다양한 목소리들과 활동가들이 참여할 수 있도록 하기 위해 필요하다. 언론에서 좋아하는 일부 간판 인물들을 통해 [다양한 목소리들과 활동가들이] 일찌감치 식민화되지 않도록 하면서 말이다. 휴잇이 말하는 것처럼, "그렇다면 우리에게 최선의 전략은 (……) 행동주의의 특정한 시기를 구성하는 다중적이고 상충되는 요소들을 인지하기 위해 물결 개념 자체를 재조명하는 것일지도 모른다"(659). 물결 서사 안에 존재하는 정동으로 관심을 돌린다면, 이러한 갈등의 감각은 완전히 명확히 할 필요 없이도 유지될 수 있다. 정동을 에너지의 급등이나 힘으로 특징지으면, 페미니즘 물결이 형태를 갖추는 방식뿐만 아니라 행동주의의 동시대적 순간을 정의하기란 어렵다는 사실이 다시금 드러난다. 실로 많은 물결은 그 발달을 사후적으로 합리화함으로써 고정되어 왔다.

결론

중요한 것은 "페미니즘이 후기 자본주의와 포스트모던의 세계에서 상당히 변화해 왔음에도 불구하고 여전히 더 오래된 역사의 흐름을 참조하고 있다"(Kaeh Garrison 2000: 144)는 사실을 인지하는 것이다. 페미니즘이 독특한 방식으로 시간성에 관여할 수 있는 이유는 페미니즘의 이러한 참조성과 역사를 끊임없이 살펴보는 실천 때문이다. 이는 또한 연대기적 시간이 경과함에 따라 불가피하게 생겨나는 세계 내부의 차이들을 인지하는 데 물결 서사가 유용하다는 점을 인지한다. 내가 이 장에서 주장했듯, 새로운 물결의 출현이 꼭 새로운 세대나 방법론, 근본적으로 다른 형태의 페미니즘을 지시할 필요는 없다. 사실 새로운 물결은 그저 페미니즘이 연대기적 시간이 지남에 따라 사회 변화로 인해 발생하는 새로운 요구에 적응할 수 있음을 인정하는 정도에 지나지 않을 수도 있다. 이와 같이 페미니즘 물결은 정치의 정체성이든 활동가들의 정체성이든 간에 그 어떤 종류의 본질적인 정체성과 관련된 것으로서가 아니라, 특히나 강렬한 시간성을 경계 짓는 것으로서 이해될 수 있다. 이를 고려한다면 물결 서사는 반드시 규범적이지도 않고, 특정한 종류의 실천praxis을 옹호하지도 않는다. 대신에 물결 서사는 그 시대의 정동에 열려 있으며 대중적인 느낌의 세에 따라 형태를 갖출 준비가 되어 있다.

특정한 여성이나 행동주의에 얽매이지 않고 물결을 '순간들'로 위치 짓는다면, 제2물결의 시기에 페미니즘에 처음 관여했던 누군가가 지금 이 시점에도 여전히 활동하는 것이 가능하다. 제4

물결은 페미니즘 내외부의 구체적인 정동으로부터 발생하는 행동주의의 급등 중 하나를 지시할 뿐이며, 어떠한 다른 급등도 폐제하거나 배제하지 않는다. 내가 생각하기에 물결 서사의 갱신이 보여 주는 바는, 정치 참여의 힘 있는 급등과 급등하는 이 순간의 정동을 강화하는 사회 변화가 교차하는 지점이다. 바움가드너와 개리슨Ednie Kaeh Garrison은 모두 물결 서사의 사용을 옹호한다. 물결 서사는 역사적 맥락의 변화를 인지하며, 이 변화는 결국 페미니즘 내부에서 언어적인 인정을 필요로 하기 때문이다. 물결은 페미니스트들의 단결된 노력, 변경된 행동주의가 [사회] 변화를 위한 대규모의 시도에 동참하는 특히나 힘 있는 순간을 재현한다. 바움가드너는 새로운 물결을 젊은 활동가들의 인정 욕구 안에 위치시킴으로써, 제4물결을 가시화되고자 하는 한 세대의 요구로 경솔하게 일축한다(2011: 250). 그러나 내가 보기에 이러한 일축은 힘의 급등을 개념화하는 일에 내재한 가능성을 과소평가하는 것이다. 실제로 물결은 시간성을 가로지르는 정동적인 힘을 재현할 수 있으며, 이 힘은 공유된 느낌에 따라 움직이는 능동적인 집합체를 만들어 낸다.

참고문헌

Ahmed, Sara(2016), "You are Oppressing Me!" *Feminist Killyjoy Wordpress*(17 February 2016). https://feministkilljoys.com/2016/02/17/you-are-oppressing-me/ (Accessed 26 February 2016).

Aune, Kristin and Redfern, Christine(2010), *Reclaiming the F-Word*(London: Zed Books Ltd.).

Aune, Kristen and Dean, Jonathan(2015), "Feminist Resurgent? Mapping Contemporary Feminist Activisms in Europe", *Social Movement Studies*. DOI: 10.1080/14742837.2015.1077112.

Bailey, Cathryn, "Making Waves and Drawing Lines: The Politics of Defining the Vicissitudes of Feminism", *Hypatia*, Vol. 12, No. 3(Summer, 1997), pp. 17~28.

Baumgardner, Jennifer(2011), *F'EM! Goo Goo, Gaga, and Some Thoughts on Balls*(Berkeley: Seal Press).

Baumgardner, Jennifer and Richards, Amy(2000), *ManifestA: Young Women, Feminism and the Future.*(New York: Farrar, Straus and Giroux).

Cochrane, Kira(2014), *All The Rebel Women: The Rise of the Fourth Wave Feminist*(London: Simon & Schuster, Kindle e-book).

Evans, Elizabeth(2015), *The Politics of Third Wave Feminism: Neoliberalism, Intersectionality, and the State in Britain and the US*(Basingstoke: Palgrave Macmillan).

Evans, Elizabeth and Chamberlain, Prudence, "Critical Waves: Exploring Feminist Identity, Discourse and Praxis in Western Feminism", *Social Movement Studies: Journal of Social, Cultural and Political Protest*, Vol. 14, No. 4(2015), pp. 396~409.

Fernandes, Leela(2010), "Unsettling 'Third Wave Feminism': Feminist Waves, Intersectionality, and Identity Politics in Retrospect", *No Permanent Waves: Recasting Histories of U.S. Feminism*(New Brunswick, NJ: Rutgers University

Press), pp. 98~118.

Hemmings, Clare(2011), *Why Stories Matter: The Political Grammar of Feminist Theory*(London: Duke University Press).

Henry, Astrid(2004), *Not my Mother's Sister: Generational Conflict and Third-Wave Feminism*(Indiana: Indiana University Press).

Hewitt, Nancy A., "Feminist Frequencies: Regenerating the Wave Metaphor", *Feminist Studies*, Vol. 38, No. 3(Fall 2012), pp. 658~680.

Hill, Anita(1998), *Speaking Truth to Power*(New York: First Anchor Books Edition).

Hill Collins, Patricia(2000), *Black Feminist Thought: Knowledge, Consciousness and the Politics of Empowerment*(London: Routledge).

Kaeh Garrison, Ednie, "U.S. Feminism-Grrrl Style Youth (Sub)Cultures and the Technologies of the Third Wave", *Feminist Studies*, Vol. 26, No. 1(2000), pp. 144~145.

Kinser, Amber E., "Negotiating Spaces for/through Third-Wave Feminism", *NWSA*, Vol. 16, No. 3(Autumn, 2004), pp. 124~153.

Laughlin, Kathleen A., et al., "Is it Time to Jump Ship? Historians Rethink the Waves Metaphor", *Feminist Formations*, Vol. 22, No. 1(Spring 2010), pp. 76~135.

Lorde, Audre(2013), *Sister Outsider: Essays and Speeches*(Berkeley: Crossing Press).

McBean, Sam(2015), *Feminism's Queer Temporalities*(London and New York: Routledge).

McRobbie, Angela(2009), *The Aftermath of Feminism: Gender, Culture and Social Change*(London: Sage Publications Ltd.).

Mirza, Heidi(1997), *Black British Feminism: A Reader*(London: Routledge).

Munro, Ealasaid, "Feminism: A Fourth Wave?" *Political Insight*, Vol. 4, No. 2(August 2013), pp. 22~25.

Orr, Catherine M., "Charting the Currents of the THIRD WAve", *Hypatia*, Vol. 12, No. 3(Summer, 1997), pp. 29~45.

Purvis, Jennifer, "Grrrls and Women Together in the Third Wave: Embracing the Challenges of Generational Feminism(s)", *NWSA*, Vol. 16, No. 3(Autumn, 2004), pp. 93~123.

Rich, Adrienne(1995), *On Lies, Secrets and Silence: Selected Prose, 1966–78*(London: W.W. Norton & Company).

Riley, Denise(2000), *The Words of Selves: Identification, Solidarity, Irony* (California: Stanford University Press).

Roiphe, Katie(1994), *The Morning After: Sex, Fear and Feminism*(New York: Little, Brown).

Schulte, Stephanie Ricker, "Surfing Feminism's Online Wave: The Internet and the Future of Feminism", *Feminist Studies*, Vol. 37, No. 3(2011), pp. 727~744.

Springer, Kimberly, "Third Wave Black Feminism?" *Signs*, Vol. 27, No. 4(Summer 2002), pp. 1059~1082.

Tong, Rosemarie(2014), *Feminist Thought: A More Comprehensive Intro duction*(Boulder:Westview Press).

Thomas, Clarence(2008), *My Grandfather's Son: A Memoir*(New York: Harper Collins).

"wave, n.". OED Online(Oxford University Press). http://www.oed.com/view/ Entry/226383?rskey=KyZjMT&result=1(Accessed March 30, 2017).

Walker, Rebecca, "Becoming Third Wave", *Ms. Magazine*(January 1992), pp. 39~41.

Walker, Rebecca(2001), *Black, White, and Jewish: Autobiography of a Shifting Self*(New York: Riverhead Books).

Walker, Rebecca(2008), *Baby Love: Choosing Motherhood After a Lifetime of Ambivalence*(New York: Riverhead Books).

Weinman Lear, Martha, "The Second Feminist Wave", *The New York Times Magazine*(10 March 1968).

Whelehan, Imelda(1995), *Modern Feminist Thought:From the Second Wave to Post Feminism*(Edinburgh: Edinburgh University Press).

Withers, Deborah(2015), *Feminism, Digital Culture and the Politics of Trans mission: Theory, Practice and Cultural Heritage*(London and New York: Rowman & Littlefield International).

제4물결 페미니즘: 정동적 시간성

3장

페미니즘 시간 기록이란 무엇인가?

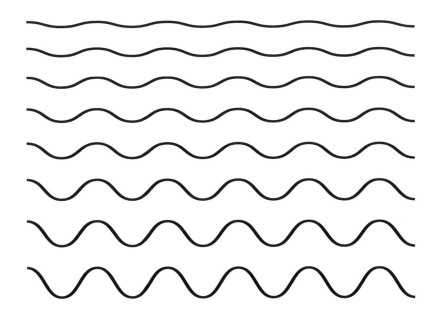

이전 장에서는 물결 서사에 대한 광범위한 비판과 거부에도 불구하고 물결 서사의 효력이 지속되는 것에 중점을 두었다. 이 장에서 나는 어떻게 하면 물결 서사가 페미니즘 시간 기록과의 대화 속에서 가장 잘 고려될 수 있을지에 대해 다룬다. 이전 장에서 제안한 것처럼 물결은 시간과 문제적인 관계를 맺고 있는데, 이는 주로 서사의 제한과 이렇게 제한을 둔다는 비판에 응답하면서 생겨난다. 먼저, 서사에서 어머니와 딸 사이의 불화를 부추기는 선형적, 세대적 측면을 거부하는 것이 중요하다. 서로 다른 물결들을 일련의 번호 [매겨진 위치]로 묘사하는 것 또한 이 곤란한 계승을 되풀이한다. 이는 계승과 선임자의 무관성을 강조하는 페미니즘을 만들어 내는데, 이러한 무관성은 연속성의 감각을 기르는 운동에 해당되지 않는다. 물결과 시간의 관계는 전적으로 적대적이지는 않으며, 양자는 물결 서사를 보다 유동적이고 무정형적으로 이용하기 위해 함께 작용할 수 있다. 이러한 가능성을 통해 사유하기 위해, 이 장은 시간성temporality을 둘러싼 페미니즘적 글쓰기와 시간에 관한 퀴어 이론을 살펴볼 것이다. 궁극적으로 나는 페미니즘 물결 서사에 시간의 퀴어링을 다시 연관시킬 것이다. 그렇게 하는 동안 나는 서로 다른 정치적 운동들이 어떻게 시간 기록 실천을 강조하는지에 대해 인지하고자 한다. 선형성을 거부하는 퀴어 시간 기록 및 페미니즘 시간성은 시간과 다른 형태의 관여를 맺을 필요가 있다. [이러한 새로운 형태의 관여는] 역사를 되돌아보는 동시에, 언제나 동시대 행동주의의 즉각적인 순간 속에서 특정한 전진을 제안한다. 이것은 '촉각적 시간성' 또는 '닿는touching 시간들'의 한 형태를 만들어 낸다. 여기에서 느낌과 정동은, 과거와 미래 모두에 의해 움직이면서 현재라는 시간 속에 행동주의의 급등을 이끌어 낼 수 있다.

시간을 다룬 페미니즘과 퀴어 이론가들

페미니즘과 퀴어 이론은 모두 아카이브, 미래, 시간성 속에서의 곤경을 인지하면서 시간 기록을 문제적인 것으로 다루어 왔다(Cvetkovich 2003; Freeman 2010; Halberstam 2005; Love 2007). 그러나 샘 맥빈Sam McBean이 『페미니즘의 퀴어한 시간성들Feminism's Queer Temporalities』에서 식별하듯이, [페미니즘 이론보다] 퀴어 이론이 시간에 대해 급진적으로 접근한다고 여겨진다. 맥빈이 주장하기를, 사실상 이는 퀴어 이론이 이론적 계보라는 측면에서 거의 페미니즘을 따라 파생되었다고 이해한 데 따른 결과다. 시간선timeline을 이렇게 만드는 것은 두 학문 사이의 생산적인 대화를 허용하기보다는, 퀴어 이론이 마치 안정적이며 이성애 중심적으로 조직된 페미니즘에 대한 급진적인 응수인 것처럼 보이게 한다. 사실 페미니즘과 퀴어 이론은 그들 각각의 정치를 강화하기 위해 선형적 시간성의 수정본을 공유하며 상호 협력함으로써 매우 유용한 비판적 대화를 나눌 수 있다(Schor and Weed 1997). 이것은 시간 기록에 대한 새로운 접근법이라는 점에서 유용할 뿐만 아니라, 학계 및 행동주의의 시간선 모델을 비평할 때 유용한 역할을 한다. 사회운동을 선형적으로 조직하려 할 때, 서로 다른 형태의 운동은 분리된다. 이것이 초기의 명료성을 높일 수 있을지는 모르나,

실제로 [우리는] 중복의 어지러움, 잠재적인 퇴보, 과거가 현재를 방문하는 일들에 초점을 맞출 필요가 있다. 물결뿐만 아니라 퀴어 행동주의에 대한 선형적 이해에 반하는 방식으로 독해할 경우에만, 페미니즘은 그 자체로부터 생산적인 대화를 이끌어 낼 수 있다.

퀴어 이론은 비재생산적non-reproductive 입장에 영향을 받아 페미니즘의 모녀 서사가 지닌 함정을 피하는 경향이 있다. 퀴어 이론은 오로지 자녀를 낳고 규범적 가족 모델을 확립함에 따라 정의되는 미래를 거부함으로써, 세대 및 시간과 대안적인 관계를 맺을 가능성을 열어 준다(Edelman 2004). 마찬가지로 LGBT 운동의 역사에 퀴어의 참여는 시간 이행을 전위하는 관계를 허용한다. 퀴어함queerness의 시간 기록은 "아직 여기 있지 않음"(Esteban Munoz 2009)이라는 형태로 사유될 수 있다. 이는 문화적으로 영향력이 적은, 입법에서의 진보가 침체하는 가운데도 미래에 관한 낙관주의의 필요성을 시사하는 것이다. 전통적으로 세대가 교차하는 가족 모델과 아직 달성되지 않은 목표에 대한 강조 모두를 거부함으로써, 퀴어 이론은 현재의 순간 속에서 미래에 초점을 맞추며 이동한다. 이러한 시간성의 퀴어링은 또한 퀴어성의 이야기들이 말해지는 방식에 반영될 수 있다. 퀴어하거나 비규범적인 신체는 예술이나 반문화 스토리텔링, 혹은 심지어 주류 영화에 통합될 수 있다. 이는 원래의 주체를 '형상figure'의 역할로 이동시키면서, 이 형상이 겪는 실시간의 삶과 사건은 예술과 문화에 간직되는 것을 초월함으로써 변화한다(Halberstam 2005). 어렵고 비규범적 미래를 강조하면서, 퀴어 형상들이 기억되고 다시 말해지는 방식들은 정체성 정치를 중심에 놓은 채로 시간을 재구성하도록 허용한다. 입법 과정의 진행에도 불구하고 LGBT 운동이 논리적이고 직선적인 시간 진행에 편안히 정착하기는 여전히 불가능하다.

입법적인 진보가 이루어지는 시간 속에 있음에도, 이와 같은 불편함은 퀴어 이론과 LGBT 사람들로 하여금 뒤돌아보게끔 한다. 눈앞에 펼쳐지는 순간에 초점을 맞추는 것과는 달리 뒤돌아보는 이러한 감각은 일탈의 한 형태다. 즉 일탈적이자 규범에서 벗어나는 것이다(Love 2007). 지난 수십 년 동안 시민권의 중대한 진보를 성취함에 따라 퀴어 활동가들이 법의 보호를 받는 시대로 접어들면서, 역사는 점점 중요해지고 있다. 순전히 현재와 미래에 집중하면서 과거가 부정되는데, 사실 과거는 "뭔가 살아 있는 것—, 다시 말해 불협화음적인 것, 우리의 통제력을 넘어서는 것, 현재 우리와 닿을 수 있는 것"으로 접근되어야 한다(Love 2007: 9-10). 촉각적 시간성에 대한 이 아이디어는 행동주의의 현재 순간이 과거와 닿을 수 있는 정동적 방식을 두드러져 보이게 중시foreground한다. 또한 이미 지났음에도 불구하고, 과거가 여전히 살아 있고 생기 있는 강렬한 감각을 가진다는 것을 시사한다. 아마도 이러한 이유 때문에 아카이브 실천이 퀴어 이론뿐만 아니라 LGBT 운동에 중요한 것으로 여겨져 왔던 것일 테다(Cvetkovich 2003). 특히 개인적이고도 외상적인 퀴어 경험은 종종 문서화되지 않은 채로 남아 있다. 따라서 아카이브는 개인과 대중 사이에 놓인 공간, 그리고 외상적인 경험을 구성하는 정동적 강도를 다룰 필요가 있다(Cvetkovich 2003). 과거를 살아 있는 것, 현재의 순간에 닿는 것으로 여길 때, 그리고 역사에 당시의 느낌들을 불어 넣는 아카이브를 만드는 방법을 고려할 때, 과거를 현재에 통합 시키고자 하는 강력한 움직임이 존재한다. 역사로 계속해서 돌아 가려면 직선적 시간 경로를 벗어나야 한다. 이는 '연대기 규범성 chrononormativity'(Freeman 2010)에 대한 저항을 요구하는데, 이를 통 해 과거와 미래에 대한 더 가변적인 접근법이 가능해질 뿐만 아 니라 과거와 미래가 현재의 순간 속에서 '현존'하는 것에 대한 이 해를 높일 수 있다.

이러한 과거, 미래 및 연대기 규범성의 문제들은 페미니스트 글쓰기에서도 다루어졌다. 페미니즘 또한 정치를 완전히 선형적 으로 조직하는 것에 연관되어 있다(Grosz 2005). 사회운동은 뚜렷 하게 구획된 순간들로 이해되며 이 모든 순간은 앞으로 나아가는 데 기여하지만, 과거, 현재, 미래 사이에 존재하는 대화에 대해서 는 제한된 접근만이 존재할 뿐이다. 시간에 대한 선형적인 이해 를 비판해 온 개별 이론가들뿐만 아니라 정치 전체도 이와 같은 쉬운 조직화에 저항하는 것 같다. 명백하게도 이 저항은 전적으 로 페미니즘이 만들어 낸 것은 아니며, 정치와 이후에 이루어진 정치의 수용 사이에서 일어난 상호 작용에서 유래한 것이다. 첫 째로, 나는 포스트페미니즘이 어떻게 페미니즘 물결의 논리적 진 행을 퀴어링했는지에 대해 고찰할 것이다. 포스트페미니즘은 '페 미니즘 이후'의 한 형태로 이해된다. 이는 [페미니즘] 정치가 세 를 장악하여 그 목적을 달성했으며, 이제 과거의 것이 될 수 있다 (Levy 2005; McRobbie 2009; Tasker and Negra 2007)는 것이다. 제3 물결 페미니즘은 포스트페미니즘과 서로 결합되어 있다 싶을 정도로 자주 연관된다. 그러나 실제로 둘 사이에 유사점은 거의 없는데, 제3물결 페미니즘은 역사적으로 확립된 운동의 새로운 현현임을 선언하지만 포스트페미니즘은 그러한 선언이 불필요하다고 주장하기 때문이다. 주로 포스트페미니즘은 페미니즘이 모든 장기적 목표를 달성하여 여남의 완전한 평등에 이르렀다는 믿음으로 이해되어 왔다(McRobbie 2009; Tasker and Negra 2007). 게다가 특히나 효과적인 포스트페미니즘은 페미니즘 정치를 흡수하여, 페미니즘이 현재와 무관함을 강조하기 위해서만 페미니즘 정치를 언급한다(Levy 2005; Gill and Scharff 2011; McRobbie 2009). 페미니즘은 종종 고개를 끄덕이며, 여성혐오와 성차별주의가 의도적이거나 아이러니한 것으로서 위치 지어진다는 것을 인정한다. 이는 페미니즘이 어떤 방식으로 끝났는지를 강조하는 이중의 목적에 봉사한다. 예컨대 과거에는 성차별주의가 너무 견고하게 자리 잡고 있었기 때문에 [성차별주의가 없는] 지금은 페미니즘을 비꼴 수 있다는 것이다. 포스트페미니즘 시대를 구성하는 것은 바로 이러한 결합, 즉 페미니즘에 대해 아는 척하는 것과 페미니즘을 기각하는 것의 결합이다. 그러나 이러한 '포스트' 정치라는 관념이 '제3물결'과 같은 시간대에 출현했다고 여겨진다는 점을 고려하면, 이는 시간성에 대한 흥미로운 의문을 제기한다. 어떻게 페미니즘과 페미니즘의 예고된 끝이 상호 공존할 수 있는가? 어떻게 쇠퇴한 운동이, 그 운동이 활기를 되찾는 과정과 함께 편안히 놓여 있을 수 있는가? 그렇다면 포스트페미니즘에 대한 이러한 관념은 대중문화에 흘러 들어간 정치 운동이, 물결과 시간성 사이에 존재하는 관계에 말썽을 일으킨다는 것을 시사한다.

　이와 유사한 골칫거리는 '반격' 개념에 의해 제시된다. 이는 수전 팔루디의 1991년 책『백래시*Backlash*』에서 처음 고안된 것으로, 어떻게 페미니즘의 정치적인 진보가 저항뿐만 아니라 퇴보와 마주치는지를 나타낸다. 팔루디는 대중문화, 정치, 몸, 직업, 정신에 초점을 맞춘 장으로 나누어 물결의 에너지가 한번 사그라들고 나면 진보가 후퇴한다는 것을 보여 준다. 그녀는 쓰기를, 페미니즘이 강도의 면에서 가장 세거나 눈에 띌 때 [페미니즘의] 반대자들은 이 변화를 수동적으로 받아들이지만은 않는다. 오히려 "이들의 저항은 역류와 변덕스러운 저류를 일으킨다"(1991: 15). 흥미롭게도 팔루디는 서문에서 페미니즘 행동주의에 대한 은유 두 가지를 가리키고 있다. 그녀가 말하길, 아마도 '전투' 개념은 정치가 다수의 변경들, 즉 지거나 이길 수 있는 쟁점들로 나뉘어 있는 방식을 이해하는 데 유용하다. 이는 또한 최전방 활동주의의 투쟁적인 성격, 그리고 페미니즘이 수동적인 문화에 대항하여 전쟁을 벌이고 있는 게 아니라 기꺼이 맞서 싸우고자 하는 적에 대항하고 있다는 점을 기술한다. 그러나 팔루디는 '물결' [개념]에도 의존하면서, 여성들의 행동주의가 작동하는 방식에 대해 자신이 이해하는 바를 표현하는 데 공을 들인다. 팔루디의 중추 주장은, 페미니즘 활동주의에는 문화적, 정치적 추세의 훨씬 강한 조류를 타는 시기에 비해서는 약한 '썰물'에 있는 것으로 보이는 시기가 존재한다는 것이다(1991: 15). 지배 문화를 페미니즘이라는 더 큰 조류에 의해 무찔러질 하나의 조류로 묘사함으로써 팔루디는 약간 다른 맥락에서 물결을 호출한다. 그녀의 논점은 지배적이고 억압적인 정치의 압도적인 조류든 페미니즘의 억누를 수 없는 급등이든 간에, 모든 문화와 행동주의가 물결을 이루며 나아간다는 것이다. 진보와 퇴보 모두를 제공하는 것처럼 보이는 이러한 조류들은 서로 대항하고 싸우면서 페미니즘이 결코 선형적이고 명료한 운동을 확립할 수 없게끔 한다. 대신에 더 작고 덜 가시화된 집단을 비롯한 [페미니즘의] 목적과 성취는 지배 문화의 조류에 의해 씻겨 내려간다.* 그러나 내가 제4물결에 대한 장에서 주장하겠지만, 페미니즘과 반격이 동시에 일어나고 있는 것에서 볼 수 있듯 그 둘의 관계는 변화하는 중이다.

페미니즘의 선형적이고 진보적인 시간과 관련하여 또 다른 골칫거리는 페미니즘 정치의 다양한 갈래들이 주류 페미니즘의 '시간에서 벗어나out of time' 작동하는 것처럼 보인다는 점이다. 이런 이유로 일부 이론가들은 실제로 페미니즘을 여러 갈래로 이루어진 것이거나 지류와 탈선이 궁극적으로는 전체에 기여하는 하나의 강과 같은 것으로 생각해야 한다고 제안했다(Henry 2004). 이 두 가지 은유는 모든 페미니즘이 물결에 관한 일반적인 이해 내

---

* 확실히 우리는 지금 영국 정부와 관련하여 이러한 종류의 투쟁과 저항, 그리고 더 작고 더 취약한 여성 서비스가 폐쇄되는 것을 볼 수 있다. 여성들은 공공 부문 감원으로 인해 상대적으로 과도한 영향을 받고 있다는 사실을 영국 공공노조Unison가 보도했다. https://www.unison.org.uk/about/what-we-do/fairness-equality/women/key-issues/women-and-public-spending-cuts/. 여성구호단체Women's Aid에 의해 보고된 2011년 조사에 따르면, 여성 서비스의 91퍼센트가 잠재적 삭감에 직면해 있다고 한다. https://www.womensaid.org.uk/information-support/what-is-domestic-abuse/domestic-abuse-services/. 여성폭력종식연합The End Violence Against Women coalition은 폭력을 경험한 여성들을 위해 특별히 고안된 서비스의 필요성을 정리한 설명서를 준비했다. http://www.endviolenceagainstwomen.org.uk/data/files/resources/72/Survivors-Rights-EVAW-Coalition-September-2015.pdf. 따라서 페미니즘이 가시화되고 언론의 관심이 커지는 경향이 있지만 여성 서비스는 이전보다 더 잔인하게 삭감되고 있다.

에서 개괄된 깔끔한 연대순을 따르는 것은 아니라는 점을 인지하기 때문에 특히나 효과적이라고 생각된다. 예를 들어, 지금의 동시대는 반포르노그래피 운동의 부활을 목격하기도 했고(Long 2012), 동시에 '래디컬 페미니즘'이 영국 페미니즘에서 여전히 영향력이 있고 활발하다는 주장이 제기되기도 했다(MacKay 2015). 반포르노 행동주의와 래디컬 페미니즘은 모두 제2물결 페미니즘의 순간과 관련되어 왔기 때문에, 이들이 페미니즘 정치의 동시대적 현현으로 현존한다는 것은 [제2물결에 속한다는] 이러한 시간적 기술을 퀴어링한다. 페미니즘 내부의 '성 전쟁'은 주로 1970년대와 1980년대 초에 발생한 것으로 이해되는데, 포르노그래피 및 특정한 성행위라는 주제에 대해 래디컬 페미니즘과 자유주의 페미니즘이 분리되어 있었다(Cornell 2000; Long 2012). 이미 우리가 이 순간을 통과했다고 널리 받아들여지긴 하지만, '노 모어 페이지 3'와 같은 조직들은 여전히 [페미니즘이] 여성의 성애화된 몸과 무엇이 '포르노그래픽함'을 구성하는가 하는 문제에 뚜렷한 초점을 맞추고 있음을 보여 준다. 이는 '제4물결의 순간'이 페미니즘을 혁명하거나 변화시키는 것이 아니며, 사실 반포르노그래피 행동주의나 래디컬 페미니즘의 유행은 결코 지나간 적이 없음을 보여 준다. 사실 이 운동들은 1970년대 제2물결 페미니즘과 관련한 만큼이나 (혹은 롱$^{Julia Long}$이 주장하는 것처럼 그보다 더) 현재의 페미니즘과 관련한다. 현재 시점에서 급진주의 페미니즘과 반포르노 페미니즘의 '시대가 지났다$^{out of time}$'고 여길 수도 있으나, 두 사례는 모두 일부 이데올로기와 방법론이 사라지거나 빠지는 방식으로 페미니즘이 선형적인 진보를 이루는 것이란 불가능함을 보여 준다.

시간에 어긋난다^{out of timeliness}는 이 개념은 또한 유색 인종 여성, 흑인 페미니스트, 소수 민족 페미니스트와 관련하여 경험되고 느껴지는데, 이들의 행동주의는 물결 공식과 완전하게도 깔끔하게도 일치하지 않는다. 사실 페미니즘 역사에서 종종 침묵으로 인식되는 시기에 유색 여성에 의한 행동주의는 상당히 많았다. 이는 주로 백인 페미니즘이 유색 여성을 배제했을 뿐만 아니라, 교차 페미니즘을 완전히 거부함으로써 인종 문제를 간과하기로 하여 유색 여성의 이해관계에 직접적으로 반했다는 사실에 의해 더욱 복잡해진다(Thompson 2002). 따라서 BME[Black and Minority Ethnic, 흑인과 소수 인종] 활동가들과 유색 여성뿐만 아니라 이들의 지지자들도 페미니즘적인 노력을 하는 와중에도 스스로를 페미니스트로 정체화하기를 거부하기도 했다(Thompson 2002). 이렇듯 중요한 흑인 페미니즘 행동주의가 간과될 수 있는데, 그 순간에 캠페인을 진행하고 활동한 이들은 주로 백인으로 이루어져 있는 배타적인 페미니즘과 동일시되기를 원하지 않았기 때문이다. 그러나 페미니즘의 세 번째 물결은 교차성과 밀접하게 관련되어 있다(Evans 2015; Fernandes 2010). 교차성을 옹호함으로써 제3물결은 포용성의 증진이라는 서사에서 다음 단계에 이른 것으로 스스로를 위치시킨다. 그럼에도 불구하고 유색 여성은 여전히 '시간적 타자'로 위치하며(Fernandes 2010), 주로 백인으로 이루어진 물결 페미니즘이 제시한 시간대 너머에 존재한다. 따라서 물결 서사가 교차성을 통해 진보의 감각을 나타내는 것처럼 보일지 모르나, BME 활동가와 유색 여성은 페미니즘 역사의 불붙은 순간들에서 소외되었던 역사가 있다. 이러한 시간적 타자성은 페미니즘이 진정한 교차성을 달성하기 위해 새로운 시간 기록 방식을 상상할 때 독특한 요구 사항을 제안한다.

따라서 페미니즘의 시간은 다양한 수정을 필요로 한다. 시간성을 설명할 수 있는 올바른 방법은 없을지 모르지만, 페미니즘적인 해석이 많을수록 물결 서사와 우리가 맺는 관계에 미묘한 차이가 더 많이 생겨날 수 있다. 퀴어 이론과 페미니즘의 관계를 고려할 때, 정치를 그것의 "제멋대로인 시간성들"을 통과하여 이해할 수 있는 공간이 생겨난다(McBean 2015: 3). 시간 기록의 선형적인 모델이나 세대 [개념]에 특권을 부여하는 일에 찬성하면서, 시간을 동시대적인 순간 속에서 충돌하며 더 가동적인 것으로 위치 지을 수 있다. 시간성을 제멋대로인 것으로 이해하며 그것에 접근하면 페미니즘이 과거 및 아카이빙과 맺는 관계가 재구성될 수 있으며, 이는 동시대에 영향을 미친다. 페미니즘은 구체적인 규칙과 서사를 중심으로 조직된 풍부한 문화사를 갖는다. 이러한 규제 내에서의 실천은 우리가 정치 전반에 관여할 수 있는 방식을 제한한다. 여성들을 페미니즘의 특정 측면에만 노출되게 하는 동시에 다른 측면의 페미니즘은 되찾기 어렵게 하면서 말이다. 페미니즘의 과거에서 기억된 측면과 복구되지 않은 측면은 모두 "이미−거기 있음already-there"으로 이해될 수 있다(Withers 2015). 이미 거기에 있는 것이 동시대 페미니즘의 중요한 배경을 형성하며, 이는 페미니즘 운동의 과거가 관여를 요구하는 매우 물질적인 존재임을 시사한다.

그렇다면 빅토리아 브라운Victoria Browne이 『페미니즘, 시간, 비선형적 역사*Feminism, Time, and Nonlinear History*』에서 주장하는 바와 같이, 페미니즘이 "변화하는 조건에 대응하여 움직이고, 정치적 행동을 위해 구체적인 장소와 충돌하는 다양한 접근법에 열려 있"는 것이 필수적이다(2014: 145). 시간적 이동성은 동시대 새로운 물결의 변화하는 조건들을 허용하기 위해 특히 중요한 것으로 보인다. [시간적 이동성이] 정치적인 행동의 특허나 격렬한 급등을 알리기 위해 시간성들의 충돌을 조장하기 때문이다. 시간적 이동성은 교차성이 동시대 속에서만 실천되지 않고 페미니즘의 역사와 미래에 적용되도록 보장하면서 역사적인 '타자화'에 적응할 수 있어야 한다. 시간을 열어젖히는 이러한 방법론은 "과거의 통찰력 그리고 현재의 정치적이고 지적인 실천에 대한 골치 아프고 미해결된 논쟁 속에 존재하는 미래의 잠재적인 돌파구를 모두 포함하고 있"는 동시대를 가능케 한다(Fernandes 2010: 114). 나는 제4물결의 출현에 따라 시간성이 수정될 수 있도록 페미니즘의 사유를 동원하는 것을 목표로 한다. 당면한 현재에 대한 글쓰기의 어려움을 말하면서, 펼쳐지는 현재의 즉시성 안에서 시간적인 인식이 이루어지기 어렵다는 것을 인지하면서도, 동시대를 미래와 과거의 자리로 확립하고자 한다.

용어들

'정동적 시간성'이라는 개념을 다루기 위해서는 그 관념의 중심에 있는 여러 용어를 정의해야 한다. 물결 서사에 대한 비판은 헤게모니적 서사가 정치의 계보에 대한 우리의 이해를 구조화하게 된 방식 외에도, 사회 운동의 역사가 어떻게 구성되었는지에 초점을 맞추는 경향을 지닌다. 시간에 대해 약간 다르게 이해하는 것을 나타내는, 상호 연결된 용어들이 많다. 이 용어들 중 일부는 동의어처럼 보일 수 있지만, 이 용어들을 하나로 결합하지 않는 것이 중요하다. 나는 오히려 페미니즘 전체를 보다 자유롭게 접근하는 방법을 가능케 하기 위해서, 시간 자체의 이해, 페미니즘의 역사, 서사의 조직, 시간성을 재사유할 수도 있는 방식에 접근하는 방법을 약술하고자 한다.

나의 주장은 다음과 같은데, 특히 물결 서사와 관련하여 페미니즘 시간 기록은 현재 우리의 선형적인 시간 개념에 의해 활성화된 것보다 더 많은 수렴과 융합을 허용하고 있다는 것이다. 확실히 시간에 대한 선형적인 이해는 페미니즘이 조직되어야 하는 방식과 공명하지 않는 듯하다. 역사 기록과 역사에 대한 비판이든(Browne 2014), 아카이브 실천과 지식의 전달에 대한 비판이든(Widers 2015), 서사와 스토리텔링에 대한 비판이든(Hemmings 2011), [이들은 모두] 페미니즘을 선형적인 계승을 통해 조직되는 것으로 이해하기를 주저한다. 이는 각각의 물결이 진보하기 위한 노력을 하기 전에, 성공과 실패 이 모두를 복잡하지 않게 계승하면서 이전의 물결을 논리적으로 따른다는 것을 의미한다. 이 모델에 대한 비판은 너무 광범위하고 다양해서 시간 및 정치 운동 기록을 다루는 중심 용어들이 엄중하게 검토된다. 여기에서 나는 이 용어들을 서로와의 대화에 놓음으로써 물결을 재개념화하는 것을 목표로 할 것이다.

'역사'와 '과거'를 하나로 결합하기는 쉬울 것이나, 이 두 개념은 모두 페미니즘 학계 및 행동주의와 관련하여 서로 다른 취급을 받을 필요가 있다. 브라운이 『페미니즘, 시간, 비선형적 역사』에서 주장하듯, 역사는 뚜렷이 다른 두 가지 의미를 지니고 있다. "한편으로 [역사는] 과거에 일어났던 사건을 가리키는 말로 쓰인다. 그리고 다른 한편으로는 역사학의 실천, 즉 우리가 과거에 일어났다고 생각하는 것에 대한 우리의 설명을 가리킨다"(2014: 50). 따라서 역사는 두 가지 방식으로 이해된다. 다시 말해, 역사는 순전히 과거의 사건이 아니며 과거에 일어났던 일을 기록하고 문서화하며 설명하는 방식이다. 여기서 브라운은 '과거'와 '역사'를 서로 결부시킴으로써, '실제로 일어난 일'과 우리가 사건을 기록하고 기억하는 주관적인 방법을 통해 '우리가 일어났다고 이해한 일'의 차이를 분명히 하고 있다. 나는 역사에 대한 브라운의 이중적 정의에 동의하지만, 이 책을 위해서 과거에 대한 이해를 자세히 설명하고자 한다. '과거'는 '지나간' 사건들로, 즉 그 사건들이 존재하거나 발생한 시간이 경과한 것으로 이해할 수 있다. 과거는 항상 현재보다 앞선 시제다. 과거는 이미 일어났고, 따라서 과거의 사건들은 바뀔 수 없다. 그 사건들에 대한 우리의 인식은 바뀔 수 있다 해도 말이다. 이와 같은 방식으로 수정주의는 역사적 이해의 중심이 된다. 우리가 역사에 대해 하는 설명들은 필연적으로 역사 그 자체를 형성하고 구조화한다. 즉 설명은 매우 구체적으로 확립된 틀 안에서 과거의 어떤 면들이 번성하게끔 할 수 있다. 그렇다면 과거는 존재하는 반면, 역사는 구성된다고 말할 수 있을 것이다. 회고가 과거를 역사의 한 형태로 배열하게끔 만들 수도 있지만, 그러한 다시 말하기는 [회고] 대신에 더 쉽고 겉보기에 논리적인 시간 진행을 조명하기를 택하면서, 순간이 펼쳐질 때 종종 그 순간의 범위를 좁힐 수 있다. 내가 '서사'에 대해 말할 때 고려하겠지만, 우리가 갖는 많은 문제는 이야기 자체의 원료가 아닌 이야기가 말해지는 방식에 있다.

브라운은 흥미롭고 유용한 역사 읽기를 제공한다. 그녀는 역사를 '살아온 시간'으로 이해하는데, 여기에서 "역사는 역사의 효과에서 '실재'하고 사회적 실천에서 현현한다"(2014: 26). 그녀가 상술하기를, '살아온 시간' 속에는 "과거, 현재, 미래 사이의 깔끔한 구분이 없으며, 강제적이거나 초보적인 연대기적 시간성도 없다"(2014: 31). 다시 '과거'에 대해 말하면서, 브라운은 역사를 물질적이고 체현된 감각으로, 다른 시제에서도 느낄 수 있는 효과들로 이해할 것을 제안한다. 사실상 역사를 살아온 시간으로 여기게 되면, 과거, 현재, 미래를 깔끔하게 분리하는 것이 흐려지고 시간 자체가 쉬운 연대기에 순응하지 못하는 것처럼 보인다. 오히려 시간의 '살아옴lived-ness'은 시간을 생동하지 않는 서사로 조직한 것과는 달리, 역사가 생동하도록 [각] 시제들이 수렴할 것을 요구한다. 그렇다면 이 연구에서 나는 역사를 페미니즘의 과거가 조직되기 위한 수단으로서 이해하려 한다. 이는 현재 속에서 [페미니즘에 대한] 이해를 발전시키기 위해서인데, 이 현재는 필연적으로 미래에 영향을 미칠 것이다. 결국 과거는 아마도 우리가 가정하는 것만큼 '끝난' 것은 아닐 것이다. 과거는 현재를 방문하여 현재의 펼쳐짐에 영향을 미칠 수 있으며, 아마도 이는 기억 그리고 다시 말하기가 지닌 순수한 장점을 통해서 가능할 것이다.

연대기가 페미니즘을 선형적이고 진보 지향으로 이해하는 것을 뒷받침하는 방식으로 작용할 수 있다는 우려가 있다. 가장 생산적인 페미니즘 서사, 특히 이 경우에 물결 서사가 평등을 향해 미리 결정된 궤적의 한 명료한 지점에서 다음 지점으로 이동하는 것처럼 보이게끔 정치를 조직하는 방식을 둘러싼 우려도 비슷하게 존재한다. 이와 같이 정동적 시간성을 다룰 때 어떻게 '연대기'가 선형성과는 달리 더 유용할 수 있는지 이해하는 것이 중요하다. 선형성은 하나의 선, 즉 이탈할 수도 없고 이탈하지도 않을 역사적인 지점들 사이를 직선으로 연결한 것을 뜻한다. 뒤따른 선들의 경직성은 또한 특정한 방법론을 함축하는 듯하다. 한 지점에서 다른 지점으로의 이동은 페미니즘의 범위를 좁히고, 역사를 가로질러 명확하고 쉽게 접근할 수 있는 것 이외의 다른 것을 전부 부정하는 경로를 만들어 낸다. 놀랄 것도 없이, 그렇게 하면 선형성은 특정 기간 내에 페미니즘 행동주의를 조직하여 닫힌 시간대 속에 가변적이지 않은 것으로 위치 짓는다. 또한 선의 편협성은 사회운동을 이해하려 할 때 다양한 페미니스트들을 배제한다. 정치에 대한 선형적인 이해를 보면, 측정 가능한 진보를 시도하는 사람들을 우선시한다. 곤경, 저항, 거부를 페미니즘 발전에서 중심적으로 것으로 여기는 바와는 대조적으로 말이다. 선을 따라야 하며, 그로부터 이탈하는 것은 잘못이다. 이는 특정 형태의 행동주의가 틀렸거나 페미니즘의 역사와 동화될 수 없음을 시사한다. 즉 그러한 행동주의는 A에서 B로의 움직임을 직접적으로 촉진하지 않았으므로 페미니즘이 앞으로 나아가는 일에 적절히 기여하지 않았다는 것이다. 나아가 선형성은 단순하고 곧은 경로가 정치 지형을 뚫고 나갈 수 있음을 암시한다. 그러나 인권 운동은 평등을 향한 가장 단순하고 가장 논리적인 경로를 선택하는 것보다 훨씬 더 복잡하게 작용한다. 다시 말해, 이러한 선형성을 포용하는 것은 특정 목적을 염두에 두지 않고 젠더 규범, 정체성 정치, 페미니즘을 심문해 온 수많은 주변부 페미니스트들의 작업을 약화한다. 이는 여러 물결들 사이에 대화가 거의 존재하지 않을 수 있으며, 정치가 성 평등을 성취하기 위한 한 가지 방법에만 관심이 있음을 시사한다.

반면에 연대기는 사건이 어떻게 전개되었는지를 인지한다. 선형성과는 반대로, 연대기는 물결들이 어떻게 시간의 흐름 속에서 서로 다른 특정 지점에 떨어졌는지를 인지한다. 나는 물결을 세대적인 것, 혹은 20세기와 21세기를 거치는 선형적인 진보의 불가피한 부분으로 이해하는 것에 반대하는 주장을 하고 있지만, 물결들이 연대순으로 발생했다는 것을 부정할 수는 없다. 여성 참정권 운동에서 기인했다고 할 수 있는 영국의 제1물결은 여성이 마침내 투표권을 얻었을 때 끝난 것으로 종종 이해되며(Pugh 2000; Rowbotham 1999), 반면 제2물결은 주로 1970년대에 일어난 것으로 이해된다(Rich 1995; Tong 2014). 이와는 대조적으로 제3물결은 1990년대에 특히 기술적 진보 및 후기구조주의와 젠더 이론이 학계에서 인기를 얻은 것과 동시에 증가한 펑크 신에 관심을 갖는 바와 관련하여 출현한 페미니즘으로 볼 수 있다(Tong 2014).* 물결들은 의심할 여지 없이 연대순으로 일어났

---

* (옮긴이) 1991년 워싱턴 올림피아에서 열린 '국제 팝 언더그라운드 대회'에서 여성 폭력, 가부장제, 인종 차별에 반대하며 페미니즘을 주창하는 비키니킬bikini kill과 브랫 모바일brat mobile 등 여러

다. 그러나 이는 물결의 존재가 오로지 시간의 경과로 귀착될 수 있다는 뜻이 아니다. 내가 말하고자 하는 바는, 제2물결이 나타난 것은 순전히 제1물결 이후 충분한 시간이 흘렀기 때문은 아니라는 것이다. 마찬가지로 제3물결이 발생한 것은 제2물결이 너무 오래된 것으로 여겨져서가 아니다. 새로운 물결의 도래가 필요해진 이유는 페미니즘 밖에서의 시간의 흐름, 그것이 사회에 미치는 영향, 기술 내에서 필연적으로 일어난 진보 때문이다. 따라서 물결은 연대기적이지만, 물결들이 시간성과 맺는 관계는 시간선이 시사하는 것보다 훨씬 더 복잡하다. 물결들의 현존은 새로운 물결이 이전의 물결 이후에 그저 시간의 흐름에 반응하여 나타나는 식으로 임의적인 간격으로 출현한다기보다, 중요한 사회적 변화를 예고해 온 동시대적 순간에 대한 물결들의 반응성을 통해 결정된다.

브라운은 이 문제를 '달력 시간calendar time'에 관한 장에서 다루는데, 그녀는 이 개념을 아주 가깝고 먼 역사 모두를 명확한 연대기로 조직하는 것으로 이해한다. 그녀의 연구가 시간성에 관한 모든 확실한 모델에 반대하기는 하지만, 달력 시간을 기각하는 것은 매우 문제적일 수 있다고 쓴다. 달력 시간은 실용적 의미에서 사적인 시간과 공적인 시간 모두를 이해하는 수단이기 때문이다(2014: 98). 논의에서 대략적인 연대기를 작성하긴 했으나, 나는 여전히 제2물결, 제3물결에 해당하는 연도에 크게 의존하고 있다. 이 책의 후반부에서 제4물결에 대해 숙고하면서, 나는 최근

라이엇 걸riot grrrl 밴드들이 공연했다. 이들 라이엇 걸의 탄생은 1970년대 후반에서 1980년대 중반에 등장한 여성 펑크와 로큰롤 음악가들에 기반을 둔다.

에 일어난 구체적인 사건들을 분석할 때 달력 표시를 사용할 것이다. 다시 말해, 공적 사건들이 펼쳐진 방식에 대한 연대기적인 이해를 그만두는 것은 나의 의도가 아니다. 나는 날짜가 행동주의의 구체적인 순간들과 관련하여 중요해진다는 것을 이해한다. 각 물결의 초기 순간들을 묘사하기 어려워 구체성이 흐려진다고 하더라도 말이다. 이는 사건이 발생한 날짜는 반박할 수 없는 것일 수 있으나, 물결의 정동적인 형성 속에서 그 사건이 놓인 자리는 즉시 이해될 수 없다는 뜻이다. 사실 제4물결 순간의 특정 사건이 미친 반향은 느낌을 지속시키고 부채질하는 데 도움이 될 수 있다. 비록 우리가 그 느낌이 정동적 급등에 어떤 기여를 했는지 정확히 인지할 수 없더라도 말이다. 현재의 행동주의는 너무 긴급하게 펼쳐져서, 날짜를 식별할 수는 있지만 펼쳐지는 물결의 성좌 속에서 그 행동주의가 차지하는 독특한 위치를 식별하기가 어려울 정도다. 이 연대기적 불확실성은 물결을 정동과 연관하여 생각할 때 특히 유용하다. 정동이 '사이에−있음'의 상태를 탐험하여 그 상태에 한자리를 차지하고 있다는 점은 달력 시간을 인지할 필요가 있음을 어느 정도 명확히 하는 동시에 그 한계를 인정한다. 연대기상의 정밀함이 거의 없다시피 한 곳에서는 물결이 열릴 가능성뿐 아니라, 달력 시간을 따를 필요성이 있음에도 불구하고 과거, 현재, 미래가 모두 충돌할 수 있는 방식을 고려할 가능성이 존재한다.

물결과 더불어, 페미니즘은 정치와 그 역사적 진보를 조직하는 데 도움이 되는 서사가 많다. 브라운은 서사가 "시작과 중간과 끝의 시간이자, 플래시백과 플래시 포워드*이자, 전환점과 반환점"이라고 쓰고 있다(2014: 74). 그렇다면 서사는 완성된 감각이 있는, 서사 자신을 포함한 형태의 시간을 제공하는 것처럼 보일 것이다. 시작을 식별할 수 있는 것과 같은 방식으로 끝에도 완전한 명료함이 딸려 있다. 이렇게 되면 이 서사는 내부에서의 움직임을 허용하는데, 이 안에서의 플래시 포워드와 플래시백은 시간의 선형적 전개를 복잡하게 만들지 않고 오히려 기원 및 결말의 이야기들이 말해지는 방식을 공고히 한다. 이와 같이 서사는 제한된 것이자 제한하는 것으로 이해될 수 있다. 이는 어쩌면 '물결들의 사이에 놓인' 활동가들의 지속적인 노력을 간과하는 물결 서사가 가장 잘 예화하고 있을 테다. 페미니즘 행동주의를 세 개의 구별되는 시간 단위[물결]로 조직하면 그 외부를 보는 것이 거의 불가능해지며, 이는 역사가 서사를 통해 구성되는 방식을 입증한다.

『이야기는 왜 중요한가: 페미니즘 이론의 정치 문법*Why Stories Matter: the political grammar of feminist theory*』(2011)에서 헤밍스는 시간과 서사의 관계를 더욱 광범위하게 논한다. '상실'과 '진보' 개념에 세부적인 초점을 맞추면서, 헤밍스는 이 두 가지 유형의 서사 모두 특정한 종류의 선형적 시간성 속에 페미니즘을 고정시킬 수 있다고 쓴다. 러브는 뒤를 돌아보는 일이 앞을 바라보는 퀴어 정치에 필수적인 것이라고 본다(2011). 반면 헤밍스는 페미니즘이 상실에 초점을 맞추는 것이 물결들 사이에 강력한 파열의 감각을 만들어 냄으로써 물결들을 일직선상에서 서로 분리하고 공고히 한다고

---

* (옮긴이) 이야기 도중에 미래의 한 장면을 삽입하는 표현 기법을 뜻한다.

주장한다. 상실에 초점을 맞춤으로써, 선행하는 물결의 페미니스트들은 행동주의의 새로운 순간을 부족한 것으로 판단하기 시작한다. 그렇게 이 페미니스트들은 페미니즘을 시간이 지남에 따라 퇴보하는 것으로 이해한다. 매 10년마다 진정한 행동주의와 헌신이 갈수록 희박해진다고 생각하는 것이다. 그러나 이는 최신 물결의 현현에서 진보 서사를 강조하는 것과 유사하다. 이러한 진보 의식은 언제나 새로운 물결이 우월하다고 여긴다. 즉 새로운 물결은 시대에 더 부합하고, 이전 물결의 실수로부터 배웠으며, 이전 물결이 자행한 모든 배제를 교정한다는 것이다. 상실 서사와 마찬가지로 진보 서사 역시 시간성에 유동적으로 접근할 가능성을 감소시킨다. 대신에 진보 서사는 페미니즘 물결의 선형적인 진보를 공고히 하여 서로 다른 정동적 강도의 순간들을 서로에게서 분리한다.

모든 것을 아우르는 서사가 서구 페미니즘에 유용한지, 아니면 단지 문제적인 '거대[주인] 서사'일 뿐인지에 대해서는 의견이 분분하다(Laughlin et al. 2010). 따라서 나는 페미니즘에 대한 총체화하거나 보편적인 접근법을 암시할 수 있는 '메타' 혹은 '거대[주인]'와 같은 접두사를 사용하는 것에 저항한다. 정치의 중심 서사들은 페미니즘을 전체로서 설명하고자 했다는 점에서 문제가 되었다. 특히 물결이 얼마나 다양하게 해석되어 왔는지를 감안할 때, 그렇게 모든 것을 아우르는 기획은 불가능하다. 페미니즘은 단지 스스로를 페미니즘에 결부시키는 사람들에 의해 정의될 뿐만 아니라, 그 순간의 미디어가 페미니즘을 이해하는 방식에 의해서도 정의된다. 이와 같이 구체적인 순간 속에 있는 페미니즘 행동주의에 대한 재현은 대중문화와 대중 매체에 의해 조건 지어 지며, 그 결과 물결에 대한 피상적이고 제한된 관점을 갖게 된다. 물결 서사는 현재 이해되는 것보다 더 열려 있을 수 있다. 각각의 물결은 물결이 조직되는 배제적인 방식에 대해서 스스로 더 의식 하고 있을 뿐만 아니라, 간과되었던 이들의 집단을 식별하기 위 해 이전의 물결을 재고하려는 역사주의적인 노력도 존재한다. 더욱 중요한 것은 아마도 그들의 행동주의가 물결이 다다를 수 있는 범위에서 벗어났기에 물결에 깔끔하게 들어맞지 않는 이들에 대한 수정주의적인 스토리텔링일 것이다. 이는 물결 서사가 여전 히 사용되더라도 더 이상 총체화하는 것, 본질주의적인 것으로 간주될 수 없음을 분명히 한다. 물결 서사는 훨씬 작고 옆길로 새 는 이야기들을 포함할 뿐만 아니라, 완전히 다른 페미니즘 서사 들과 동시 진행된다. 따라서 내가 이 서사 위에 쓰고 이 서사를 이 용하는 것은, 서구 페미니즘의 이야기가 전해져 온 방식에 대한 이해를 포함하는 것이지만, 논쟁이 이루어졌던 것처럼 큰 한계로 작동되지 않기를 바라는 마음에서 비롯한다.

동시대성

젠더 간 사회적, 정치적, 경제적 불평등에서 비롯된 페미니즘 은 물결로 범주화되는 세 번의 주요 반복을 거친 것으로 이해된 다. 그런데 페미니즘과 시간의 관계에서 흥미로운 점은 [페미니 즘] 정치의 주요 목적이 소멸하는 것, 즉 비현존의 상태로 이행하는 것이라는 점이다. 이것은 더 이상 페미니즘이 필요하지 않은 사회를 만들려는 시도를 통해 스스로가 시대에 뒤떨어지기를 열망하는 것이다. 이로 인해 발생하는 긴장은 페미니즘이 미래성을 강조하면서도 미래가 없기를 희망한다는 것이다. 이는 페미니즘의 역사가 연구되거나 고려되지 않을 것이라는 뜻이 아니며, 펼쳐지는 현재 속에서 능동적 힘으로 작동하지는 않을 것이라는 뜻이다. 페미니스트들은 "미래가 그저 과거를 반복해서는 안 된다는 욕망"을 품고 있는 동시에 "변혁의 정치로서 페미니즘이 더 이상 필요하지 않은 세상"의 가능성을 품는다(Ahmed 2004: 183). 정치적 변화는 과거의 문제를 복제하지 않는 미래를 확보하기 위해 일어난다. 그렇다면 미래를 향한 열망뿐 아니라, 과거 인식이 페미니즘을 동시대적 순간 속으로 정향한다. 현재는 즉각적이다. 다시 말해, 현재는 반응적이어서 현재가 펼쳐질 때 그것을 이해하기란 어렵다. 과거와 미래는 정치가 정향되는 수단인데, 이는 시제가 한군데로 수렴하여 행동주의의 급등을 일으키는 촉각적인 시간성을 제공한다. 페미니즘은 하나의 과거를 지속하면서 미래를 상상한다. 그러면서 특정한 순간의 필요성에 반응하는 행동주의를 확보한다.

위더스Deborah Withers의 '이미-거기 있는' 것은 활동가들이 페미니즘에 참여하게 된 방식, 즉 운동의 역사와 운동의 동시대를 그들이 참여하기 전에 존재하는 것으로 이해하며 참여한다는 것을 말해 준다. 내가 페미니즘의 과거를 이해하고 있는 방식과 유사하게, 위더스의 저서 『페미니즘, 디지털 문화, 전달의 정치: 이론, 실천, 문화유산Feminism, Digital Culture and the Politics of Transmission: Theory, Practice and

Cultural Heritage』은 새로운 순간이나 물결이나 페미니스트가 정치의 일부가 될 때마다 정치는 풍부하고 다양한 대화에 가담하고 있다고 주장한다. 따라서 정치에 참여하거나, 정치와 함께 움직일 수 있는 수단을 찾기 위해서는 반드시 '이미-거기 있는' 것과 친해져야 한다. 이 '이미-거기 있는' 것은 그것이 잊히지 않기 위해 다른 전달 양식을 찾는다. 위더스가 아카이브 연구를 위해 집중하기로 선택한 음악계에서 분명히 보이듯, 수명이 짧고 임의적인 운동으로 인해 이러한 시도는 점점 더 어려워지고 있다. 가장 유용하게, 세대의 문제점과 지식의 전수를 숙고하면서 위더스는 물결을 "페미니즘 지식이 전달되는 세대 간 과정에서의 중심성에 관한 징후"로 묘사한다(2015: 31). 물결이 돌이킬 수 없을 정도로 세대와 관련한다고 이해함으로써, 위더스는 지식의 세대 간 전달이 서사를 통해 전파된다고 주장한다. 이것은 헤게모니적이고 지배적인 목소리가 제대로 기록된 의견들과 더불어 페미니즘의 미래로 전달되는 것을 보장한다. 그러나 내가 앞 장에서 약술한 바와 같이, 내가 추측하는 것은 이러한 '이미-거기 있는' 것의 지배가 배타적인 물결 서사들을 둘러싸고 학계에 의해 문제화되었다는 것이다. 접근성과 문서화에 의해서 무엇이 유효한지가 결정된다. 만일 페미니즘 자원의 소재를 파악하고 관계 맺는 것이 불가능하다면, '이미-거기 있는' 것이 존재할 수 있다 하더라도 이는 동시대에 유용하게 동원될 수 없다.

마지막으로, 나는 '현재,' '순간,' '동시대'라는 용어에 주목하여 페미니즘의 네 번째 물결이 형성되는 방식에 대해 말하고자 한다. 나는 순전히 선형적이거나 연대기적인 사고를 피하기 위해서 '동시대'와 '순간' 개념에 의존할 것이다. 이 두 관념은 현재 개념과는 다르다. 이 책에서 현재는 순전히 과거와 미래 사이의 시제, 항상 펼쳐지고 있는 경험의 즉시성을 나타내기 위해 쓰인다. 동시대는 달리 정식화되며, 순간이라는 관념과 매우 강력히 연관되어 있다. 동시대는 '현재'를 의미하기보다는 과거, 현재, 미래가 서로 수렴할 수 있는 방식으로서, 행동과 활동이 시간성에 대한 높은 자각에 의해 매개되는 순간을 구성한다. 이는 구체적인 정동과 결합하여 불확정적인 길이의 순간을 구성한다. 이러한 순간은 페미니즘의 즉각적인 현재가 어떻게 정동적 맥락에 의지하고 그로부터 힘을 얻으면서 동시대적일 수 있는지를 설명한다. 순간은 동시대성과 현재성의 이러한 교차가 실제로 물결을 시간으로부터 약간 멀어지게 할 수 있음을 암시한다. 순간은 선형적 시간선과 다른 것으로 조명되는데, 그 이유는 추진력을 얻은 느낌의 수렴이 지닌 모호함을 통해 순간이 측정되기 때문이다. 그 순간은 에너지와 열광의 시기를 가리키며, 그 기원을 구체적으로 정확히 짚어 낼 수도 없고 그 결말을 정확히 예측할 수도 없다. 그 순간은 대략적인 시간 동안 지속된 다음, 그 후에 합리화될 수 있다. 따라서 순간은 한군데로 모여 수렴하는 구체적 정동들의 틀 내에서 사회운동을 논할 때 유용한 용어다.

물결을 '순간들'로 고려하는 것은 유용하다(Kaeh Garrison). '순간'은 구체적인 시간성을 지시하며, 따라서 페미니스트 그룹의 특정한 정체성에 덧씌워진 장식물이나 고정성을 간신히 벗어난다. 이는 페미니즘 물결을 정동적 시간성으로 재구상하는 데 필수적이다. 내가 동시대를 사용하는 것은 '순간'을 중요한 페미니

제4물결 페미니즘: 정동적 시간성

즘 시간성으로 사유하는 것과 관련한다. 동시대는 행동주의의 순간에 효력을 발휘하지만, 과거가 현재 행동주의의 조건들 안에서 약화되거나 잊히지 않도록 하면서 행동주의의 순간을 페미니즘의 역사적 지식과 결합한다. 제4물결의 에너지는 정치가 더 이상 필요하지 않은 미래를 향해 더 나아가게 하는, 페미니즘 활동의 또 다른 급등을 보여 준다. 현재 순간의 형성에 없어서는 안 되는 것으로서 과거와 그러한 과거의 실천에 의존함에도 불구하고 물결의 발전은 거의 전적으로 순간의 조건들에 의해 좌우된다. 행동주의가 형태를 갖추는 것은 이 불확실하고 거의 정의하기 어려운 시간성들의 충돌 속에서다.

「동시대란 무엇인가?What Is the Contemporary?」(2009)에서 조르조 아감벤은 동시대적 주체가 된다는 것의 의미를 설명한다. 나는 이 개념을 페미니즘 전체로 확장할 것이다. 그가 주장하기를, 동시대를 진정으로 체현하고 자신의 시대에 속하는 사람들은 "그 시대에 완벽하게 일치하지도, 그 시대의 요구에 순응하지도 못하는 이들"이다(2009: 40). 아감벤이 '단절'과 '시대착오'로 특징짓는 이 상태에 있기 때문에, 동시대인은 특히나 자신의 시대를 인지하고 이해할 준비가 되어 있다(2009: 40). 내가 제4물결 페미니즘을 행동주의의 '순간'과 특히 관련한다고 기술한 바를 고려하면, '불완전한 일치'와 '순응'이라는 개념은 복잡해진다. 그러나 내가 앞서 말했듯이, 순간들 자체는 시간의 선형적 이해에서 약간 벗어나 있는 듯하다. 순간들은 시간대의 측면에서 덜 구체적으로 정의되며 페미니즘 행동주의의 지속 기간을 재현한다. 어떤 의미에서 보면 연대기적 의미로 시간이 흐른다 해도 제4물결의 순간이 나름대로 세를 갖고 계속되는, 일종의 불완전한 일치가 존재한다. 동시대는 자기 시대의 요구에 순응할 수 없다는 아감벤의 말은 각각의 물결이 그 독특한 시간성에 의해 조건 지어진다는 나의 주장과 약간 상반되는 듯하다. 이 관계는 순응을 거부하는 것과는 달리, 물결이 자기 시대의 요구에 직접적으로 반응함을 시사한다. 그럼에도 불구하고, 앞에서 내가 말했듯이, 페미니즘은 장기간에 걸쳐 확립된 요구에 반응하며, 이러한 요구는 사회적, 정치적 맥락과 함께 나타난다. 페미니즘이 더 이상 존재하지 않을 때까지, 페미니즘의 중심 목표—남성과 여성 사이의 완전한 평등—는 세월이 흘러도 변치 않은 것으로 남을 것이다. 이와 같이 페미니즘 물결의 각 현현이 어떤 의미에서 각자의 시대를 가져온다 할지라도, 여전히 모든 것을 아우르는 과거 그리고 미래의 목적과 함께한다. 물결은 정동적 순간이 형성되는 방식에 따라 특정한 힘과 적응성이 함께 나타나는, 그러한 것으로서 조응하지는 않는다. 행동주의의 순간 속에서 페미니즘이 이와 일치하는 과거와 미래를 강조함으로써, 운동은 단절되고 시대착오적인 것이 된다. 이 단절은 과거를 보는 페미니즘의 시선, 시간성들의 충돌을 통해 시대착오주의가 구축되는 방식이라는 그 시선에 기초한다. 페미니즘의 '순간 속에' 존재한다는 것은, 복수의 시제 그리고 정치를 정치 그 자체와 정치를 현재에 설정하는 것이 모두에서 약간은 벗어나게 만든, 일련의 이해들이 결정한 시간적 공간을 점유하는 것이다.

연대기의 필요성에 대한 나의 논의와 유사하게, 아감벤은 '동시대' 개념을 전체로서의 시간과 함께 고려한다. 그는 동시대적인 것이 연기대적 시간을 압박하고, 재촉하고, 변형시키며 함께 작동한다고 쓴다. "이 긴급성은 때와 맞지 않음, 즉 시대착오다"(2009: 47). 아감벤은 실천적이고 체현된 의미에서 피할 수 없는 연대기적 시간을 승인하면서도 그 유연성을 두드러지게 만든다. 페미니즘에서 동시대를 점유하는 것은 시간과 함께 작동하는 것이다. 정동적 순간들은 여전히 '때와 맞지 않음'의 특질을 가지고 있지만, 시간의 점유처럼 여겨지는 구체적이고 두드러지는 시간성을 만들어 낸다. 물결 행동주의에서 통합된 현존은 물결 행동주의가 만들어 내는 시간 속에 있는 동시에 페미니즘 그 자체의 시간적 궤적과의 관계에서는 때와 맞지 않는 것으로 존재한다. 여기서 중요한 것은 한 주체가 자신의 동시대 속에서 효과적으로 작동하기 위해서는 주변과 단절의 감각이 필요하다는 것이다. 어원학적으로 'contemporary'는 '함께'를 뜻하는 라틴어 'con'과 '시간'을 뜻하는 'tempor'에서 왔다. 그렇다면 '동시대'에 있다는 것은 제시간에 맞게 있는 것이 아니라, 긴급하고도 변형되어서 그 시간으로부터 떨어져 약간 느슨해진 채로 존재하는 것이다. 페미니즘 물결은 긴급성의 감각에 편승하여, 어떤 의미에서는 페미니즘 물결들의 때와 맞지 않은 위치에 놓인다. 역사를 잘 자각하고, 미래에 대한 희망을 가지며, 현재 순간 속에서 행동주의의 필요성을 인식하면서, 페미니즘의 긴급성은 행동의 물결을 압박하고 변형하는 것으로 번역한다. 바로 이 시간성들이 수렴하는 순간의 창안은 일종의 '때와 맞지 않음'을 지닌다. 다시 말해, 그 시간성들의 다중적인 현현들에서 너무나 시간에 선취되어 있기에, 그 순간은 연대기 내에서 강력한 중요성을 지니는 것이다.

아감벤은 동시대적인 순간의 독특함을 전달하기 위한 시도로 유행에 대한 확장된 비유에 기댄다. 그는 '지금'이 언제 시작되는지를 확립하는 것은 거의 불가능하다고 주장한다. 개념, 입법, 사회적 수용으로 지금이 존재하는가? 이와 같이 유행의 순간은 "아직 아닌" 것과 "더 이상 아닌" 것 사이의 파악할 수 없는 문턱이다 (2009: 48). 이는 순간 개념을 페미니즘 물결과 연관시키며, 어째서 물결이 오직 사후에만 합리화될 수 있는지를 설명한다. 앞 장에서 언급된 바와 같이 '물결'의 현존을 선언했음에도 불구하고, 활동가들이 구체적인 행동을 지시하거나 그 급등 속에서 출현할 행동주의의 유형들을 예상하기는 불가능했다. 물결은 언제 시작되며, 어느 시점에 완전히 구성되고 인지되는가? 어떻게 불확실한 출발점에서 세를 얻으며, 무엇이 그 끝을 상징하는가? 그렇다면 물결은 선언될 수 있지만, 여전히 파악할 수 없는 '사이'의 상태에 있다. 물결은 두 가지 의미에서 문턱을 구성한다. [첫째로] 물결은 페미니즘의 역사를 고려하면서 페미니즘적 미래들의 다른 형태를 창조할 것이다. [둘째로] 물결은 사회와 문화를 현재에 구성된 것으로 고려하면서 어떤 종류의 변혁을 목표로 한다. 페미니즘의 동시대 혹은 물결은 '아직 아닌' 것이자 '더 이상 아닌' 것이다. 동시대의 '아직 아님'은 이 특정한 물결의 순간에 목표가 달성되지 않을 수도 있다는 사실과 더불어 이 목표가 아직 성취되지 않았음을 인지한다. '아직 아님'은 페미니즘에 대한 지속적인 필요성과 페미니즘이 불가피하게 계속되어야 한다는 사실 모두와 관련한다. '더 이상 아님'은 페미니즘 물결이 있는 그대로의 사회에 대한 에너지 넘치는 대응이 되는 방식을 뒷받침한다.

제4물결 페미니즘: 정동적 시간성

나는 이제 아감벤이 자신의 동시대 개념에서 그토록 핵심적이라 여기는 단절의 감각을 고찰하고자 한다. 정동에 대한 다음 장에서는 느낌이 사회 운동을 서로 부착시키거나 접착시키는 방식을 고찰할 것이지만, 시간과 페미니즘이 그리 쉽게 공존하지 않을 수도 있는 방식을 인지할 필요가 있다. 페미니스트들은 인기 없는 정치적 견해를 표현함으로써 고립될 수 있다(Ahmed 2010). 페미니스트는 다른 이들과 연대하기를 거부함으로써 행복을 파괴하는 사람이 된다. 페미니스트는 현 상태를 유지할 수 없고, 따라서 규범이 평화롭게 지속되는 것을 망친다(Ahmed 2010). 제3물결과 제4물결 순간에서는 이러한 고립이 포스트페미니즘의 역설에 대한 거부로 인해 더욱 복잡해진다. 페미니즘을 고의적으로 무시하는 것에 참여하기를 거부하는 페미니스트는 시대착오적인 사람으로 보이며, 더 나아가 자신의 시대로부터도 배제될 것이다. 페미니즘이 더 이상 더 넓은 사회에 맞지 않기 때문에 페미니즘의 특정 방법론이 '구식'이라고 불릴 수 있는 것과 같은 방식으로, 페미니즘을 '유행에 뒤처진' 것으로 위치시킨다는 점에서 포스트페미니즘은 특히 흥미롭다. 가장 대표적인 예는 여성의 나체가 자본주의와 너무 얽매인 까닭에 옷을 벗는 것이 고용 가능성을 높인다고 여겨지는 시대의 '노 모어 페이지 3' 캠페인이다.*

---

* 에리얼 레비Ariel Levy의 『여자 쇼비니스트 돼지: 저속한 문화의 부상과 여성Female Chauvinist Pigs: Women and the Rise of Raunch Culture』(2005), 나타샤 월터스Natasha Walters의 『살아 있는 인형: 성차별주의의 귀환Living Dolls: The Return of Sexism』(2011), 로리 페니의 『고기 시장: 자본주의에서 여성의 살Meat Market: Female Flesh Under Capitalism』(2011), 니나 파워Nina Power의 『도둑맞은 페미니즘One Dimensional Woman』(2009)은 모두 여성 신체의 상품화를 페미니즘이나 임파워먼트로 간주하는 것에 대해 다룬다.

아메드Sara Ahmed는 이러한 형태의 페미니즘을 '홍 깨기killing joy'라고 부르는데, 이에 제휴하면서 함께 웃기를 거부하는 것이 불일치의 순간을 만들어 낸다. 시대가 변함에 따라 페미니즘이 새로운 기술에 적응할 수 있겠으나, 페미니즘은 '그 시대의 것'이기를 거부한다. 특히나 근대성이 여전히 성차별적인 사회를 의미할 때 말이다.

　아메드는 다음과 같이 쓴다. 페미니스트 홍 깨기는 "다른 사람들의 행복을 망친다. 페미니스트는 행복을 위해 회합하고, 모이고, 만나기를 거부하기 때문에 홍을 깨는 사람spoilsport이다"(2010: loc 930). 여기서 '행복'이란 말을 쓰는 것은 내가 나중에 다룰 정동에 의문을 제기한다. 지금 나는 시간성과 관련하여 회합하고 모인다는 개념에 가장 관심이 있다. 가부장적 틀 안에서 행복의 시인에 저항뿐만 아니라 더 넓은 집단의 일부가 되는 것을 거부하는 것은 불가피하게 페미니즘을 외부에 위치시킨다. 더 넓은 사회와의 회합을 거부함으로써, 페미니즘은 스스로의 시대를 문제 삼는다. 물결의 현현은 시간의 경과에 의해 좌우되는 것이 아니며, 그보다 시간의 진행에 따른 직접적인 결과에 따른 사회적, 정치적, 기술적 변화로 형성된다. 그러므로 페미니즘의 물결 표명은 물결의 연대기적 순간에 반응하면서도 더 넓은 사회가 쾌락으로 삼는 것과 동일한 대상을 중심에 두고 모이지 않는다는 점에서 여전히 동시대성을 유지한다. 중요한 것은 아메드가 단절의 필요성을 페미니즘 내부로 확장한다는 점이다. 그래서 "우리가 살고 일하는 공간으로 '가라앉지 않으면서' (……) 우리는 불편함을 유지해야 한다"(Ahmed 2004: 178). 이 가라앉지 않는다는 개넘은 페미니즘에 대한 내부 비판을 넘어 동시대의 감각을 유지하는 방법에 대한 이해로 확장되어야 한다. 페미니즘은 시간적으로 긴급한 사안들에 직접 응답하는 데 너무 고착되지 않도록 자신의 시대로 가라앉아서는 안 된다. 그 대신에 그 안에 갇혀 있지 않고 시대와 함께 있다는 것을 보장하기 위해서는, 과거에 의지하면서 미래에 대해 사유하는 더 넓은 시야가 필요하다.

모호성과 촉각성

우리 시대에 '가라앉지' 않고, 일종의 단절을 경험한다는 이런 관념들은 아감벤의 동시대 논의와 관련이 있다. 진정으로 동시대적이기 위해서는 시대의 빛에 집착할 수 없으며 오히려 그 '어둠'에 끌린다(Agamben 2009: 44). 동시대인은 동시대의 특정한 순간의 빛에 눈이 멀기를 거부하고 그 대신 '그 빛의 그림자들'에 끌린다(2009: 45). 그렇다면 동시대인은 그녀가 살아가는 시대의 어둠을 다룰 필요가 있다. 단절과 시대착오주의의 결합은, 동시대가 [어둠과 동시에] 발산할 수 있는 빛에도 불구하고 어둠을 식별할 수 있게 해준다. 나는 이 빛과 어둠의 상징이 어느 정도 견고한 이항을 확립하기 때문에 바탕으로 삼고 싶지는 않지만, 이 둘이 페미니즘 물결에서 함축하는 바를 알아내고는 싶다. 이런 의미에서 어둠은 거의 완전히 빛으로 가려지는 것일 수도 있다. 이는 여성들을 위한 중대한 입법적 변화 이후의 몇 년 동안 특히 중요하다. 단 하나의 매우 공적인 진보가 발하는 반짝임을 쬐고 있는 대신에, 그림자에서 번성하고 있는 다른 종류의 어둠에 대한 고려가 있어야 한다. 둘째로, 빛과 어둠의 비유는 우리가 가시성을 이해하는 방식과 관련이 있을 수 있다. 확실히 페미니즘에서 목소리를 높이고 당당하게 말하는 문화는 여성들이 불만을 토로할 병리적 필요가 있기 때문인 것은 아니다. 그보다는 그렇지 않았더라면 승인되지 못할 수도 있는 경험의 가시화를 더 우선시하기 때문이다. 그렇다면 물결의 순간 속에서 동시대 페미니스트가 된다는 것은 한 줄기 밝은 빛을 동반하는 어둠을 인지하는 것이자, 진보의 광선이 만드는 그림자 속에 존재하는 것들을 가시화하는 것이다.

시간성에 대한 촉각적 접근이 이를 강력하게 촉진한다는 것이 나의 주장이다. 과거를 돌아보고 지금 행동하며 미래를 열망하는 행동에서, 페미니즘은 어둠과 빛 사이의 이러한 상호 작용을 허용할 수 있다. 동시대는 일종의 어둠을 지니고 있는데, 이는 과거와 미래가 강렬한 행동주의의 순간 속에 수렴할 때 불가피하게 일어난다. 페미니스트가 이 동시대적 순간을 알아차릴 수 있는 것은 바로 시간성과 진보 사이의 이러한 관계를 자각하기 때문이다. 내가 이 장에서 논했듯, 진보가 선형적이고 계량화된 진전을 함축한다고 해도, 이는 실제로 상당한 퇴보이거나 일종의 정체를 뜻할 수도 있다. 그러므로 현재 순간 속에서 과거와 미래의 수렴은 페미니스트들이 그들의 곤란한 역사와 잠재적 미래를 이용하여 동시대 행동주의를 창조하는 방식에서 핵심이 될 것이다. 만약 "역사들이 서로 '접촉할' 수 있다면, (……) '접촉된' 존재 그리고 투자의 정동적 충전은 과거를 현재로 꺼내 온다"(Cvetkovich 2003: 49). '역사'를 이용하는 것은 과거의 페미니즘들을 묘사하

제4물결 페미니즘: 정동적 시간성

는 데 중요한데, 이 과거의 페미니즘들은 이제 구체적인 담론 속에 틀이 지어지며, 현재의 순간에서 다시 사유된다. 동시대를 만들어 내는 데에 모든 과거가 수렴하진 않겠지만, 페미니즘 역사의 특정한 측면들은 물결의 새로운 현현에 접촉할 것이다. 또한 '접촉된다'는 개념은 내가 시간성과 정동을 서로의 관계 안에서 이해하는 데 있어 중심적이다. 접촉된다는 것은 '움직여진' 것의 형태로 나타날 수 있는데, 이는 특정한 시간적 이동성을 허용한다. 제2물결, 제3물결, 제4물결[의 시간] 동안 자극받은 페미니스트들이 모두 '제4물결의 순간' 속에서 함께 작업하면서, 역사는 끊임없이 현재에 접촉하고 있다. 동시대는 이 다양한 역사들이 접촉하는 가운데 특정한 종류의 정동으로 가득 차 있다. 그리고 운동으로 이동된 것과 같은 특수한 정동은 시간성과 정치에 대한 이해로써 가능해졌다.

마침내 이로써 나는 행동주의 현재 순간을 고려할 수 있게 되었다. 앞에서 말했듯, 나는 '현재'라는 용어의 사용을 경계한다. 이 용어가 순전히 현재의 속도, 즉시성, 유한성, 이 모든 것이 지속적인 페미니즘 행동주의를 탐구하고 이해하는 것을 어렵게 만들기 때문이다. 그러나 행동주의는 끊임없이 변화하는 현재 안에서 진화하며, 더더욱 모호성의 감각으로 이끈다는 것을 인식하는 것이 중요하다. 펼쳐지고 있을 때의 현재는 이해될 수 없으며, 따라서 페미니즘의 새로운 물결의 현재성도 적어도 동시대적인 순간으로 확립될 때까지는 결정적 정의가 이루어지기는 힘들다. 러브는 초기 단계의 정치 운동에 대해 그것이 확립되기 훨씬 전인 처음에는 충동으로 감지될 수 있다고 쓴다. "우리는 아직 제도에서 현존의 지배적인 양태로 완전히 표현되지 않은 역사적 순간을 이해하고 응답할 수 있다"(2007: 12). 구체적으로 말하자면, 우리가 동시대의 정치적 순간의 형성을 구성하는 페미니즘 물결이 만들어지고 있음을 인지할 수 있을지도 모르지만, 이는 제도화될 정도로 명확히 표현되거나 승인되지 않았다. 그러하기에, 물결은 그 발전 단계에서 가부장제 안에서 여전히 대부분 기능하는 지배적인 현존 양태 안에서 제도화되고 동화되는 것을 피할 수 있다. 정동적 시간성의 독특한 에너지를 이루는 것은 충동들의 불확실성으로, 이는 이해되는 것과는 반한다고 느껴질 수 있다. 간단히 말해서 반발적인 행동주의가 세를 얻고 싹트기 시작할 때는 그것이 완전히 가시화되거나 이해될 수 없다. 그리하여 필연적으로 기록의 아카이브는 정치적 순간의 즉시성 속에서 나타난 보고서와 자료를 보면서 회고적으로 나타난다. 이러한 반발적인 행동주의는 행동의 기폭제로 기능하는 정동 혹은 정동의 여러 형태로 동기를 얻는다.

결론

이 장은 퀴어 이론가들과 페미니스트들 모두가 시간을 이해하는 방식에 대해 숙고했으며, 이 방식과 정치 운동이 맺는 관계를 수정하는 것을 목표로 했다. 시간성을 선형적 의미로 이해하는 한, 시간성이 페미니즘의 과거에 대한 이해는 물론 현재와 미래의 가능성들을 촉진하지 않는다는 점은 명백하다. 마찬가지로

제4물결 페미니즘: 정동적 시간성

페미니즘 역사의 구축은 다른 이야기에 관한 일부 이야기의 우선권을 보장할 뿐만 아니라 특정 행동주의와 방법론을 특정 시대로 제한한다. 실제로 페미니즘은 그동안 행동주의와 정체성에 대한 접근법에 있어 훨씬 유연한 경향이 있었다. 흑인 페미니즘 행동주의가 교육받은 백인 [여성]의 경험을 우선시했던 제2물결에서 완전히 빠져 있는 것이 아닌 것처럼(hooks 2014; Lorde 2013; Walker 2004), 본질주의와 구성주의 사이의 논쟁은 주디스 버틀러와 함께하는 제3물결에서만 나타난 것이 아니다(Elam 1994; Fuss 1989). 내가 이 장에서 사용한 몇 가지 예가 보여 주듯, 시간에 대한 선형적 이해로 페미니즘을 납작하게 만드는 것이 정치의 다양성과 다중성을 삭제한다는 것은 명백하다. 더욱이 이는 이론가들로 하여금 특정한 정체성을 체현하는 것으로 각 물결에 접근하도록 강요한다. 페미니즘의 일부 측면을 과거에 갇혀 있도록 만드는 한편, 하나의 역사적 위치에 그 정체성을 고정시킨다. 우리가 그들에 대해 배우고 그들에게 경의를 표하는 동안, 그들의 행동 방식은 시대에 뒤떨어져 쓸모없게 되었다.

　이 문제들은 연대기와 서사에 대한 나의 논의로 이어졌다. 내가 선형적인 시간을 거부할 수야 있겠지만, 페미니즘의 성취와 목표가 연대기적으로 정리될 수 있다는 것은 인정할 필요가 있다. 예를 들어, 투표는 특정 해에 이루어졌고 마찬가지로 수십 년 후 동일 임금이 뒤따랐다. 페미니즘에는 간과할 수 없는 특정한 연대기적 지점이 있으므로, 정치 운동은 여전히 어떤 방식으로 연대기적 시간 감각에 묶여 있다는 것을 인정하는 것이 중요하다. 이는 페미니즘이 선형적 진보와 지속적 성공 궤적을 누리고 있다는 것이 아니라, 어떠한 민권운동 연구에서도 시간의 경과가 무시될 수 없다는 것이다. 그러나 그 시간이 흐른다는 것이 반드시 모든 종류의 진보가 이루어졌다는 느낌으로 해석되는 것은 아니다. 페미니즘 연대기의 관계는 그로부터 나오는 서사 때문에 복잡하다. 헤밍스가 확인한 바와 같이, 제2물결에서 제3물결로의 이동은 진보와 상실의 서사 모두를 낳았는데, 여기서 둘 사이의 시간 경과가 근대의 여명기에 대한 감각이나 무언가가 상실되었다는 느낌의 증거로 여겨졌다. 특히 이러한 서사들은 제한적인 방식으로 페미니스트 연대기를 통합하는 역할을 한다. 이 서사들은 진보나 퇴보의 논거의 정당함을 입증하기 위해 제2물결과 제3물결을 고정시킨다. 이 서사들은 또한 이 두 물결의 현현 사이의 분열을 암시하여, 모든 종류의 연속성과는 대립한다. 선형성이 그랬듯이 연대기와 서사는 페미니즘 시간성과의 관계를 생산적으로 동원할 수 있는 방식에 문제를 제기한다.

나는 각각의 물결을 동시대, 또는 느낌의 순간으로 생각하는 것이 유용하다고 제안했다. 동시대는 과거, 현재, 미래의 수렴으로, 각자가 진화하면서 막 생겨난 제4물결 행동주의의 순간을 알려 준다는 점에서 높이 평가한다. 그렇다면 페미니즘은 미래 지향적인 진보의 행군, 여성 권리에 대한 선형적 이해, 또는 과거를 완전히 기각하고 미래에만 집중하는 것과 반드시 일치하지는 않는다는 점에서 시대로부터 약간 떨어진 위치에 놓일 수 있다. 페미니즘 물결은 그것이 진행되고 있는 특정한 순간 내에서 작동할 수 있지만, 그 시간적 수렴들과 특정한 시간의 모호성을 확인하려는 시도를 통해서 [우리는] 물결이 작동될 때 일종의 동시성이 존재한다는 것을 알 수 있다. 내가 정동을 이해하려고 할 때, 이를 "**사이에-있음**에서 태어난" 것으로, "축적된 **빗겨 감**beside-ness으로 존재하는" 것으로 이해할 수 있다는 점을 고려할 가치가 있다 (Gregg and Seigworth 2010: 2). 이 정의는 '동시대'의 정식화와 공명하는데, 이는 시간 안에 있는 것이 아니라 시간과 함께하는 것으로 이해될 수 있다. 그러므로 동시대 페미니즘의 '시간에 어긋남'은 새로운 물결의 시작을 길러 내기 위한 정동 이론의 '사이에-있음' 개념과 공명하는데, 이 안에서 정치는 그 자체로 복수의 시간성과 방법론, 느낌 사이에 자리를 잡을 수 있다.

참고문헌

Agamben, Giorgio(2009), *What Is Apparatus? And other essays*(Stanford: Stanford University Press).

Ahmed, Sara(2004), *The Cultural Politics of Emotion*(Edinburgh: Edinburgh University Press).

Ahmed, Sara(2010), *The Promise of Happiness*(London: Duke University Press).

Browne, Victoria(2014), *Feminism, Time, and Nonlinear History*(New York: Palgrave Macmillan).

Cornell, Drucilla ed.(2000), *Feminism and Pornography*(Oxford: Oxford University Press).

Cvetkovich, Ann(2003), *An Archive of Feelings: Trauma, Sexuality, and Lesbian Public Cultures*(London: Duke University Press).

Edelman, Lee(2004), *No Future: Queer Theory and the Death Drive*(California: Duke University Press).

Elam, Diane(1994), *Feminism and Deconstruction*(London: Routledge).

Evans, Elizabeth(2015), *The Politics of Third Wave Feminism: Neoliberalism, Intersectionality, and the State in Britain and the US*(Basingstoke: Palgrave Macmillan).

Faludi, Susan(1991), *Backlash: The Undeclared War Against Women*(London: Vintage).

Fernandes, Leela(2010), "Unsettling 'Third Wave Feminism': Feminist Waves, Intersectionality, and Identity Politics in Retrospect", *No Permanent Waves: Recasting Histories of U.S. Feminism*(Rutgers University Press), pp. 98~118.

Freeman, Elizabeth(2010), *Queer Temporalities, Queer Histories*(Durham and London: Duke University Press).

Fuss, Diana(1989), *Essentially Speaking: Feminism, Nature and Difference*(New York: Routledge).

Gill, Rosalind and Scharff, Christina(2011), *New Femininities: Postfeminism, Neoliberalism and Subjectivity*(Basingstoke: Palgrave Macmillan).

Gregg, Melissa and Seigworthy, Gregory J. eds.(2010), *The Affect Theory Reader*(London: Duke University Press).

Grosz, Elizabeth(2005), *Time Travels: Feminism, Nature, Power*(London: Duke University Press).

Halberstam, Judith(2005), *In a Queer Time and Place: Transgender Bodies, Subcultural Lives*(New York: NYU Press).

Hemmings, Clare(2011), *Why Stories Matter: The Political Grammar of Feminist Theory*(London: Duke University Press).

Henry, Astrid(2004), *Not my Mother's Sister: Generational Conflict and Third-Wave Feminism*(Indiana: Indiana University Press).

hooks, bell(2014), *Ain't I a Woman: Black Women and Feminism*(Abingdon: Routledge).

Laughlin, Kathleen A., Margaret Gallagher et al., "Is it Time to Jump Ship? Historians Rethink the Waves Metaphor", *Feminist Formations*, Vol. 22, No. 1(Spring 2010), pp. 76~135.

Levy, Ariel(2005), *Female Chauvinist Pigs: Women and the Rise of Raunch Culture*(London: Simon and Schuster UK Ltd.).

Lorde, Audre(2013), *Sister Outsider: Essays and Speeches*(Berkeley: Crossing Press).

Long, Julia(2012), *Anti-Porn: The Resurgence of Anti Pornography Feminism*(London: Zed Books).

Love, Heather(2007), *Feeling Backward: Loss and the Politics of Queer History*(Cambridge: Harvard University Press).

Mackay, Finn(2015), *Radical Feminism: Feminist Activism in Movement*(Basingstoke: Palgrave Macmillan).

McBean, Sam(2015), *Feminism's Queer Temporalities*(London and New York: Routledge).

McRobbie, Angela(2009), *The Aftermath of Feminism: Gender, Culture and Social*

Change(London: Sage Publications Ltd.).

Muñoz, José Esteban(2009), *Cruising Utopia: The Then and There of Queer Futurity*(London: New York University Press).

Penny, Laurie(2011), *Meat Market: Female Flesh Under Capitalism*(Winchester: Zero Books).

Power, Nina(2009), *One Dimensional Woman*(London: Zed Books).

Pugh, Martin(2000), *Women and the Women's Movement in Britain*(London: Palgrave Macmillan).

Rich, Adrienne(1995), *On Lies, Secrets and Silence: Selected Prose, 1966–78*(London: W.W. Norton & Company).

Rowbotham, Sheila(1999), *A Century of Women: The History of Women in Britain and the United States*(London: Penguin Books).

Schor, Naomi and Weed, Elizabeth(1997), *Feminism Meets Queer Theory* (Indianapolis: Indiana University Press).

Tasker, Yvonne and Negra, Diane eds.(2007), *Interrogating Post-Feminism* (Durham: Duke University Press).

Tong, Rosemarie(2014), *Feminist Thought: A More Comprehensive Introduction*(Boulder: Westview Press).

Thompson, Becky, "Multiracial Feminism: Recasting the Chronology of Second Wave Feminism", *Feminist Studies*, Vol. 28, No. 2(Summer 2002), pp. 336~360.

Walker, Alice(2004), *In Search of Our Mothers' Gardens: Womanist Prose*(Orlando: Harvest Books).

Walters, Natasha(2011), *Living Dolls: The Return of Sexism*(London: Virago Press).

Withers, Deborah(2015), *Feminism, Digital Culture and the Politics of Transmission: Theory, Practice and Cultural Heritage*(London and New York: Rowman & Littlefield International).

4장

정동적 시간성들

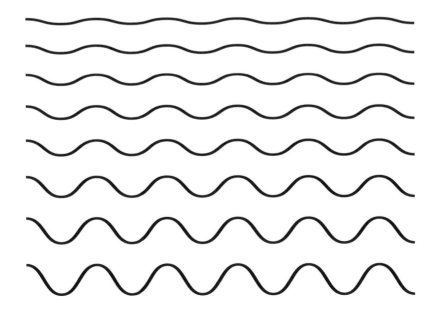

이 장에서는 정동, 그리고 정동이 시간성과 맺는 관계가 어떻게 페미니즘 내에서 행동주의의 물결을 일으킬 수 있는지에 대해 탐구할 것이다. 나는 포착하기 어렵고 불확실한 정동의 특성에 초점을 맞춰, 어떻게 정동이 식별되고 합리화되는 힘이 아니라 순간 속에서 경험되어야 하는 힘인지를 논할 것이다. 정동적 순간들은 "판독되고 해독되거나 기술되기 위해 발생하지 않는다"(Gregg and Seigworth 2010: 21). 따라서 나는 순간 속에서 나타나는 정동들을 기술하거나 해독하는 방법론을 제안하지는 않을 것이다. 그보다는 어떻게 정동이 제한된 기간 동안 스스로를 지탱하는 특정한 형태의 공적 느낌을 만들어 정치적 주체들을 한데 묶을 수 있는지 탐구해 보겠다. 나는 또한 사회운동을 감정 및 느낌과 동일시하는 것에 따르는 곤경에도 불구하고, 정동이 특히 페미니즘 물결에 유용한 이유를 설명할 것이다. 궁극적으로 이 장은 정동의 불확실성과 힘, 그리고 정동이 시간을 관통해 생성하는 이행이 독단이나 정확성을 즉시 요청하지 않고도 페미니즘 물결을 출현시킨다고 주장할 것이다.

먼저 나는 정동을 이해하는 여러 방식에 대해 논할 것이다. 정동은 많은 학문 분과를 가로지른다. 그중 일부는 생물학적, 생리학적 가능성에 초점을 맞추고 있는 반면, 나머지는 사회운동에 더 지향점을 둔다. 나는 정동의 사용을 확립할 때 주로 개별 주체와 정치 집단의 관계에 초점을 맞추었기에, 정동이라는 용어를 일종의 '사이에-있음'과 '힘'으로 재고하기에 앞서 들뢰즈^{Gilles Deleuze}와 가타리^{Félix Guattari}에 기대어 정동을 맥락화할 것이다. 나는 느낌과 정동의 관계에 대해 논의하면서 정치적 감정을 동시대적 순간 속에 있는 페미니즘과 연결할 것이다. 정동의 불확실성과 더불어 정동이 완전히 명료하게 정의될 수 없다는 점은 내가 물결 서사에 접근하는 방식에 도움을 준다. 정동의 불확실성은 에너지와 강력한 느낌들의 급등이 사회운동으로 나타날 수 있음을 인지한다. 이러한 느낌들의 조합을 묘사하고 정의하기 어렵더라도 말이다. 물결 서사에 반대하는 나의 주된 논지는, 물결 서사가 페미니즘을 세대나 정체성으로 너무 깔끔하게 구분한다는 것이다. 그렇다면 정동을 사용하는 데 수반되는 확실성의 결여와 분리 불가능성은 이러한 쉬운 범주화의 문제를 피해 가는 데 유용하다. 대신에 이는 느낌의 다중적인 형태를 통해 얼마나 강력한 정치적 행동이 형성되는지를 인지하면서 불확실한 것, 불분명한 것, 누적되고 적응할 수 있으며 수렴하는 것으로 눈을 돌리게 만든다.

그러나 정동이 항상 긍정적인 것은 아니다. 페미니즘이 필요한 세계에서 생산된 많은 느낌들은 부정적이다. 활동가들이 공유된 느낌 속에서 약간의 휴식과 그에 수반되는 연대를 발견할 수 있을지라도, 언제나 사회운동이 보다 광범위한 사회에서의 여성 혐오가 생산하는 부정적인 정동들에 대응해서 생겨난 것은 아니다. 대신에 사회운동은 나쁜 정동들의 물결을 타고, 그 정동들을 행동의 급등에 연료로 사용해야 한다. 더 문제적인 것은 페미니즘은 내부의 나쁜 느낌에 면역되어 있지 않다는 점이다. 특정 이슈를 놓고 사회운동이 분열될 때가 있다. 그럴 뿐만 아니라 교차성을 향해 계속 실현하고자 하더라도 여전히 배제는 진행 중이다. 정동의 다중성이 어려워지는 것은 바로 이 지점이다. 정동의 강도와 그 전달은 확실히 동시대에서 강력함을 유지하지만, 잠재적으로는 분열을 초래할 수 있다. 페미니즘 내에서 발생하는 이러한 부정적 정동들은 비평의 한 형태로서 필요하다. 부정적 정동들은 항상 환영받지 못할 수도 있고 사람들을 불편하게 만들 수도 있지만, 페미니즘을 계속 진보하게 만드는 것은 바로 그 불편함이다. 정치는 외부의 정동적 맥락에 의해 전적으로 형성되는 것이 아니며, 내부에서 생산된 정동들에 끊임없이 적응하며 형성된다.

정동 이해하기

용어로서 정동은 이에 접근하기 위해 학문이 선택하는 방식과 그 표명 모두에 있어서 다중적이다. 서로 다른 학문 분야에서도 정동에 다양한 시간과 노력을 쏟고 있다. 예를 들어, 신경과학에 종사하는 사람들은 감정과 그 영향을 측정하는 데 좀 더 경험적인 접근법을 취할 것인 반면, 사회학자들은 어떻게 공적 느낌이 정치 운동을 활성화하는지를 추적하고자 할 것이다. 사전을 찾아보면 정동affect은 동사적 의미와 명사적 의미 모두로 이해될 수 있다. 후자는 '정동'을 행위에 영향을 미치는 감정이나 강렬한 느낌으로 이해한다(Oxford English Dictionary 2017). 정동의 명사 형태에서조차도 정동을 움직임으로 강조한다는 점이 중요하다. 정동은 느낌이나 욕망을 단지 압축하는 것만이 아니라 결과적 행위로도 실현된다. 따라서 정동들은 정적이지 않다. 정동들은 느낌이나 욕망을 경험하는 주체가 움직일 수 있도록 행동으로 이어지거나 행위에 영향을 미친다. [정동의] 동사 형태는 이러한 이동성의 의미를 뒷받침하는 것으로 보이는데, 여기서 '정동하는' 것은 차이를 만들거나 영향을 만들어 내는 것, 또는 접촉하는 느낌을 갖는 것, 또는 감정적으로 움직이는 것이다(Oxford English Dictionary 2017). 시간성에 대한 나의 논의에서 이러한 정의들이 품고 있는 바를 생각해 보기 위해서라도 약간씩 다른 이 정의들을 풀어 보는 것은 유용하다. 차이와 효과에 관한 첫 번째 정의에서 전치사 to와 on에 주목하는 것이 중요하다. 정동의 명사 형태와 마찬가지로, 전치사가 함의하는 바는 정동이 주체를 움직인다거나 느낌의 움직임이 필요하다는 것이다.* 사람이든 상황이든 느낌이든 무언가는 정동에 의해 변화한다. '닿는 느낌' 개념이 흥미로워지는 것은 촉각적 시간성들, 즉 서로 닿는 시간들과의 대화에서 독해될 때다. 정동이란 이러한 느낌들의 닿음이며, 느낌들은 이러한 형태의 접촉에 의해 활성화된다. 강렬한 행동주의의 순간들이 과거의 정식화, 미래의 열망, 동시대에의 참여에 대한 강한 자각을 필요로 하는 것과 같은 방식으로, 느낌들도 수렴되어 서로에게 닿을 수 있다. 이는 마침내 나를 감정의 움직임으로 이끈다. 다시 말하건대, [나는] 느낌과 느낌이 촉진하는 움직임을 동등하게 강조한다. 정동은 느낌과 그에 수반되는 이동성이 불가분의 관계에 있음을 제안하는 듯하다. 이런 의미에서 정동은 구

---

* (옮긴이) 전치사 to가 어떤 방향성을 지시한다면, 전치사 on은 표면에 닿아 있는 상태를 지칭한다. 이는 동사로 작동하는 정동이 느낌의 움직임과 관련하여 방향성과 촉각성을 지닌다는 점을 강조하는 것이다.

4장 / 정동적 시간성들

체적인 정동적 환경에서 전체 사회운동이 만들어질 수 있는 것과 같은 방식으로, 주체를 특정한 정치로 이동시킬 수 있다.

정동은 다양한 학문 분과를 통해 이해될 수 있으며, 이러한 학문적 접근법은 정동이 다중적인 것으로 남아 있도록 만든다. 또한 정동이라는 용어에서 그 목적과 수단을 생각해 볼 필요가 있다. 이 정도 범위의 접근법을 보장하는 것은 단순히 방법론적 차이가 아니라 정동을 연구하는 궁극적인 목적이다. 신경과학자는 뇌의 작용과 어떻게 뇌가 작동하는지에 대한 이해에 집중하고 있다. 이와는 대조적으로, 사회학자는 구체적인 정치 운동과 그 운동이 정동에서 어떤 영향을 받았는지에 대해 이해하고자 할 것이다. 그렇다면 과학자들과 신경과학자들에게는 정동에 대한 접근법이 훨씬 더 명확하게 확정된다. 이 접근법은 신체적 조사뿐만 아니라 경험적 데이터의 생산을 요구하는데, 여기에서는 생물학이 정동의 발견과 영향 모두에 있어 중심이 된다. 신경과학은 각 인간에게 내재된 몇 가지 기본적인 감정이라는 개념을 다루는 한편, 보편적으로 경험된 느낌이라는 가설에 이의를 제기하기 위해 신경 영상화neuroimaging를 이용하기도 했다(Wetherall 2012). 느낌이 몸 안에서 육체적으로나 물질적으로 드러나는 방식을 고려하는, 정동에 대한 생리학적 탐구도 있었다. 예를 들어 분노는 종종 혈압을 높이고 맥박을 증가시키는데, 이는 느낌이 무척이나 체현된 의미에서 경험될 수 있음을 증명한다(Wetherall 2012). 정동으로 신체에 관여하는 것은 테리사 브레넌Theresa Brennan과 같은 여러 사회 이론가들에 의해 이용되었는데, 브레넌은 많은 사람들 사이에서 느낌이 확산될 때 후각과 냄새가 갖는 중요성에 대해 숙고했다(Brennan 2004).

그러나 여기서 나의 관심은 좀 더 과학적인 분야에서 벗어나 밀착된 사회운동 안에서 정동이 신체들을 서로 접착시킬 수 있는 방법의 고찰로 옮겨 간다. 이를 설명하기 위해 나는 정동의 특질을 힘으로, 임계적인 것으로, 마지막으로 주체들을 들러붙게 할 수 있는 능력을 지닌 끈적끈적한 것으로 여길 것이다. 정동적 실천 내에서 작동하는 것이 이 목표를 염두에 두었을 때 가장 유용한데, 이 정동적 실천은 "사회적 삶에서 나타날 때 감정적인 것에 초점을 맞추며 참여자의 행동을 따르려고 한다. 이는 인과의 단순한 선이나 캐릭터 유형, 깔끔한 감정적 범주가 아니라 변화하고 유연하며 과잉 결정된 형상화를 찾아낸다"(Wetherall 2012: 4). 여기서 '사회적 삶'이라는 개념은 페미니즘을 이야기하는 데 중요하다. 삶을 사용한다는 것은 특정한 종류의 일상적인 본성을 암시한다. 이와는 대조적으로 페미니즘 물결들은 사회적 삶에 존재하는 일상적인 정동들의 어려운 조합인 것으로 보인다. [페미니즘 물결은] 최고조에 달하거나, 적어도 현 상태가 더 이상 지속 가능하지 않은 지점에 이르게 되기 때문이다. 이는 일상적인 정동들이 너무 견디기 힘들어지고 있기 때문에, 행동주의의 급등 속에서 사회적 삶이 더 이상 예전처럼 계속될 수 없다는 것이다. 통상적인 느낌들은 "관계, 장면, 우연성, 출현의 연속적인 움직임"을 중심으로 구조화된다(Fraser 2007: 2). 이러한 통상적 정동의 우연 및 장면은 "광범위한 순환 안에서 시작되고 끝나는 공적 느낌이지만, 이 느낌을 이루는 것은 외견상 친밀한 삶들로 보이는 것들이다"(Fraser 2007: 2). 이동성을 강조하는 것이 이해하기 위한 비결이다. 정동은 운동하고, 주체들 사이에서 전이되면서 움직이며, 감정적으로 영향력을 지닌다. 그러나 정동의 정식화는 매우 우연적이어서, 다른 장면이나 출현으로 흔들리거나 변화할 수 있다. 다시 말해, 정동적 충전 속에 진화의 감각이 존재한다는 것이다. 이는 스스로 지속하는 페미니즘 물결과 특히 관련이 있어 보인다. 일단 최초의 기세가 생기게 되면, 물결은 느낌의 변화가 물결의 소멸로 이어지지 않도록 정동적 시간성의 우연성들에 적응할 수 있어야 한다. 또한 프레이저Kathleen Fraser가 말한, 통상적인 정동들이 공적인 것과 개인적인 것 사이에 있는 곤란한 틈에 가교를 놓는다는 점도 중요하다. 정동은 활동가들로 하여금 서로 연대하게 만들 뿐만 아니라 사회운동에 연료를 공급하면서 광범위하게 순환할 수도 있지만, 소우주 안에서 활동하기도 한다. 일상적 삶의 공적이고 사적인 본성을 모두 인지하면서 특히 효과적인 정동의 운동을 가능케 하는 것은 광범위하게 느껴진 것과 개인적으로 경험된 것 사이의 관계다.

개인적인 것에 대한 이러한 개념은 페미니즘에 근본적이긴 하지만, 정동의 이해 그리고 실현과는 어려운 관계에 있다. 이는 부분적으로 개인적인 것이 정체성의 많은 교차점에서 발생하기 때문인데, 그 교차점 각각은 자신의 정치적 투입들과 연관들을 전면에 내세운다. 그뿐만 아니라 서로 다른 정체성들은 보다 넓은 사회에 의해 특정한 방식으로 암호화되었고, 정체성들은 느낌에 대한 논의를 시작하기도 전에 특정한 정동들과 연관되어 있다. 아메드(2010b)는 더 넓은 사회 내에 위치 짓기로써 정동이 형성될 수 있는 방법들에 대해 쓴다. 페미니스트들은 즉시 흥을 깨는

killjoys 이들로 간주되는데, 이는 페미니스트들이 사회의 행복, 즉 여전히 근본적으로 여성혐오적인 사회의 행복과 회합하기를 거부하기 때문이다. 페미니스트들은 행복을 거부하기에 즐거움의 결핍 및 불행을 대표하는 것으로 여겨진다. 흥을 깨는 것, 이는 부정적인 정동을 생산하고, 결국 페미니즘을 전적으로 부정적인 정동과 연관시킨다. 브라이언 마수미Brian Massumi는 들뢰즈와 가타리의 『천 개의 고원Mille Plateaux: Capitalisme et Schizophrenie』 번역서에서, 정동은 개인적 감정과 전혀 관련되지 않으며, 오히려 정동은 "신체의 한 경험적 상태에서 다른 경험적 상태로의 이행에 상응하고 그 신체의 행위 능력의 증가나 감소를 암시하는, 전前 인칭적 강도"라고 쓴다(Massumi 1987: xvi). 그러나 정동에 대한 아메드의 독해에서 정동은 인칭을 가진 존재[개인]가 번성할 수 있는 공간을 창조하는 것으로 보인다. 당신의 정체성이 특정한 방식으로, 즉 흥을 깨거나 끊임없이 분노하는 것과 같은 방식으로 구성되거나 이해될 때, 이를 개인적인 것으로 받아들이지 않는 것은 불가능하다. 넓은 맥락이 개인에게 강렬한 영향을 미칠 수 있는 것과 같은 방식으로 우리를 바깥의 더 넓은 맥락으로 옮겨 놓는 정동들을 창조하는 것도 세계에 대한 개인적인 경험이다. 그리하여 정동적 경험이 몸속에 자리 잡는 동안에는 정동적 경험이 개인의 의식에서 빠져나가 있는 듯 보이지만, 사회운동에 관한 한 개인적 참여와 정동적 참여는 불가분의 관계로 얽매여 있다.

가타리와 들뢰즈는 [정동이라는] 용어를 동물, 되기, 지각, 전쟁과 관련하여 재구성하고 재맥락화하면서 정동이 여러 위치를 점유할 수 있도록 한다. 이러한 다양한 이해를 간단히 살펴보겠지만, 나의 주된 초점은 페미니즘 물결과 관련하여 가장 생성적으로 보이는, 되기의 형식으로서의 정동에 있다. 들뢰즈와 가타리가 동물계 안에서의 정동을 언급하는 것은 중요하다. 왜냐하면 이는 정동이 전前의식 수준에서 발생할 수 있다는 개념과 함께 공명하는 것처럼 보이기 때문이다. 들뢰즈와 가타리는 정동이 "자아를 고무하고 동요시키는 무리 역량의 실행"이라고 말한다(Deleuze and Guattari 1987: 240). 이는 정동들이 개인적인 것의 영역에 거주하지 않을 수도 있지만, 한 개체, 즉 이후에 우리가 주체라고 부르게 되는 것을 외밀성의 힘과 강도가 집합적 일관성을 생성하는 집단적 역동 속으로 이동시킨다는 것을 함의한다. 두 저자는 작은 무리에서부터 떼, 전체 개체군에 이르는 모든 종류의 집단화는 전적으로 정동과 힘을 통해 만들어지며, 이는 모든 동물과 주체가 되기의 방식으로 참여하게 만든다고 설명한다. 정동적으로 구성된 무리들에 참여함으로써, 개체는 무리의 과정들을 거치도록 촉진된다(1987: 241). 이러한 형식의 되기는 집합체를 생성하며, 결국 집합체들 스스로 적응하고 발전하는 일에 관여한다. 사회의 형식들과 구성체들은 정동성이 강력해지는 장소가 될 수 있다. 동물이나 주체는 정동의 접착적인 본성을 통해 집합성으로 이동하거나 그 안에 고정될 뿐만 아니라, 그 자신의 '되기' 속으로 나아간다. 이 텍스트에서 이후에 들뢰즈와 가타리는 "정동들은 되기들이다"라고 쓰면서 이렇게 주장한다(1987: 256). 정동은 임계성liminality을 시사하는 것으로 보이는데, 이 임계성의 공간에서 주체는 어찌 됐건 정동들을 더 큰 집합체 사이에서 움직이게 하는 격변의 상태로 들어간다.

들뢰즈와 가타리는 개인과 사회 모두와 관계하는 정동에 대해 숙고하는데, 개인과 사회 사이의 연결을 외삽하기extrapolate 위해 '신체' 개념을 이용한다.* 그들은 이러한 수동passion과 능동action이 궁극적으로 어떻게 더 강력한 신체의 결합을 가져올 수 있는지를 고려하면서 "우리는 신체가 무엇을 할 수 있는지 알기 전까지는 신체에 대해 아무것도 알지 못한다. 즉 신체의 정동들이 무엇인지, 정동들이 어떻게 다른 정동들과 합성되거나 합성되지 않을 수 있는지 알기 전까지는 [신체에 대해 알 수 없다]"고 쓴다. 어떻게 수동passion과 능동action이 더 강한 신체에 궁극적으로 합류할 수 있는지에 대해 고려하면서 말이다(1987: 257). 이러한 신체와 정동을 고려하는 데 가장 유용한 것은 정동이 '행위doing'의 형태로 자리매김했다는 점이다. 내가 이 장 내내 제안했듯, 정동들은 수동적이지 않으며, 이동되는 주체를 실제로 필요로 한다. 정동들은 이동성, 능동, 지속적이고 우연적인 되기의 방식을 구성하는 과정들을 나타낸다. 신체는 정동들이 작동하는 방식에 따라 작용하고 작동된다. 들뢰즈와 가타리는 '정동'이 무엇인지 구체화하지 않으며, 오히려 정동이 작동하는 방식에, 즉 신체가 더 강렬하고 더 큰 신체의 일부가 되기 위해 신체를 이동하는 능동이나 수동의 교환에 집중한다. 이는 의심할 여지 없이 되기의 한 형태인데, 여기에서 주체는 집합체로 움직여 정동적 강도로 만들어진 집단 운동에 참여한다. 그러나 정동과 사회운동의 출현을 [스스로] 서술하고자 하는 정동 연구자와 사회운동가들에게 곤란한 점

---

* (옮긴이) 외삽은 측정 가능한 자료를 이용하여 측정 가능한 영역을 넘어서 한계 밖을 추정하는 방법이다.

은, 이러한 되기들이 "지각[할 수 있는] 문턱의 아래나 위에 있다"는 점이다(Deleuze and Guattari 1987: 281). 만약 정동이 지각될 수 없다면 정동에 대한 인식은 문제적인 것이 되는데, [정동에 대한 인식이] 느낄 수 있는 능력, 집단적으로 느낄 수 있는 능력에 위치하고, 어떤 종류의 세나 활동을 만들어 내야만 [가능해지기] 때문이다. 확실히 들뢰즈와 가타리가 정동에 접근하는 방식은 모두 범주화될 수 있는 정동들을 기본으로 두는 신경과학적 투자와 크게 다르다. 두 접근법 사이를 가로지르면 개인적 정동이 식별 가능함을 시사할 수 있지만, 이러한 정동들의 정동하는 성질 및 이들이 수반하는 되기의 공적 과정은 그리 쉽게 드러나지 않는다. 만약 정동이 궁극적으로 움직임과 운동의 한 형태라면, 이동성이 취할 방향이나 속도를 선취하기는 어렵다. 대신에 이동성은 마치 물결처럼 외부적 영향과 우연성이 물결의 발전을 형성할 수 있도록 경험되고 통과되어야 한다.

주체가 자기 자신의 움직임으로 나아가는 것은 내부의 느낌들이 외부의 위치로 이동하는 것을 통해서라고 주장했을 때, 들뢰즈와 가타리는 이 가능성에 동의하는 것처럼 보인다. 그들은 이런 종류의 외재화가 "그들[주체]에게 믿을 수 없는 속도, 방출되는 힘―사랑이든 미움이든 그것은 더 이상 감정이 아니라 정동이다―을 준다"고 쓴다(1987: 356). 앞에서 말했듯, 느낌과 정동을 차별화하려는 마수미의 의지에도 불구하고, 개인 안의 정동적인 것과 외부의 정동적인 것 사이에는 부정할 수 없는 관계가 있다. 이러한 뿌리 뽑기를 통해서 주체는 정치적일 수 있는 역량을 가진 되기의 사회적 행위에 관여할 수 있다. 들뢰즈와 가타리는 감정들과 느낌들이 관여할 수 없는 방식으로 그 정동들이 외부 세계에 관여한다고 말한다. 정동은 관여라는 측면에서 능동적이지만, 실제로 감정은 내면화로 더 이어질 수 있다. 감정들의 배출로 작동하는 정동 개념은, 특히 공적 공간과 사회적 맥락에서의 집합적인 것과 관련하여, 강력하게 정치에 참여하는 바에 유용할 수 있다. 또한 이는 페미니즘에 있어서 어떻게 개별 주체들이 사회운동에 참여하기 위해 움직일 수 있는지를 보여 준다. 이로 인해 서로 정동적 유대를 통해서 구성된 사회운동 전체가 가능하다. 사회운동들은 더 넓은 집단으로 이끈 맥락과 느낌에 따라 정동을 만들어 내고, 따라서 정동된다.

개인적인 것이 정치적인 것이라는 관념으로 돌아오면, 정동은 개인적 영역이 공적 영역으로 이동하는 것을 가능케 하고, 사적 영역이 사회적 영역과 분리된 채로 남아 있지 않게 한다. 이는 또한 내부와 외부 사이에 만들어져야 할 중요한 연결이 존재함을 암시한다. 이러한 연결은 대개 만들어 내기 어려운데, 정치와 느낌을 서로 조화시키는 것이 쉽지 않기 때문이다. 정치는 공적이고, 광범위하고, 외부를 향하고, 집합적이고, 시간에 좌우되는 반면, 느낌은 소규모이고, 내향적이며, 반드시 연대기적 시간에 따라 작동하지도 않는다. 이 둘의 범위는 "공적 영역과 정동이 서로 다른 종류의 대상임을 분명히 한다. 따라서 이들은 서로 다른 역사와 비판적 틀을 가지고 있으며, 서로 다른 종류의 대응을 요한다"(Love 2007: 11). 당연하게도 더 넓은 공적인 것의 영역 위에 이보다 외관상 더 개인적이고 느낌에 관한 것의 영역을 표시하기란 어려우며, 물론 반대 경우도 마찬가지다. 개인적 영역과 공적 영역의 차이에도 불구하고, 정동은 둘 사이에 부정할 수 없는 관계를 만들어 낸다. 들뢰즈와 가타리가 주장한 것처럼 정동은 전이 가능한 되기의 형식인 반면, '느낌'은 보다 개별 주체 내에 위치하는 것이다. 그러므로 정동은 개인의 감정이 공유된 사회적 경험으로 옮겨지기 위한 어떤 형태의 이행을 만들 수 있으며, 이러는 가운데 주체는 정동되고 정동시키며 되어 간다.

그렇다면 페미니즘은 개인적 느낌과 정치적 정동 사이의 충돌을 계속 실행하는 것일 수도 있겠다. 확실히 영국에서 개인적인 것을 침입하는 정치의 방식에 대한 환상이 존재한다. 아일랜드에서는 여전히 임신 중지가 법적으로 금지되어 있으며, 영국에서는 강간금지법의 입법을 둘러싸고 유죄 판결률과 형량 등에 관한 수많은 논쟁이 계속되었다.[*] 정치적인 것과 개인적인 것이 서로 불가분한 관계가 될 때, 개인적인 것을 정치적으로 만드는 것은 하나의 전술이다. 공적 인정을 받기에는 너무 친밀한 세부 사항들을 포함한, 여성들의 삶의 사소한 부분을 가시화하는 것이 급선무가 된다. 내향성을 장려하거나 페미니스트들 사이의 분리를 부추기는 것의 대안으로, 그 결과는 개인적인 것이 정치적이고, 정

---

[*] 아일랜드에서의 임신 중지에 대한 자세한 정보는 마리 스톱스Marie Stopes 웹사이트 https://www.mariestopes.org.uk/overseas-clients-abortion/irish/abortion-and-law/abortion-law-republic-ireland를 참조하라. 아일랜드에서 임신 중지가 불법이므로 많은 여성들이 처벌을 피하기 위해 수술을 받으러 영국으로 건너온다. 검찰청은 여성에 대한 범죄가 최고 수준에 이르렀다는 보고와 더불어 유죄 판결이 확실히 증가했다는 자료를 발표했다. https://www.cps.gov.uk/publications/docs/cps_vawg_report_2014.pdf 그러나 체드 에번스Ched Evans 성폭행 사건과 같은 유명한 사건들은 일부 법원이 유죄 판결을 받은 강간범들을 다루는 데 있어서 관대한 태도를 보여 주었고, 강간범들은 유죄 판결에 항소할 수 있다.
(옮긴이) 아일랜드는 임신 중지를 금지하는 헌법 조항의 폐기를 두고 실시된 국민 투표에서 66.4퍼센트의 찬성을 얻어 2018년에 임신 중지가 허용되었다.

제4물결 페미니즘: 정동적 시간성

치적인 것이 개인적인 것이고, 공적 영역이 느낌에 물들게 되는 일종의 공적 친밀성이다. 이러한 공적 친밀성은 페미니즘 물결 내부에서의 정동의 전이에 중심이 된다. 느낌을 퍼뜨리고 느낌을 퍼뜨리도록 하는 것은 공공 운동이나 정치 운동에 반응과 감정이 필수 불가결한 맥락을 만들어 낸다. 현재 우리가 느낌을 표현하는 수단으로 소셜 미디어에 의존한다는 점을 고려해 보면, '외밀성'은 "한때는 사적인 정념으로 여겨졌던 것을 전달하는 데 공적 영역이 점점 더 많이 이용되고 있"는 지금 이 순간에 대한 매우 중요한 징후다(Thrift 2010: 294). 이는 소셜 미디어와 블로그를 통해 촉진된 고백 문화와 동시대 기술을 뒷받침할 뿐만 아니라, 페미니즘에 대해 사유하는 데에도 유용하다. 현재의 기술은 공적 친밀감과 그에 따른 정동적 결과라는 환경을 조성한다. 이는 전통적으로 신체 및 개인적 경험과 관련된 사생활이 필연적으로 공적 영역으로 전이되어, 이러한 느낌들이 만들어 내는 정동이 페미니스트 집합체들을 자극할 수 있음을 시사한다.

멜리사 그레그$^{Melissa Gregg}$와 그레고리 J. 세이그워디$^{Gregory J. Seigworthy}$는 『정동 이론$_{The Affect Theory Reader}$』의 서문에서 "정동은 사이에-있음의 한가운데—작용하고 작용되는 역량 속—에서 일어난다"고 말한다(2010:1). 이는 정동들이 아마도 '지각'을 빠져나가는 방식에 대한 들뢰즈와 가타리의 이해와 공명한다. 정동들에 의해 창조된 사이에-있음의 감각은 임계성의 감각, 점들 사이의 여행, 시작부터 결과까지 이어지는 과정을 들여온다. 주체들은 작용하고 작용되면서 자신이 행동하도록 움직여진다는 것을 발견할 수도 있다. 구체적으로 무엇이 주체들을 움직이게 했는지 그들이 확인할 수 없는 동안에도 말이다. 그렇다면 정동들은 시작하고 지속하는 과정에서, 수렴하고 적응함에 있어, 그럼에도 불구하고 행위의 환경을 조성함에 있어 정확히 밝히거나 명확하게 범주화하기 어렵다. '작용'하고 '작용된' 것, 이행 및 지속과 관련된 사이에-있음의 감각은 시간성과 정치적 행동주의의 관계를 뒷받침한다. 정치적 행동은 관계들의 한 집합이나 하나의 존재 상태에서 다른 집합이나 존재 상태로 옮겨 가고자 하는 욕망에 의해 요구된다. 그 결과 행동주의는 성취 가능한 목표를 위한 싸움의 중간 지대로서 위치 지어지는데, 여기서 과거의 조건들은 달라진 미래에 대한 열망을 결정한다. 사이에-있음은 또한 정의될 수 없는 사회운동이나 느낌의 형태에 관여하는 일이라는 난제를 심사숙고하는 데 유용하다. 정동이 어느 상태와 다른 상태 사이에 있는 것으로 암시된 과정이자 일시적임의 감각이라는 점은 그 정의를 통해서 억압되지 않으면서도 출현하고 성장하게 한다. 결과적으로 하나의 이행은 작용하는 것과 작용되는 것이 그 순간의 정동성에 동시에 기여할 때 나타날 수 있다.

세이그워디와 그레그는 계속해서 정동이 "힘이나 강도의 이행(과 지속의 이행)**뿐만 아니라** 순간적이나 때로는 더 지속적인 관계의 상태"가 될 수 있다고 주장한다(2010:1). 이는 다시 시간성과 사회운동을 결집시키는 힘 사이의 중요한 관계를 보여 준다. 이러한 상태의 관계는 정동과 그 이후의 페미니즘 정치가 작동하는 방식에 특히 중요하다. 이 관계는 어떤 의미에서 페미니즘 물결에 참여하거나 그 안에서 활동 중인 활동가들을 지칭할 수 있다. 그 물결은 활동가들 서로의 관계와 그러한 관계가 어떻게 정동적

제4물결 페미니즘: 정동적 시간성

관여를 존속하게 했는지를 통해서 구성된다. 하지만 이전 장에서 설명한 페미니즘 시간성과 연관될 수도 있다. 관계의 상태는 사실 페미니즘의 과거, 현재, 미래 사이의 관계에 대한 인식이 증진하는 가운데 시제들을 행동주의의 동시대적 순간에 수렴할 수 있게 한다. 마지막으로, 관계는 더 넓은 사회적 맥락 안에서 페미니즘의 위치를 나타내는 것일 수 있다. 즉 이는 불가피하게 형성된 맥락이자, 물결 서사의 가장 최신의 현현이다. 페미니즘의 우연성은 실제로 정동의 우연성에 따른 결과로, 페미니즘과 정동 모두의 관계적 측면은 정치가 외부 및 내부 자극에 적응할 수 있도록 한다. 이로 인해 나는 힘과 강도의 이행 개념에 주목한다. 이는 정동을 집합적으로 고려할 때 실제로 만들어 내는 일종의 가속도 붙은 힘으로 초점을 옮기면서, 정동을 구체적으로 정의하는 것의 불확실성을 뒷받침한다. 이행은 정동이 운동을 촉진하는 방식을 암시한다. 즉 정동은 사회운동이 가능한 공간을 만든다. 다시 한번 이는 페미니즘 물결의 시간성과 관련한다. 물결은 힘의 지속적 이행으로 여겨질 수 있다. 이행은 운동이 일어날 수 있는 공간을 만들고, 외재화된 느낌이 [지닌] 힘을 통해 가속도를 생산하면서, 정동들이 서로 접착하는 한 지속될 것이다.

정동이 정치적 맥락에 적용되면 호혜성을 통해 사람들을 통합하는 힘이 된다. 이 힘은 자신의 집단 내에서 확산되는 정동에 의해 작용하고 작용되어서, 사람들에게는 행위의 이행이 명백해질 정도의 강도를 갖는다. 그 이행은 행동주의 유형, 사회적 변화에 대한 열망 또는 주체와 정치적 집단 사이에 만들어진 연결 고리일 수 있다. 특히 세이그워디와 그레그는 "정동은 여러 면에서 **힘**

x

과 동의어"라고 주장한다(2010: 2). 이 '힘'의 개념은 느낌이 행동주의와 행동을 추진할 수 있는 방법들을 설명하고 정동을 정치와 함께 고려할 때 필수적이다. 정동을 둘러싼 정의의 부족에도 불구하고, 정동은 특정한 대상, 사건, 정치에 대한 에너지의 급등을 반영한다. 이 힘은 정동을 유지하고 공적 느낌을 생산적인 행동으로 바꾼다. 힘과 사이에–있음은 모두 정동의 작용을 이해하는 것에 근본적이며, 집합성들의 형성을 통한 사유에 있어서 필수적이다. 사이에–있음은 정치적 행동으로 이동한 주체가 결국 그들의 정치화를 촉진한 맥락에 의해 작용될 수 있다는 것이다. 이를 통해서 정동은 궤적만이 아니라 관계를 제안한다. 즉 정동은 연결과 소통을 통해 형성된다. 이는 감지할 수 있는 정치적 목표를 달성하는 것이든 아니면 공동체를 설립하는 것이든, 주체를 위한 필수적인 운동과 연결되어 있다. 정동은 또한 정치적 주체가 이끌리는 방향의 공동체 형성에 있어 중요하다. 세이그워디와 그레그는 정동이 "관련성과 관련성을 방해하는 모두를 가로질러 **축적되고** (……) '신체들' 사이를 통과하는 강도의 썰물과 밀물을 가로지른다"고 쓴다(2010: 2). 이러한 의미에서 신체들은 생물학적으로 인식될 뿐만 아니라 "정동의 이행에 화답하거나 공동 참여할 수 있는 잠재력에 의해" 이해된다(2010: 2). 힘과 정동에 대한 이러한 이해는 물결 서사를 재고하려는 나의 목표에 특히 중요하다.

지금까지 나는 페미니즘 물결의 맥락에서 정동을 이해하는 데 필수적인 몇 가지 특성을 확인했다. 가장 중요한 것은, 정동 그 자체가 정의되는 것을 피하는 것처럼 보인다는 것, 또는 적어도 하나의 통일된 의미로 정의하기 어려울 정도로 많은 분야에 걸쳐 사용되고 있다는 점이다. 사회와 관련해 정동을 고려할 때, 작용되는 것과 작용하는 것을 강하게 강조하는 것이 동시에 존재한다. 페미니즘과 관련하여, 이는 정치가 생성하는 정동들과 함께, 정동적 사회 맥락이 행위를 일으킨다는 것을 인식하는 것이다. 나아가 이는 페미니스트 주체가 페미니즘 자체의 정동뿐만 아니라 주변 환경에 따른 행동을 환영하고, 결국 이로 인해 주체는 그 특정 물결의 순간을 구성하는 정동적 시간성으로 끌어당겨진다. 나는 어떤 형태의 전염병이나 치명적인 박테리아 변종처럼 정동이 생물학적으로 확산되는 것이라는 생각을 다루지는 않겠지만, 전체 운동들에는 신체가 더 큰 신체에 관여하기 위해 이동한다는 것은 명백하다. 이는 나를 정동의 두 번째 근본적인 측면으로 데려간다. 즉 정동은 움직임과 유사하다는 것이다. 이는 두 가지 의미로 작동한다. 먼저, 서로 다른 정동들이 만나 실재하는 강렬함을 만들 때 공적 느낌의 급등이 있고, 이는 힘과 권력으로 물결을 구성한다. 둘째로, 정치는 이동성에 초점을 맞추는 페미니즘과 같은 '사회운동'과 정동을 결합하며, 페미니즘의 기원에서부터 페미니즘이 궁극적으로 욕망하는 자신의 소멸에 이르기까지 운동의 지속적 존재를 보장하는 시간성에 관여한다는 것이다. '움직이고 있음'의 개념은 또한 다음 장에서 중요한데, 거기서 제4물결의 구체적 사례 연구를 논한다. 이러한 사례 연구들은 특정한 경험이 유발한 감정들, 이로부터 생겨나는 행동주의, 그리고 이것이 제4물결과 관련하여 만들어 내는 정동적 시간성 사이에 연결 고리를 만든다.

정동적 곤경

정동은 개인과 정치 사이의 관계뿐만 아니라 물결 서사를 사용하는 사회운동을 다루는 데 유용할 수 있지만 어려움과 한계가 있다. 앞에서 말했듯이, 정동은 여러 틀을 통해 측정되고 이해될 수 있으며, 그중 일부는 경험적인 반면 다른 일부는 보다 질적이고 서술적인 접근법에 의존한다. 정의를 거부하는 힘으로서 이해되는 정동이 지닌 어려움 중 하나는 무엇이 위험에 처해 있는지 정확히 확인하거나 기술하는 것이 점점 더 복잡해진다는 것이다. 이 책에서 나는 신경과학에서 기술하는 기본적 정동들 몇 개를 설명할 수 있지만(예를 들어, 여성들이 거리 괴롭힘에 대해 화를 낼 것이라는 점은 놀랄 일도 아니다), 다수의 느낌들의 수많은 결합으로 야기되는 정동적 시간성을 표현하기는 더 어렵다. 또한 힘의 형태가 어떻게 형성될지, 그리고 그것이 궁극적으로 만들어낼 이행이 어떤 것일지를 예측하기는 어렵다. 이러한 생각들은 회고할 때는 더 잘 다듬어지고 정의될 수 있지만, 그것의 무정형적이고 순응하는 성질로 인해 순간 안에서는 전체적으로 정확하게 정의되기가 쉽지 않다. 게다가 물결 서사에 대한 나의 특정한 접근법과 물결 서사와 느낌의 관계는 뇌 스캔이나 생물학적 연구와 같은 경험주의가 결여되어 있다. 나는 성차별이 정동의 형태로서 뇌 안에서 나타날 수 있는 방식에 초점을 맞추고 있는 것도 아니고 가부장제하에서 사는 것에 대한 체현된 대응을 고려하고 있는 것도 아니다. 그런 만큼 정동을 다루는 방식에는 경험주의가 결여되어 있다. 그러나 그 자체가 아직 진행 중인 것처럼 보이는 정동에 대한 사례를 만들어 내면서, 펼쳐지는 동시대와의 관여를 시도하는 것이 필요해 보인다. 브라이도티는 1994년 버틀러와 한 인터뷰에서 유럽 고등교육의 문제는 "실행과 이론의 지연된 관계이며 (……) 현재를 생각하는 것이 항상 가장 어려운 과제라고 생각한다"(39)고 말했다. 여기서 시간성과 정동을 다루면서 제4물결에 의지하기 전에, 나는 동시대의 불확실성과 모호성을 허용하는 방식으로 동시대를 표현해 보겠다. 이러한 불확실성은 이 분석이 경험적이 아니라 오히려 기술과 외삽이라는 사실을 반영한다.

정동을 다룰 때 또 다른 어려움은 페미니즘이 너무 감정적이라는 혐의로 침묵당한 이력이 있다는 것이다. 여성들을 히스테리, 느낌에 대한 과잉 열광, 너무 극단적인 예민함과 관련짓는 견고한 역사가 존재한다(Tomlinson 2010). 페미니즘 행동주의와 사유들이 너무 감정적으로 추동된다는 이유로 묵살되는 것은 내가 여기서 정동을 논의하는 방식과 관련된다. 페미니즘이 히스테리적이거나 분노하는 것이거나 비이성적으로 화가 난 것과 결부되어 있음은 여전히 명백하다. 데이비드 캐머런David Cameron이 2011년 하원 의사당에서 야당 여성 의원에게 "자기야, 진정해calm down, dear"라고 한 것은 페미니스트의 정념이나 솔직함이 받아들여지는 방식을 매우 잘 보여 주는 징후라고 할 수 있다.* 이러한 페미니즘의 수용은 기술적인 것과 경험적인 것의 문제로 나를 다시 되돌리는 듯하다. 수많은 통계에도 불구하고, 페미니즘 조직은 캠페

---

* 2011년 데이비드 캐머런은 하원 토론에서 앤절라 이글Angela Eagle 노동당 하원 의원에게 이렇게 말했다.

인과 행동주의에 대한 지지를 이끌어 내면서도, 마치 어떤 식으로 진실을 약화시키는 듯한 느낌을 드러내어 이 지지에 반한다는 점을 보여 준다. 페미니즘 캠페인에서 받을 수밖에 없는 느낌은 비이성의 표출이고, 따라서 신뢰성이 부재한다. 페미니스트들이 냉담한 무심함을 유지할 수 없다면, 페미니스트들은 활동가 조직을 유지할 능력이 없는 것처럼 보일 수 있다. 혹은 더 심각하게는 페미니스트들이 그 원인에 의해 너무 감정적으로 정동되기 때문에 사건을 과장하고 있다는 것이다. 페미니즘 운동과 관련하여 정동을 연구하는 것은 물결이 집단 히스테리와 같은 형태로 무시될 가능성을 높인다. 실제로 이러한 결합은 이전에도 케이티 로이프^{Katie Roiphe} 같은 작가들에게도 일어났는데, 그녀는 캠퍼스 내 강간 예방 조치가 늘어나는 것을 전염성이 높고 불균형적인 공포가 만연하는 증거라고 보았다(1994). 아메드는 우리가 합리성을 통한 페미니즘의 정당화를 중단할 필요가 있다고 말하면서, 경험적인 것을 감정적인 것과 대립시키는 난제에 반대하는 글을 쓴다. 대신에 우리는 감정이 비판성이나 객관성이 결여되어 있다는 생각에 이의를 제기해야 한다. 그녀는 "페미니스트를 감정적이라고 무시하는 것에 대해 페미니즘이 합리적이라는 주장으로 대응해서는 안 된다. (……) 그 대신 우리는 감정을 '생각 없음^{unthought}'으로 이해하는 것에 이의를 제기해야 한다"고 쓴다(2004:170).

정치적 참여와 행동의 한 형태로서 느낌을 우선시하는 것은, 느낌을 비이성적인 응답으로 치부하는 것을 구제한다. 정치적 자극은 필연적으로 감정적 반응을 격화시킨다. 주체는 불평등이나 성차별에 직면했을 때 틀림없이 **느낄** 것이다. 사실 느낌과 응답은 정치에 대해 애착을 갖도록 개개인의 주체들을 활성하는 데 필수적일 수 있다. 또한 느낌은 다수의 페미니스트를 그들에게 일어나는 불평등에 대해 응답으로써 결합시키는 연대감을 지키는 데도 효과가 있을 것이다. 비록 '느낌'이 여성을 침묵시키기 위해 폄하되어 왔고 페미니스트들이 비이성적 분노와 과잉 예민함이라는 두 속성을 지녔다고 여겨져 왔지만, 아메드가 감정/사유의 이분법을 불안정하게 할 필요가 있다고 말한 것은 옳다. 감정과 그것이 만들어 내는 사유, 심지어 사유 그 자체의 한 형태로서의 감정조차도 페미니즘 공동체들 및 행동주의들을 지속하는 정동을 생성하는 데 내재해 있다. 나아가 어원학적으로 감정은 각각 out과 move의 라틴어형인 e와 movere에서 유래한다(Oxford English Dictionary 2017). 정동이 이동성, 운동, 이행과 관계되는 것처럼, 감정은 정치적 주체가 자기 자신을 넘어서는 것을 요구한다. 감정은 처음에 내부에서 경험할 수 있지만, 감정의 현존은 주체로 하여금 외부적 실현을 향해 감각을 밖으로 움직이도록 밀어붙인다. 외재화가 '감정'이라는 단어에 내재되어 있다는 사실 자체로 인해 감정은 정동과 일치한다. 감정에 의해 암시된 외형적 특질은 행동과 움직임을 함축하며 정치와 사회운동의 견고한 기초를 만든다.

정동과 페미니즘 연구의 최종적 어려움은 사회운동이 부재하는 느낌과는 대조적으로 사회운동 내에 있는 느낌 사이에 상당한 차이가 있을 것이라는 점이다. 페미니즘은 그 자체와 더 넓은 사회적 맥락 사이에서 정동적 경계를 강화하는 것은 쉽게 생각할 수 있으나, 페미니즘 내에 존재하는 서로 다른 정동적 충전을 조정하기는 정말로 쉽지 않다. 그러므로 하나의 덩어리로서 페미니즘은 문화적, 사회적, 정치적 성좌에서 힘의 이행을 만드는 데 유용한 특정 정동에 붙을 수 있지만, 페미니즘 내에는 전체로서 한 그룹의 일관성을 흔드는 정동들이 있다. 부정적인 정동에 대한 이러한 연구는 불가피해 보인다. 페미니즘은 가부장제 아래에서 살면서 생기는 느낌들로 만들어진 부정적 정동의 다양성에서 나온 것이다. 놀랄 것도 없이, 많은 여성들은 부정적인 정동을 통해 페미니즘으로 왔다. 그 부정적인 정동이 일상적인 성차별에 대한 분노든, 진척 없음에 대한 불만이든, 또는 계속되는 불평등에 수반되는 피할 수 없는 슬픔이든 간에 말이다. 아메드는 "페미니스트 주체들은 성차별과 같은 불행한 주제들에 대해 이야기하는 것만이 아니라, 잘 지내지 못하는 바로 그 징후를 지움으로써 행복이 어떻게 지속되는지를 폭로하는 것으로도 다른 사람들을 쓰러트릴 수도 있다"고 쓰고 있다(POH: loc.940). 하나의 무리가 정동적 결속을 느끼기 위해 긍정적인 느낌이 반드시 있어야 하는 것은 아니다. 페미니스트 주체가 고수할 수 있는 정동적 환경을 만드는 것은 광범위한 정동들의 조합이다. 또한 이러한 다양성은 페미니즘 내에 더 큰 포괄성이 있다는 것을 보장하며, 그들의 독특한 경험과 배경을 고려할 때 서로 다른 페미니스트들은 서로 다르게 느껴질 것이다.

정동은 범주로서 페미니즘 내에 어려움을 야기할 수 있다. 페미니즘에는 LGBT와 인종 문제와 연관한 역사가 존재하며, 여기에서 정치는 기대만큼 교차적이거나 진보적이지 않다(Calhoun 2003; Nash 2008). 어떤 신체들은 정동적으로 까다롭게 암호화

제4물결 페미니즘: 정동적 시간성

된다. 여성은 지나치게 감정적이고, 흑인의 몸은 즉시에 공격적이며, 더 최근에는 중동인의 신체에는 서양의 증오가 스며 있다(Ahmed 2004). 아메드는 페미니즘 내의 유색인 여성의 신체들에 대해 구체적으로 쓰면서, 비판이 이성적인 비평과는 반대로 종종 분노로 해석된다고 주장한다. 그녀는 "합리적이고 사려 깊은 논쟁은 분노로 치부된다. (……) 그것은 당신을 화나게 하고, 당신의 반응은 당신이 화가 났을 뿐만 아니라 비합리적이라는 증거의 확인으로 읽히게 만든다"(2004, loc.973)고 쓴다. 이런 점에서 페미니즘은 느낌과 정동의 위험에 면역이 되지 않았다. 첫 번째로, 대표성의 결여에 대한 부정적 정동이 페미니즘 내에서 확산될 수 있다. 두 번째로, 다른 페미니스트가 그러한 비판을 잠재우기 위해 화자를 합리적이지 않고 화가 난 것으로 여길 수 있다. 분노는 비판성을 무디게 하는 것이 아니라, 오히려 문제를 인식하고 그 해결책을 요구하는 데 필요한 반응일 수 있다. 특정 신체들이 원래 부정적이거나 특정한 형태의 느낌과 결부되어 있다고 인식되는 것은, 쉽게 사회운동 내 분열을 만들어 특정 물결의 한계에 대한 사후 합리화로 이어질 수 있다.

정동적 시간성

앞서 나는 시간 기록의 관점에서 동시대 개념을 고찰했다. 나는 이제 시간 기록이 정동과 맺을 수 있는 관계를 알아내서 정동적 시간성에 대한 나의 이해를 확립하고 싶다. 아감벤은 그의 동시대 주체를 자신의 시대와 완전히 일치하지 않는 사람으로 요약한다. 동시대 주체는 현재 순간에 확고히 위치하거나 놓여 있지 않다. 나는 이것을 페미니즘으로 확장했는데, 그것이 특정 사건의 즉시성에 반응할 수도 있지만, 과거와 미래의 열망을 유지하면서 여전히 그렇게 하고 있기 때문이다. 이것은 그레그와 세이그워디가 정동과 결부시킨 사이에-있음과 공명한다. 정동은 불확실성의 공간에 존재하며, 명확하게 윤곽이 드러난 것과 반대되는 힘과 급등으로 구성된다. 동시대와 정동에는 융합과 우연성이 형성되기 시작하는 임계성에 대한 강조가 있다. 이는 또한 정동이 운동에 관한 것이라는 점에서 관련을 맺는데, 정동의 운동은 사전에 결정된 목적지가 없는 것이며, 펼쳐진 선형적 의미에서는 페미니즘의 시간이 (종국에 해결될 때까지) 전적으로 존재하지 않는 그러한 방식의 운동이다.

이 시점에서 내가 처음에 워커의 「제3물결 되기」와 관련하여 거론한 '되기'의 개념으로 되돌아가는 것이 유용하다. 이 과정은 그것의 임계성 때문에 중요하다. 즉 되기가 최종 목적지에 도달하기 위해 필요한 운동을 제안한다. 종합, 적응성, 개발, 변화에 대한 관념과 결속하면서 '존재'의 최종적 종점을 비껴 나간다. 이러한 운동과 과정은, 고정된 정체성을 호출하면 억제되거나 막힐 수 있는 유연성을 허용한다. 이런 의미에서 되기는 시간에 대한 동시대의 관여를 반영한다. 시간은 당장의 순간을 지각하기 어렵게 만드는 일련의 변화하는 변수들에 의해 결정된다. 되기에서는 그 순간을 고정적이거나 확실한 방식으로 규정하는 것과는 반대로, 과정을 서술하는 것만이 가능하다. 되기의 임계성은 동시대의 지각 불가능성과 맞물려, 정치적 물결이 형성되어 발전하는 방식을 보여 준다. 워커가 제3물결에 대해 언명한 것(1992)과 코크런이 제4물결에 대해 논증한 것(2014)과 같이 어떤 물결은 스스로 언명하지만, 그렇게 칭한다고 해서 운동을 한자리에 고정하는 것은 아니다. 오히려 운동은 초기의 물결이 수많은 우연을 중심으로 전개될 수 있는 느낌의 순간으로 이해된 동시대적 감각을 만들어 낸다. 물결이 선언되었을 때, 이는 필연적으로 확립된 것이 아니라 되기로서 인식된 것이다. 과거, 현재, 미래, 행동주의와 학계뿐만 아니라 그것을 추진하는 정동적 급등으로 구성된다. 특정 방법, 또는 행동주의의 유형, 심지어 성격의 유형에 의해 특징지어지는 물결을 소급적으로 이해할 수 있지만, 동시대 내에서 물결은 제한되며 변형된다. 각 물결의 정동적 시간성은 페미니즘 안과 밖의 정동과 관련하여 정동적 시간성들을 되기라는 지속하는 형식으로 두었을 때 증가하고 변화할 수 있다.

　물결이 페미니즘 그 자체에서 그리고 그다음에 페미니즘이 펼쳐지고 있는 문화적 풍토에서 온 정동적 변화와 영향에 열려 있다는 사실은 아메드가 정의하는 정동의 '끈적함stickiness'을 보여 준다. 끈적함이란 느낌이 개체들을 붙들고, 그다음으로 이 개체들을 서로 붙게 하는 것을 의미한다. 이 장의 다음 절에서 나는 이 끈적함이 페미니즘의 정치적 주체와 어떻게 관련될 수 있는지 구체적으로 고려할 것이다. 동시대와 관련해서도, 정동의 접착성은 과거의 느낌, 미래의 느낌의 투자, 전개되는 순간의 정동이 모두 대화로 작동하는 일종의 시간적 접착제로서 기능한다. 페미니즘의 역사뿐만 아니라 과거를 돌아보며 진보를 측정하는 방식은 페미니즘의 동시대적 순간을 방문한다. 마찬가지로 앞선 물결 이후 반격의 부정적인 정동은 동시대 내에 존재하여, 그 순간의 나쁜 느낌을 만들어 내는 데 일조한다. 이는 각 특정 물결 내에서 페미니즘을 지탱하는 미래, 희망 및 믿음과 관련된 긍정적인 정동에 의해 균형을 이룬다. 제4물결이 마지막이 아닐 수도 있지만, 여전히 어떤 의미에서 각 급등은 페미니즘이 더 이상 필요하지 않은 미래에 대한 정동적 투자다. 따라서 정동은 주체들을 함께 붙이는 것뿐만 아니라 시간성을 서로 부착시키는 일을 하며, 동시대는 시제들뿐만 아니라 시간성의 현존이 필연적으로 전달하는 정동들의 풍부함을 보장한다.

　다음으로 물결 서사와 관련된 힘의 개념을 생각해 보고 싶다. 그레그와 세이그워디는 힘과 이행을 통해 정동을 이해하고자 하는 일에 열심인데, 이 정의는 우리가 개별적인 물결들을 이해할 수 있는 방식과 매우 관련이 있는 것 같다. 이는 페미니즘이 지속적으로 작동하지 않는다는 것을 주장하는 것이 아니라, 물결들의 정동적 순간에서 때때로 특정한 힘을 취한다는 것을 암시한다. 물결의 급등은 이행의 생성과 유사하다. 그것은 새로운 방법론, 행동주의가 응답하는 유형들, 각 물결을 페미니즘의 바다와 현저하게 다르게 만드는 느낌을 통해 전달되는 가속도의 결합이다. 물결들은 뚜렷해 보이는데, 각 물결은 가부장적 사회를 통과하여 이행을 만들기 때문에 제기된다. 물결은 에너지의 급등으로 구성되며, 여기서 정동들은 무한정의 기간 증가된 행위를 촉진하기 위해 서로 결합하여 작동한다. 모든 힘과 마찬가지로, 그것을 지탱하는 데 필요한 에너지는 결국 소멸할 수 있으며, 특히 정동이 더 이상 같은 강도로 서로 들러붙지 않을 때 더욱 그러하다. 특정 문제가 검토되면서 어떤 정동들은 물결이 형성되고 작동되는 방식을 근본적으로 바꿈으로써 사라질 수도 있다. 결국 시간성에 관해 다룬 장에서 개괄한 반격과 마찬가지로, 물결의 속도와 강도를 논박하는 반대 세력이 있을 것이다. 바로 그 시점에 물결은 더 이상 존재하지 않지만 더 큰 바다로 다시 떨어져, 휘몰아치는 정동들을 더 넓은 페미니즘적인 노력이라는 훨씬 큰 바다로 돌려보낸다.

함께 들러붙음: 정동적 시간성과 페미니즘

정동은 들러붙는 특질을 통해 촉각적인 시간성을 만드는 것 외에도 하나의 강력한 움직임 안에서 정치적 주체들을 서로 접착시킬 수도 있다.

아메드는 「행복한 대상Happy Objects」이라는 글에서 정동은 끈적이며, 따라서 "관념, 가치, 대상의 연결을 유지하거나 보존한다"(2010a: 29)고 쓰고 있다. 이는 일련의 관계와 연결을 만들기 위해 정동이 함께 들러붙어 정치적 행동으로 추동되어 집합체를 형성한다는 것을 암시한다. 페미니즘의 관념, 가치 및 대상은 서로 들러붙으며, 따라서 활동가들에게서 특정한 형태의 끈적함을 요구한다. 이는 이러한 대상과 관념이 변하지 않을 것이라는 말이 아니라, 그들이 유발하는 정동들이 특정한 느낌의 순간 속 정치에 페미니스트 주체가 붙도록 작용한다는 것이다. 정동은 페미니즘의 담론, 가치 및 대상을 위한 결속력 있는 행위자로서 작용하여 이 셋을 서로 간의 대화에 참여시킨다. 브레넌의 정동에 대한 논의는 "'집단' 내 개인뿐만 아니라, 그 집단이 생산하는 것에 근거한 집단에 대한 이론"(2004: 51)을 실증한다. 그 집단이 생산하는 것을 둘러싼 관념을 고찰하는 것은 중요하다. 그것은 물결 정체성의 출현을 두고 일어나는 문제점을 말하는 것 같다. 특정 기간 내의 특정 집단이 쉽게 이해되고 기술될 수 있는 정동들을 발생시키는 것처럼 보인다면, 이러한 정동들은 그 집단을 대표하는 것이 될 수 있을 것이다. 즉 각 물결의 정체성이 비교적 조잡하게 그려져 왔던 것처럼 보이지만, 이러한 정체성들은 그 시간의 순간에 있는 페미니스트에 의해 생성된 일종의 정동에서 그 기원을 찾을 수 있었을 것이다. 그러나 특히 사회운동과 관련하여 정동은 아마도 브레넌이 숙고한 사례 연구만큼이나 정확히 지적하기가 쉽지 않을 것이다. 예를 들어, 축구 경기장의 정동은 팀이 이기기를 바라는 한쪽에 달려 있다. 이런 것들은 반대 측이 동일한 대가를 치름으로써 상쇄되는데, 그 공간은 갑자기 상대가 대가를 치러 자신이 결과를 얻기를 바라는 두 편의 사람들로 채워지게 된다. 페미니즘 물결을 통해 구성된 집단이 반드시 축구 팬들만큼 단순하게 이해되는 것은 아니다. 마찬가지로 정동에 들러붙는 대상들과 가치들은 모두 동일하지 않으며, 심지어 조금도 균일하지 않다. 따라서 페미니즘의 끈적한 정동을 이해하기 위해서는 차이가 특정 순간 안의 특정한 힘과 함께 붙어 있다는 것을 인식하는 것이 필수적이다.

브레넌은 이에 더해 집단화 내에서 개인의 역할을 인정하는 동안에도 그 관심사는 사회가 정동을 통합하기 위해 작동하는 방식에 있다고 말한다. 그녀는 "서로 다른 문화적 성좌에 의해 생성되는 정동의 특정한 물결들은 시간적인 집단 현상일 뿐만 아니라 다르면서도 전적으로 안정적인 보다 흥미로운 특성을 나타내는 것으로 이어질 수 있다"(2004: 51)고 쓰고 있다. 여기서 주목할 만한 것은 브레넌이 '물결'이라는 용어를 사용하여 정동이 어떻게 유한한 기간 안정화하는 집단을 만들 수 있는지를 기술한다는 점이다. 비록 그녀가 말하는 물결은 페미니즘과 관련이 없지만, 나는 이것이 페미니즘의 정동과 행동주의에 대한 나의 생각과 바로 연결되는 것이라 하겠다. 브레넌이 정동을 하나의 물결로 묘사하는 방식과 마찬가지로, 나는 물결들을 어떤 맥락 안에서 힘과 만나는 정동들로 이해하고 있다. 브레넌이 문화적 성좌를 사용한 것은 내가 연대기적 시간이 진보의 방식을 낳고, 결국 페미니즘 시간의 작동에 충격을 준다는 것을 인정하면서 시간성을 검토하는 방식과 공명한다. 예를 들어, 지금의 문화적 성좌는 소셜 미디어에 매우 단단하게 기반을 두고 있다. 이는 페미니즘 내에서 과거와 미래의 현존을 침해하지는 않지만, 제4물결로서 정동적 시간성이라는 그룹 현상이 부분적으로 이러한 기술적 진보의 영향을 받았음을 시사한다.

『느낌들의 아카이브: 트라우마, 섹슈얼리티, 레즈비언 공공 문화*An Archive of Feeling: Trauma, Sexuality, and Lesbian Public Cultures*』에서 크베트코비치는 액트 업을 항의 운동으로 생각하고 있다. 그녀가 처음으로 초점을 둔 것은 운동 내부의 레즈비언 경험에 대한 아카이브를 만드는 것이었지만, 애도가 급진적 행동의 한 형태일 수 있다고 주장하면서, 트라우마와 행동주의를 고려하는 것으로 나아간다. 나는 애도 개념을 페미니즘과 관련하여 고려하지 않겠지만, 부분적으로 애도가 정치의 정동에 중심적이라고 느끼지 않기 때문에 크베트코비치가 액트 업의 구성에 접근하는 몇 가지 방법을 다루고 싶다.* 이 시점에서 나는 에이즈 행동주의와 내가 물결 또는 정동적 시간성이라고 식별하는 것 사이의 중요한 차이점을 알아보고 싶다. 에이즈 행동주의의 경우 페미니즘 내의 모든 긴박성을 훨씬 앞지르는 시간의 제약이라는 긴급함이 있었다. 이는 남성 폭력의 직접적인 결과로 인한 여성 사망을 긴급히 다루어서는 안 된다는 것이 아니라, 액트 업이라는 정동적 시간성 안에서 에이즈에 걸린 다수가 매우 빨리 감소하거나 사망하는 점과 연계된 신속함이 필요했다는 것이다. 전례 없는 사망자 수로 인해 활동가들은 정부가 이 병을 치료하기에 충분한 조치를 하지 않았음을 인식시키는 직접적인 행동을 하게 되었다. 게다가 액트 업은 공유된 퀴어성을 중심으로 구성되었는데, 이 퀴어성은 반드시 페미니즘에 중심이 되는 것은 아니다. 크베트코비치는 자신의 연구에서 많은 여성이 반♀섹스적이고 동성애 혐오적인 페미니즘에 환멸을 느끼고 이에 정동되지 않았기 때문에, 이 운동에 참여했다는 것을 인지한다(2003). 나는 페미니즘에 대한 이러한 비판을 두

---

* 런던에 본사를 둔 가정 폭력 자선단체의 CEO인 캐런 잉갈라 스미스Karen Ingala Smith는 2012년 이후 영국에서 남자 친척, 파트너 또는 전 파트너에게 살해된 모든 여성을 기록하기 위한 웹사이트 '죽은 여자들 세기Counting Dead Women'를 설립했다. https://kareningalasmith.com/counting-dead-women/. 가정 폭력에 반대하는 여성과 어린이와 연대하는 쉼터의 보고에 따르면, 일주일에 두 명의 여성이 현재 또는 이전 파트너에 의해 살해된다. http://www.refuge.org.uk/get-help-now/what-is-domestic-violence/domestic-violence-the-facts/. 따라서 애도하는 것이 동시대 페미니즘의 중심이 되는 정동은 아니지만, 남성 폭력에 의한 사망자에 대해서는 아주 강하게 [이러한 정동이] 존재한다.

사회운동을 대립시키기 위해서가 아니라, 액트 업이 페미니즘과의 제휴와 참여 없이는 불가능했다는 것을 인지하기 위해서 사용한다. 두 운동 모두 문제가 없지는 않겠지만 말이다.

액트 업의 빠른 구성과 행동주의의 긴급성에서 끌어낼 수 있는 유용한 점은 그 운동이 특정한 시간성 내에서 특정한 필요에 대응했다는 점이다. 이는 급하게 필요했을 때 나타나서 압도적인 강도로 합쳐졌다가 필요성이 덜해지자 소멸되었다. 액트 업은 LGBT 캠페인의 역사와 분리할 수 없으며 동성애 혐오와 차별의 오랜 역사와도 따로 이해될 수 없다. 오히려 액트 업은 행동의 물결을 구성하는데, 그 안에서 문화적 맥락과 정동적 강도로 인해 행동주의와 행동의 반응적 급등이 일어날 수밖에 없었다. 중요한 것은 크베트코비치가 동성애 혐오의 과거와 액트 업의 출현, 페미니즘 사이에 평행선을 그리고 '잠행성 트라우마'에 대해 쓴 것인데, 잠행성 트라우마는 강간과 같이 '구멍을 내는punctual' 사건들이 성차별적 일상 경험의 광범한 문화를 형성하는 데 영향을 미치는 방식을 보여 준다(2003: 163). 이러한 '구멍 내기' 개념은 현재 진행 중인 정치적 투쟁의 더 넓은 바다 안에서 정동적 시간성을 고려하는 데 매우 유용하다. '구멍 내기'는 특정한 폭력 사건들에 대해 언급할 수 있는데, 특히 페미니즘과 LGBT 운동과 관련된다. 다시 말해, 이 폭력은 간과되거나 무시될 수 있는 일상적인 미세한 공격에 구멍을 뚫은 것처럼 보이는 폭력이다. 마찬가지로 '구멍 내기'는 정동적 시간성과 관련될 수 있다. 그것은 계속되는 노력과 투쟁에 특히 격렬하고 집중되는 행동주의의 시기에 끼어든다. 이 시기는 사회적, 정치적 변화를 포함한 문화적 맥락과 그 맥락에서 창출되는 독특한 정동들의 수렴에 의해 좌우된다.

알렉시스 단치히Alexis Danzig는 크베트코비치와 한 인터뷰에서 액트 업의 참가자들이 "어느 순간 함께하면서 우리의 삶은 아주 많이 변했으며, 우리는 더 이상 각자의 영역에 있지 않다. 정말로 그 강도는 강렬했다"고 말한다(2003: 171). 후에 크베트코비치는 이러한 종류의 힘이 지닌 이행적 성질은 "행동주의의 맥락에 따라 다르며 많은 경우 그 강도를 유지할 수 없다"(2003: 174)고 말했다. 이를 내가 물결을 이해하는 방식에 다시 적용하면, 크베트코비치의 연구는 특히 강력한 행동주의의 급등이 일어난 후에 소멸하곤 하는 방식에 대한 매우 유용한 해석을 제공한다. 내가 인식했듯이, 액트 업을 발생시킨 독특한 문화적 순간은 페미니즘을 형성한 경험들과는 매우 다르다. 에이즈 위기의 갑작스러움과 긴박함은 페미니즘의 역사와 평행한 적이 없다. 페미니즘 물결은 특정한 순간에 나타나지만, 사회운동의 과거를 부정하지 않으며, 그 운동의 미래성을 손상시킬 시도도 하지 않는다. 페미니즘 물결이 발생할 때, 이는 특정 문화적 맥락에 대응하여 발생하며, 강력한 강도를 생성한다. 이 강도가 언제나 유지될 수는 없다. 실제로 크베트코비치가 인터뷰를 한 이들은 그 행동주의의 기간에 이례적으로 열띤 노력이라는 특징이 있었음을 인정한다. 그러니 활동가들이 정동들이 변화하기 시작하는 만큼 에너지를 소진하리라는 것은 불가피하다. 단치히가 본 바와 같이, 협업하는 기간이 있고, 그다음에는 그 강도가 더 이상 지속할 수 없을 때 주체들은 서로의 영역 밖으로 이동한다. 내가 진술했듯, 페미니즘은 기존 사회 운동이 경험한, 대규모 사망을 초래하는 급작스럽고 전례 없는 감염병을 경험하지 않았다는 점에서 약간 다르게 구성되었다. 오히려 페미니즘에는 더 크고 더 체계적인 문제는 물론이고 일상의 경험들과 정동에도 맞서 싸우고 있다는 어려운 감각이 존재한다. 만약 성차별과 여성혐오가 역사적으로나 체계적으로 고착된다면, 참여의 불꽃을 이루고 행동주의의 물결로 발전하는 순간을 식별하기란 점점 더 어려워진다. 이럼에도 불구하고, 또한 가부장제에 맞서는 페미니즘의 지속적인 노력에도 불구하고, 행동의 물결이라는 관념에 대한 의존이 크다. 물결은 액트 업처럼 특정한 시간성에서 발생하는 특정 맥락에 반응할 수 있다. 에이즈 행동주의보다는 아마도 덜 뚜렷하고 덜 급격할지라도 말이다. 이는 순전히 비슷한 기간 내에 몇몇 캠페인이 추진력을 얻고, 그렇게 함으로써 훨씬 더 강력한 물결의 첫 일렁임을 일으킨 것일 수도 있다. 액트 업이 증명하는 것은 행동주의가 끝나면 치러야 할 대가와 위험이 크더라도, 그것이 무한정 지속할 수 없다는 것이다. 사실 에너지를 지탱하기 어렵게 만드는 것은 어쩌면 초기 급등의 강도일 수도 있다. 나에게 이것은 물결이 어떻게 그리고 왜 발생하는지, 또 왜 새로운 물결이 불가피한지를 묻는 말에 대한 대답으로 여겨진다. 사회운동과 정치의 순간은 강도를 실어 나르는데, 그 강도는 불확실성을 고무하고, 느낌에서 끌어내고, 사람들을 서로 달라붙게 만든다. 그러나 이 강도는 특정 순간의 강력한 정동들을 통해 응집력을 생성하는 일시적인 특성을 가질 수 있다. 상황이 약간만 달라져도, 물결은 시간이 지나면서 변화하거나 감소하는 정동들과 함께 예상보다 일찍 잦아들 수 있다.

물결을 정동적 시간성으로 재구성하는 것이 여러 가지 이유로 유용하다는 것이 나의 주장이다. 정동적 강도와 힘으로 물결을 무시하는 것은 우리를 보편적 물결 정체성에서 멀어지게 하고 물결이 페미니즘을 형성하거나 영향을 주는 유일한 시간이라는 주장으로부터 멀어지게 한다. 정체성에 대한 글쓰기는 여성으로-태어난-여성과 트랜스 여성에 대한 지속적인 논쟁의 격화를 목격한 제4물결의 순간에 특히 중요해 보인다. 대형 미디어 플랫폼을 가진 교육받은 백인 여성들이 물결을 장악하고 있다는 생각에도 반박할 필요가 있다. 정체성이 연대의 유일한 기반이 아니라는 점은, 개방성과 대화를 유지하기 때문이라기보다는 차이를 강조하기 때문에 중요하다. 이는 정체성 정치가 페미니즘 내에서 어떠한 역할도 하지 않는다고 말하는 것이 아니다. 또한 정체성의 복잡한 여러 문제들이 간과될 수 있다는 것도 아니다. 누군가가 정체성 정치를 부인할 수 있다는 것은 아마도 그가 특권적 지위를 지니고 있다는 뜻일 수도 있으며, 이는 공동체나 사회운동이 형성되는 과정에서 더 이상 대가를 치를 만한 것이 없음을 암시하기도 한다. 물결 '정체성'을 폐기하면, 서로 다른 사람들이 모이는 것이 아니라 서로 다른 정동이 모여 새로운 형태의 연대가 생겨날 수 있으리라 생각한다.

데니즈 라일리는 "정체성은 연대와 같지 않다"고 쓰는데 (2000: 133), 이는 전자가 후자로 이어지지 않음을 시사한다. 공유된 정체화가 반드시 시간과 노력의 투자, 방향, 정치가 공유되는 것을 의미하지는 않는다. 대신에 연대는 페미니즘 물결의 정동적 끈적함과 공명하고, 유한한 시간 동안 결합하기를 허용한다. 크베트코비치는 결국 정동이 "동기 부여적 체계로서, 새로운 집합체들을 구축하는 근거"로 작동한다고 말한다(2003: 12). 라일리와 비슷하게, 크베트코비치는 강력한 정치 운동을 만들기 위해서, 본질주의적 정체성에 대한 가정이나 공유된 정체성의 필요성에 정동이 어떻게 반대할지 생각하고 있다. 핵심적인 것은 특정 정동들에서 나오는 집합체들에 의해 조성된 연대의 감각이다. 개별 주체의 정동적 투자뿐만 아니라 이것이 만들어 내는 넓은 느낌들도 페미니즘 물결이 모이고 급등하게 하는 요인이다. 러브는 공동체는 "공유된 정체성 형질들의 묶음에 의해 결정되는 것이 아니라, 사회적 폭력이 공유된 경험에서 나오는 것"으로 이해한다고 쓰며, 크베트코비치와 비슷한 주장을 한다(2003: 51). 러브는 분명히 여기에서 사회운동과 관련하여 생겨나는 특정한 종류의 공동체들에 대해 말하고 있다. 그렇다고 해서 모든 공동체가 폭력의 경험을 중심으로, 그것과 관련된 부정적인 정동과 결합하여 형성되는 것은 아니다.

이 개념은 페미니즘과 관련하여 유용하다. 나는 페미니즘을 공동체로서 이해하기를 망설이지만, 정체성에 근거한 수렴에 반대하는 러브의 서술을 이해하는 것은 중요하다. 그녀는 그러한 정동들과 사람들의 수렴은 사실 경험의 공유, 다시 말해 공통 기반의 점유에 기초하고 있다고 말한다. 페미니즘이 피해자의 정치나 끊임없는 고통의 정치로 위치 지어짐을 피하는 것은 중요하지만, 섹스와 젠더에 근거하여 계속 진행되는 차별은 사회적 폭력의 한 형태다. 실제로 2013년 세계보건기구는 여성에 대한 폭력을 전염병으로 선포했다(WHO 2013). 이러한 폭력은 각기 다른 국가와 공동체의 사회문화적 맥락에 따라 당연히 다른 방식으로 나타나지만, 여전히 전 세계적으로 여성들이 폭력을 경험한다는 인식이 존재한다. 집합체, 특히 여기에서 공유된 특성에 의해 결정되는 페미니즘 물결들에서 벗어나고 공유된 느낌에 의해 형성된 것으로의 이행은 적응 가능한 페미니즘을 생성한다. 이는 경험, 감정적 투자, 정동적 끈적함으로 하여금 페미니스트를 함께 모이게 한다. 그러한 종류의 구성은 교차성과 다중성을 장려하는 페미니즘 내에서는 거의 불가능한 유사성이나 동일성을 거부한다.

내가 페미니즘에서 정체성에 반대하는 글을 쓰는 동안, 여성이라는 정체성에 투자하게끔 한 것이 정치이고 그 책임을 나는 정치에 돌렸다. 나는 내가 주장한 정체성에 입각하지 않는 페미니즘 물결과 관련하여 정체성 범주의 사용이 의미하는 바를 생각하기 위해 이 정체성 범주에 대한 나의 애착을 다루고 싶다. 라일리는 '여성' 그 자체가 문제가 되는 용어라고 쓰고 있다. 다시 말해, "페미니즘은 '여성'이라는 헤어 나오기 힘든 상황과 협상해야만 하는데, 이 상황은 정체성들 혹은 반정체성들에 머무르게 하지 않고, 오히려 잠시간의 발판을 위해서 끊임없는 분투를 '여성'이 피할 수 없도록 한다"(1988: 5). 그렇다면 우리는 어떻게 '여성'이라는 문제적인 것을 정치사회 운동으로서의 페미니즘이 정체화의 범주로서 '여성'이라는 것에 의존한다는 사실과 조화시킬수 있을까? 이런 의미에서 '여성'은 구성되었다는 것이 나의 주장이다. 이는 젠더화된 정체성과 관련하여 구성주의나 본질주의 논쟁에 관여하는 것이 아니라 사회, 경제, 우리의 정치가 여성이 된다는 것의 의미를 구성하는 방식에 페미니즘의 관여가 요구된다는 것을 말하는 것이다. 이러한 구성의 경험은 유사하게 사회적

제4물결 페미니즘: 정동적 시간성

으로 구성된 다른 정체성 유자격자에 따라 다를 것이다. 예를 들어 퀴어 여성이나 유색 여성은 이성애자 여성이나 백인 여성과는 다르게 세상을 경험한다. 중요한 것은 이 여성들이 그저 세상을 다르게 경험한다는 것이 아니라, 그들이 어떤 정체성을 다른 정체성들보다 우선순위에 두는 사회에 의해 다르게 대우받도록 구성되었다는 점이다.

라일리는 "정체성의 잔인한 측면은 모든 사람을 식별하겠다는 좌절된 약속이다. 그러나 기술할 수 있는 자리는 엄청나게 복합적일 수 있지만, 수천 개의 자리는 마치 대량생산된 상품처럼 그대로 남아 있는데, 이들은 각각의 특이성 때문에 깔끔하게 규격화될 수 없다"(2000: 132)고 쓸 때, 이렇게 확산되는 정체성의 어려움에 대해 설명한다. 따라서 정체성은 모든 경험을 포괄하는 역할을 하지 않으며, 그것이 매우 정밀한 특이성으로 증식되더라도 확고한 기표들이 없는 자신을 발견하게 되는 틈은 여전히 존재한다. 나는 물결들이 어떤 정체성이나 수많은 매체의 정체성이나 어떤 유형의 정체성에 따라 결정되는 것이 아니라 개방적이고 정동적으로 추동된다는 것을 확고히 하기 위해서 특정 정체성에 반해 작동해야 한다고 제안하고 싶다. 정체성에 반해 작동한다고 해서, 페미니즘이 여성이 남성과 동일한 권리가 있다는 점과 관련된다는 것을 반드시 훼손하는 것은 아니다. 이는 여성과 남성이 문화적으로도 사회적으로도 서로 다르게 구성되지만—폭력의 경험, 직장 내의 처우, 일상적인 상황들을 가로질러 직접 영향을 미치는 방식으로—페미니즘은 '여성'의 범주에 관심을 가질 필요가 있음을 시사한다. 확실히 범주 자체는 광범위하고, 다중적이고, 변이 가능하며, 페미니즘은 이를 인정하는 동시에 사회적 구성 요소로서의 젠더와 섹스가 현저하게 다른 대우를 받지 않는 사회를 만들려고 시도해야 한다. "정치화를 위한 정체성 범주들의 동원은 항상 대립하는 권력의 도구가 될 수 있는, 정체성의 가능성이라는 위험을 띠고 있다"는 사실을 경계하는 것이 중요하다(Butler 2008: xxviii). 이러한 의미에서 페미니즘은 '여성'이라는 범주를 계속 활용하는 동시에 페미니즘이 변화시키고자 하는 더 광범위한 사회와 같은 방식으로 이 범주를 휘두르는 것을 피할 필요가 있다. 여성이라는 용어를 계속 해체하는 동시에 그러한 정체성 범주와 결부된 불평등을 더 큰 맥락 안에서 다루는 것은 아마도 페미니즘의 특권일 것이다.

따라서 범주 정체성의 경직성에 의존하지 않고 연대가 페미니즘 안에서 어떻게 발휘될 수 있는지 이해하는 것이 필요하다. 다음과 같은 아메드의 정의를 통해 살펴보는 것이 가장 유용할 것이다. "연대는 우리의 투쟁이 같은 투쟁이라거나, 우리의 고통이 같은 고통이라거나, 우리의 희망이 같은 미래에 대한 것이라고 가정하지 않는다. (……) 우리가 같은 느낌, 같은 삶, 같은 신체를 가지고 있지 않더라도 우리는 공통 기반 위에 살고 있다"(Ahmed 2004: 189). 나는 정동들이 공유된다는 것을 말하고 있지만, 이것이 페미니즘의 스펙트럼을 가로지르는 동일한 느낌에서 발생한다고 주장하는 것은 아니다. 필연적으로 다른 사람들과 다른 캠페인은 광범위한 반응을 불러일으키며, 모두 시간성의 정동을 촉진하는 데 사용된다. 따라서 개별 주체의 느낌이 균일하지 않다고 해서 페미니즘의 외밀성 내에서 참여하는 것을 배제하지 않으

제4물결 페미니즘: 정동적 시간성

며, 이 독특한 순간에 의해 생성되는 정동들을 배제하지 않는다. 아메드의 공통 기반에 대한 숙고는 공간성과 시간성과 관련하여 어떤 지역에서, 어떤 시간에서, 지형이 비슷하게 경험될 수 있다는 점에서 중요하다. 아메드는 연대에 대해 균일성에 초점을 맞추기보다 그것이 차이에 근거할 수 있다고 믿는 듯하다. 이런 의미에서 특정 순간의 정동에 참여함으로써 기반이 공유된다. 다른 형태의 페미니즘과 페미니스트들이 차이 나는 방식으로 횡단해야 하더라도 말이다.

앞에서 논의한 액트 업 운동처럼 각 페미니즘 물결이 특정한 필요에 응답하고 있다고 말하고 싶다. 다시 말하지만, 이 물결은 정체성에 근거를 두지 않고 사회적 맥락에 의해 젠더와 섹스의 평등을 둘러싼 행동주의의 증가가 필요해지는 방식을 읽는 것이다. 페미니즘 시간성은 이 필요해진다는 개념을 복잡하게 만든다. 페미니즘이 계속된다는 사실은 페미니즘이 [계속] 요구된다는 사실을 나타낸다. 그렇다면 우리는 페미니즘의 물결을 구성하는 지속적인 필요와 보다 급하고 일시적인 필요를 어떻게 구별할 수 있을까? 단순히 특정 정동들과 캠페인들이 결합됨에 따라 페미니즘이 더 시급하게 필요해지는 독특한 느낌의 순간이 생기는 경우가 있다. 다음으로 이러한 조합은 사회운동에 참여하기 시작하여, 정동을 추가하고 유지하는 더 넓은 범위의 주체들과 정동적 유대를 생성할 수 있다. 그러나 필요성은 명확하게 설명된 목표들과는 다르며, 페미니즘 물결을 방향 짓는 것은 훨씬 더 어려워 보인다. 제1물결은 여성의 투표권 획득과, 제2물결은 성 해방과 일할 권리의 확대와, 제3물결은 비즈니스를 하는 여성과 온라인 유토피아 공간 탐험과 관련이 있는 것처럼, 물결들은 그 목적의 성취로 이해되어 왔지만, 어떤 의미에서는 전체로서 페미니즘의 최우선 목표가 아직 도달되지 않았다. 그렇다면 각 물결이 닿을 수 있는 목표에 의해 정의되고 방향이 지어졌다고 확실히 말할 수 있을까? 오히려 특정 요구 사항이 정체화되고, 어떤 경우에는 충족되고 다른 경우에는 본격적으로 검토되었지만, 완전히 해결되지는 않았을 수도 있다. 페미니즘의 필요성은 시간이 지남에 따라 필연적으로 변화하며, 특히 문화적인 태도의 유의미한 변화를 촉발하는 것에 비해 특히 입법적 변화와 관련해서는 변화가 더디다. 그러나 모든 물결에 공명하는 것처럼 보이는 것은 각각의 물결이 시간성을 시사한다는 것, 즉 정동들이 필요의 형태로 자본화되고 관여하는 것 내에서 그 시간성을 표시한다는 점이다. 이는 페미니즘 자체를 '처지가 어려운 이'를 위한 사회운동으로 만들면서 페미니즘이 정말로 필요하다고 선동한 것이 아니라, 일정 기간 정동들로 서로 결속되는 것을 촉진한 시기적절함과 긴박함의 느낌이 있었다는 것을 보증했다.

이 시기적절함과 긴급성은 페미니즘이 '필요하다'는 생각을 다시 보여 준다. 시간성을 다룬 3장에서 논했듯이 페미니즘은 스스로 소멸을 욕망하는 정치다. 완전한 평등이라는 목표를 달성하면 세계는 더 이상 페미니즘을 요구하지 않을 것이다. 정치가 여전히 필요하다는 것은 페미니즘과 시간성이 뗄 수 없이 연결되어 있는 관계임을 시사한다. 즉 페미니즘은 과거에는 없어서는 안 될 것이었고, 이 동시대에서는 급등하는 강도로 요구되고, 미래에도 반드시 필요할 것이다. 각 물결의 기반에 있는 느낌의 순간을 구성하는, 필요한 것의 특질은 그 시기에 나타나는 캠페인과 행동주의의 형태로 반영된다. 다음 장에서 더 자세히 살펴보겠지만, 이 제4물결의 순간은 일련의 다양한 정동과 다양한 필요를 통해 '되기'를 하고 있다. [제4물결의] 경제적 순간은 특히 긴축정책을 실시하고 있는 영국에서 여성 대상의 공공서비스가 전례없는 감소를 경험하면서 긴박하게 돌아가고 있다. 이러한 환경은 소셜 미디어의 광범위한 유인책과 함께 제4물결의 필요성에응답하고 있다. 감축과 같은 유사한 이슈에 의해 방향을 정하고, '노 모어 페이지 3'와 '이브의 딸들'과 같은 특정 캠페인 및 조직을 중심으로 페미니스트들은 모여드는 동시대의 정동들로 방향을 정한다.[*]

이 특정한 느낌의 순간과 함께하면서, 내적 문제를 전면에 제기하는 것과 같은 방식으로 더 넓은 사회에 대한 보다 지속적 비판이 있다. 내부적 어려움들은 종종 분열적인 것으로 인식되나, 실제로 페미니즘에 지속적으로 사용되어 발전과 논의를 보장한다. 행동주의의 물결이나 정동적 시간성에 초점이 덜 맞춰질 때, 서로 다른 형태의 페미니즘이 대화하게 될 가능성이 더 적다. 그들이 특정한 정동적 강도의 시간성 속에서 공존하도록 강요받을 때, 어떤 의미에서 내적 차이들은 특히 분명해질 것이다. 각각의 물결이 분열, 내분, 배타성에 대한 지속적인 논평을 동반한 것은

---

* 영국 보수 정권하의 긴축적 삭감으로 강간위기센터를 포함한 다수의 여성 기구가 폐쇄되고 있는데, 나는 이것을 5장에서 탐구한다. 이런 긴축 정책 속에서도 '노 모어 페이지 3'는 주류 신문인 『선』에 실린 여성의 상의 탈의 사진에 종지부를 찍으려는 조직이다. 이와는 대조적으로 '이브의 딸들'은 영국에서 여성 성기 절제를 끝내는 방법을 고려하고 있다. 새로운 입법안 도입과 이 문제에 대한 사회 서비스의 접근법을 혁신하기를 기대하면서 말이다.

아마도 이러한 이유 때문일 것이다.[*] 나는 페미니즘이 불화와 분열을 만들어 낸다기보다는, 이러한 문제가 정치의 미래를 고려할 때 특히 유용하다고 주장하고자 한다. 앞서 언급했듯이 페미니즘은 순전히 긍정적인 정동들과 좋은 느낌에서만 작용하지는 않는다. 사회운동은 변형적 정치와 결부된 희망과 공적인 것으로 만들어진 연대, 가까움, 친밀함만으로 번성하지 않는다. 대신에 분노, 좌절, 실망과 같은 부정적인 정동이 있으며, 모두 정동적 시간성 내에서 유사하게 강화된다. 사회운동의 급등하는 힘은 외향적인 힘과 결부될 뿐만 아니라, 균일하게 긍정적이지 않은 페미니즘 내부의 느낌에도 적용될 수 있다.

아메드는 "페미니스트로 인정받는 것은 어려운 범주와 어려움이라는 범주에 배정되는 것"이라고 말한다(2010b: loc.918). 이러한 이중성은 페미니즘 내에서 부정적인 정동을 사용할 때 중요하다. 정치와 사회운동으로서의 페미니즘은 사회 전체와의 조화를 거부한다는 점에서 어려운 범주로 간주된다. 페미니즘은 경제적, 정치적 불일치에 항의하는 동시에 지배적인 문화적 가정에 도전한다. 요컨대 페미니즘은 미래 변혁이라는 명분으로 완전한 격변을 목표로 한다. 페미니즘은 규범성과 지배적인 문화에 도전한다는 점에서 어려움의 범주이기도 하다. 가부장제에 수반되는 쉽고

---

[*] 페미니즘 내부의 싸움은 『와이어The Wire』가 2014년 1월에 발표한 「페미니즘의 내분에 대한 미완성 안내서」 같은 기사처럼 모든 주요 언론이 보도했다. 2014년 2월 『가디언』은 「페미니즘의 내분은 진짜 투쟁에서 눈을 떼게 만든다」, 2015년 10월 『스탠더드The Standard』는 「런던은 여전히 페미니즘으로 불타고 있지만, 내분은 논쟁을 억누르고 있다」, 2015년 3월 『인터내셔널 비즈니스 타임스 International Business Times』는 「2015년 국제 여성의 날, 페미니즘은 내분이 있지만 요점은 우리가 목소리를 가지고 있다는 것이다」 같은 기사를 보도했다. 이는 페미니즘 내의 싸움에 관한 언론 보도의 몇 가지 예일 뿐이다.

제4물결 페미니즘: 정동적 시간성

행복한 안주와 조화를 이루는 것을 거부하고 다양한 형태의 저항을 시도한다. 그러나 이러한 형태의 행동주의는 다양하기 때문에 어렵다. 즉 단일한 페미니즘 전략도 없고, 다른 것보다 우선시되는 영역도 없으며, 주체가 따를 수 있는 확실한 페미니스트 정체성도 없다. 따라서 페미니즘은 어려운 범주다. 그 안에서 참여할 때조차도 어떤 의미에서 그 범주는 완전한 확실성을 허용하지 않는 방식으로 다공多孔적이고 가변적이다. 마찬가지로, 어떤 의미에서 페미니즘 내에는 편안함이나 안주가 계속되지 않는다. 정기적인 비판, 반대의 목소리, 의견의 차이, 직장 내의 토론과 교차정치가 있다는 점에서 사회운동 내부에는 어려움이 있다. 따라서 페미니즘은 외부적으로나 내부적으로나 더 넓은 사회와 일치하지 않으며 내면에서 균일한 긍정적 정동들을 시도하지 않는다는 점에서 일종의 어려움을 체현한다. 아메드는 "이 불편함은 (……) 우리가 살고 일하는 공간에 '가라앉지 않음'을 의미하며 항상 우리의 투자에 의문을 제기함을 의미한다"고 쓴다(2004: 178). 페미니즘은 내적 발전을 위해, 부정적인 정동들과 긍정적인 정동들을 결합하여 안주하지 않는 것이 필요하다. 마치 정치가 안전한 가정home을 제공할 수 있다는 듯이 그것에 너무 깊이 빠져들면 비판과 논쟁의 여지가 없어진다. 비판과 논쟁은 발전과 개선, 강화에 필수적이며, 마찬가지로 일부 페미니스트가 다른 페미니스트보다 더 특권적인 지위를 차지한다는 인식도 필수적이다.

결론

이 장은 정동적 시간성이 페미니즘 내에서 물결 개념에 특별히 맞추어지는 방식을 다루고 있다. 나는 목표와 정체성에 반대하는 글로 사회운동이 어떻게 적응하고 변화할 수 있는지, 심지어 행동이 활성화된 순간에 이를 표현하려고 노력해 왔다. 물결에 대한 본질주의적 이해를 시도하는―[나에게는] 페미니즘적 사고와 투자에 반대되는 것처럼 보이는―것을 목표로 해서는 안 되고, 물결은 보다 가변적이고 정동적인 의미로 고려되어야 한다. 페미니즘 시간성을 정동에 귀속시킴으로써, 개인적 느낌이 보다 사회적이고 공적인 영역 내에서 공존할 수 있는 것으로의 변이를 통해 주체들이 서로 어떻게 들러붙는지가 분명해진다. 시간성과 정동의 불확실성은 물결 이전에 이해되었던 분열적인 방식을 치료하는 데 어느 정도 도움이 된다. 물결들은 단순히 세대적인 시간 틀에 귀속될 수 없고, 특정한 유형의 여성과 연관될 수도 없다. 다시 말해, 물결들은 정치적, 경제적 영향력을 포함하는 독특한 문화적 성좌에 의존하여 페미니스트 행동주의의 정동적 급등을 일으키고 있다. 페미니스트가 강렬한 행동이 지각되는 순간에 활기를 띨 수 있는 것은 정동들이 함께 움직이는 힘 덕분이다. 정동들과 그 강도가 변화의 주체가 될 수 있다는 사실은 페미니즘을 위태롭게 하는 것이 아니라, 오히려 전체로서의 정치가 실패했음을 드러내지 않고도 물결의 출현과 소멸을 허용한다.

나는 페미니즘에 접근할 때 수반되는 복잡성을 간과하지 않기 위해 정동적인 관점에서 노력했다. 나는 정동 그 자체가 변화의 주체라는 것을 알아봤다. 즉 정동은 광범위한 분야에 걸쳐 다양하게 사용되는데, 그중 일부는 경험적 증거에 의존하는 반면 다른 것들은 관찰과 추상화의 측면에서 정의된다. 더욱이 정동은 감정과 느낌과 맺는 관계에서 문제적인데, 느낌은 외향적이거나 집단적인 것이 아니라 내향적이고 매우 주관적인 것으로 간주되기 때문이다. 나는 주체들이 혼자 견딜 수 있는 것보다 훨씬 더 넓게 퍼지는 정동들에 의해 특징지어지는 행동주의에 참여하도록 고무됨으로써, 개인의 느낌이 더 넓은 정동적 시간성으로 번역될 수 있는 방법에 대해 생각해 보았다. 또 흥미로운 것은 감정이 개인과 자아와 맺는 분명한 관계에도 불구하고 운동에 매우 사로잡혀 있다는 것이다. 이동성의 힘과 급등을 통해 이해되는 정동과 마찬가지로, 감정은 느낌이 바깥을 향해 이동하도록 요구한다. 즉 느낌 그 자체는 더 넓고 공적인 세계와의 대화에서 순환하기 시작할 것이다.

정동은 사람들을 응집력 있는 움직임으로 부착시킨다는 의미와 지속적인 난관을 만든다는 의미에서 끈적끈적하다. 정동적인 문제는 그것이 '너무 감정적'인 것이고 따라서 '너무 여성적'인 것으로 치부되는 방식에 있을 뿐만 아니라, 정동들이 항상 긍정적인 것이 아니라는 점에 있다. 정동적 시간성은, 정동적 투자가 서로 깔끔하게 맞아떨어지기 때문에 지속되지 않는 것이 아니라, 오히려 경쟁적이고 상호 보완적인 정동이 어떤 특정 순간에 소집되어 긴박함과 힘을 느끼게 만들기 때문에 지속되지 않는다. 즉 이는 페미니즘 내에 사회운동이 취하는 형태에 영향을 미치는 다양한 정동들이 있음을 의미한다. 지속적인 정동적 불편함은 페미니즘 내에서 연습되어야 하며, 사회 변화를 달성하기 위한 지속적인 시도와 함께 [사회를 유지하면서 사회] 내적 개선을 퇴짜 놓는 운동을 위한 연료로 작용할 수 있다. 때로는 이러한 내부적 정동들이 우선권을 얻어 자기 성찰의 시간과 지속적인 논의로 이어질 가능성도 있다. 특정 기간에 접착제로 작동할 수 있는 것이 다른 기간에는 분열을 일으킬 수 있다는 점에서 정동들의 예측 불가능성은 다시 중요해진다.

이는 궁극적으로 나를 페미니즘의 네 번째 물결에 대한 고찰로 이끈다. 이 시점까지 이 책에서 내가 주장하는 바는 이 정동적 페미니즘의 특정 순간을 정의하고 싶지 않다는 것이었다. 사실 시간성에 대한 나의 연구와 정동에 대한 탐구는 둘 다 다음 장에서 제4물결에 대해 내가 할 일이 불확실성과 사이에-있음의 감각을 번성시킨다는 것을 시사했다. 나는 제4물결이 최근 행동주의와 학문적 사용에 있어서 그 용어의 확산에도 불구하고 여전히 초기라는 것을 인정한다. 제4물결은 확실하고 분명한 정체성이나 뚜렷한 목적을 가지고 있지 않다. 게다가 어떤 이론가들은 어떤 순간이 중요하다고 주장하는 반면, 또 다른 이론가들은 그것들을 완전히 간과하고 있기 때문에 그것이 시작된 시점을 말하는 것은 거의 불가능하다. 이와 같이 다음 장에서는 제4물결 페미니즘 운동 내의 다섯 사건에 초점을 맞추고, 그 사건들이 어떻게 새롭게 나타나고 있는 정동의 유형에 대한 통찰을 제공하는지 고찰해 보겠다. 각각은 개인적인 것과 느낌이 외부로 향하게 될 수 있는지를 보여 주며, 추진력과 힘의 감각에 기여한다. 이는 내가 여전히 제4물결의 정동적인 충전을 명명하는 것에 저항하며, 그것을 개방적이고 불확실하게 두기를 선택한다는 뜻이다. 이 장이 증명하듯이, 정동들이 결합하면서 취할 모양뿐만 아니라 정동들이 강도를 유지할 수 있는 시간을 예측하는 것은 불가능하지는 않더라도 어렵다.

참고문헌

Ahmed, Sara(2004), *The Cultural Politics of Emotion*(Edinburgh: Edinburgh University Press).

Ahmed, Sara(2010a), "Happy Objects", *The Affect Theory Reader*, eds. Melissa Gregg and Gregory J. Seigworthy(London: Duke University Press), pp. 29~51.

Ahmed, Sara(2010b), *The Promise of Happiness*(London: Duke University Press).

Brian Massumi(1987), "Introduction", *A Thousand Plateaus: Capitalism and Schizophrenia*, eds. Gilles Deleuze and Félix Guattari(London: University of Minnesota Press).

Brennan, Teresa(2004), *The Transmission of Affect*(London: Cornell University Press).

Butler, Judith(2008), *Gender Trouble: Feminism and the Subversion of Identity*(Oxon: Routledge).

Calhoun, Cheshire(2003), *Feminism, the Family, and the Politics of the Closet: Lesbian and Gay Displacement*(Oxford: Oxford University Press).

Cochrane, Kira(2014), *All The Rebel Women: The Rise of the Fourth Wave Feminist*(London: Simon & Schuster, Kindle e-book).

Cvetkovich, Ann(2003), *An Archive of Feelings: Trauma, Sexuality, and Lesbian Public Cultures*(London: Duke University Press).

Deleuze, Gilles, and Guattari, Félix(1987), *A Thousand Plateaus: Capitalism and Schizophrenia*(London: University of Minnesota Press).

Fraser, Kathleen(2007), *Ordinary Affects*(Durham: Duke University Press).

Gregg, Melissa and Seigworthy, Gregory J., eds.(2010), *The Affect Theory Reader*(London: Duke University Press).

Love, Heather(2007), *Feeling Backward: Loss and the Politics of Queer History*(Cambridge: Harvard University Press).

Nash, Jennifer, "Re-thinking Intersectionality", *Feminist Review*, Vol. 89, No.

1(June 2008), pp. 1~15.

Roiphe, Katie(1994), *The Morning After: Sex, Fear and Feminism*(New York: Little, Brown).

Riley, Denise(1988), *"Am I That Name?": Feminism and the Category of Women in History*(Minneapolis: University of Minnesota Press).

Riley, Denise(2000), *The Words of Selves: Identification, Solidarity, Irony* (California: Stanford University Press).

Thrift, Nigel(2010), "Understanding the Material Practices of Glamour", *The Affect Reader*, eds. Melissa Gregg and Gregory J. Seigworth, pp. 289~308.

Tomlinson, Barbara(2010), *Feminism and Affect at the Scene of Argument: Beyond the Trope of the Angry Feminist*(Philadelphia: Temple University Press).

Walker, Rebecca, "Becoming Third Wave", *Ms. Magazine*(January 1992), pp. 39~41.

"wave, n.". OED Online. March 2017. Oxford University Press. http://www. oed.com/view/Entry/226383?rskey=KyZjMT&result=1(Accessed March 30, 2017).

Wetherall, Margaret(2012), *Affect and Emotion*(London: SAGE Publications).

World Health Organisation(2013), *Global and Regional Estimates of Violence Against Women: Prevalence and Health Effects of Intimate Partner Violence and Non-Partner Sexual Violence*(Geneva: WHO), Report no. HV 6625.

5장

제4물결, 왜 지금인가?

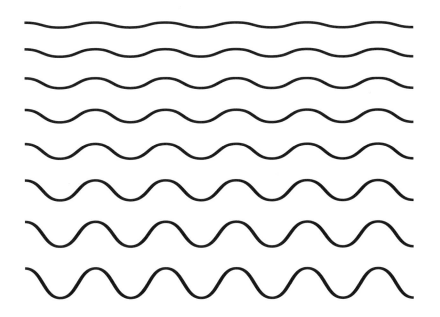

물결을 정동적 시간성으로 정립했으므로, [이제] 나는 동시대 영국 사회에서 출현하고 있는 제4물결 페미니즘을 옹호하고자 한다. 정동과 동시대성 개념을 모두 사용하여 규정짓기를 피하고, 그 대신에 사이에−있음, 불확실성, 힘의 급등에 초점을 맞추고자 한다. 가장 최근의 물결을 다루면서 어떻게 담론과 맥락이 활동의 새로운 급등을 유발할 정도로 변화했는지 생각하면, 분리와는 반대되는 연속성이라는 감각이 존재함을 알 수 있다. 이 장에 수록된 사례들은 대부분 기술의 사용에 초점을 맞춘다. 소셜 미디어가 모든 제4물결 행동주의의 중심에 있지는 않으나, 문화적 맥락이 10년 전과는 현저히 달라지도록 유포와 참여의 방식을 변화시켰음은 확실하다.

온라인 행동주의에 의해 촉진된 속도는 내가 제4물결로 식별하고 있는 이 정동적 순간을 고려하는 데 중심적이다. 의사소통의 속도가 제공하는 가능성은 집단적 느낌의 새로운 형태로, 더 나아가 느낌이 작동하는 양식으로 이어졌다. 항의는 일련의 클릭으로 조직되고, 따로 만들어진 페이스북 페이지에 올린 정보로 지지를 얻을 수 있다. 온라인 탄원으로 항의에 참여하기는 더 쉬워졌는데, 예컨대 이전에는 참여하기 어려웠을 장애인 페미니스트들이 온라인 탄원을 통해 중심 쟁점에 목소리와 이름을 드러낼 수 있다(Ellis et al. 2015). 게다가 자선단체들은 인터넷에서 기금을 모금할 새로운 장을 찾을 수 있게 되었고, 더욱 빠른 속도로 청원을 퍼뜨렸으며, 페미니스트들과 반페미니스트들 사이의 대화는 몸의 현존을 수반하지 않는 공간에서 이루어질 수 있었다. 또한 인터넷의 속도는 페미니즘의 범위에 변화를 주어 지구적 쟁점들을 매우 빠르게 알 수 있도록 했다. 특히 인도에서 젊은 여성이 잔인하게 강간당한 후 결국 죽음으로 이어진 사건, 미국의 스튜번빌이라는 마을에서 여자아이가 축구 선수 두 명에게 강간당한 사건이 보여 주듯, 이전에는 지역에 국한되었을 법한 이야기들이 국제화되었다.* 실제로 온라인 [해커] 단체 '어나니머스Anonymous'는 처음에 온라인에 게시되었다가 삭제된 사진을 복원해 후자의 사건에 확실한 증거를 제공했다.** 이것은 두 사건이 심각한 문제였던 적이 없었다는 뜻이 아니다. 첫 번째 사건은 영국에서 인도의 강간 문제에 대한 일련의 기사와 다큐멘터리를 만들어 내는 데 확실히 일조했다. 이 작업들은 영국 내의 성폭력 문제를 간과했을 뿐만 아니라 비서구 국가에 대한 도덕적 판단을 대신한다는 점에서 제국주의적인 어조를 취했다.*** 그럼에도 불구하고, 인터넷에서 일어난 분노가 두 지역 사건을 세상에 알리는 데 중심이 되었다는 것은 아주 분명했다.

이러한 사건으로 야기된 전 세계적인 분노는 현재 이 순간에

---

* 두 명의 젊은 운동선수가 파티 중에 의식이 없는 소녀를 끌고 나와 성폭행하고, 그때 동료들과 친구들은 영상과 사진을 찍었다. 가해자의 고등학교와 지역 사회는 축구팀의 성과와 지위에 기대 가해자들을 변호했다. 로리 페니, 「스튜번빌: 강간 문화의 아부 그라이브적 순간」, 『뉴 스테이츠먼 The New Statesman』(19 March 2013), http://www.newstatesman.com/laurie-penny/2013/03/steubenville-rape-cultures-abu-ghraib-moment(2013.11.30 검색).

** 타라 컬프 레슬러Tara Culp-Ressler, 「스튜번빌 강간 사건을 폭로한 해커는 강간범보다 더 오래 복역할지도 모른다」, 『신보를 생각하라Think Progress』(7 June 2013), https://archive.thinkprogress.org/hacker-who-exposed-steubenville-rape-case-could-spend-more-time-behind-bars-than-the-rapists-c685bdd4443/ [원본 링크 유실].

*** BBC는 〈인도의 딸India's Daughter〉이라는 다큐멘터리를 만들었는데, 이는 강간으로 유죄 판결을 받은 사람들을 인터뷰했다. 이 다큐멘터리는 인도에서 상영이 금지되었고, 더욱 체계적이고 광범위한 문제를 제기하지 않고 순수하게 '딸들'로서 여성에 초점을 맞췄다는 점에서 상당한 비판을 받았다. http://www.theatlantic.com/international/archive/2015/03/i-am-not-indias-daughter/387574/.

일어나고 있는 행동주의와 더불어 공적 감정에 관여된 느낌의 형태와 연결되어, 동시대 페미니즘에 독특한 특정 정동을 만들어 낸다. 기술의 존재와 침투성은 순전히 페미니스트들의 의사소통만을 위한 수단이 아니라 발생하는 반격의 대화를 문서화하고, 조직하고, 관여할 수 있는 새로운 방법을 창출하고 있다. 불확실성을 고려하는 것이 내 주장의 핵심이며 바로 앞 장에서 논증한 것처럼, 정동은 느낌의 특이성보다는 감정의 움직임과 더욱 관련이 있다. 그렇다면 나는 정동을 명확하게 정의하여 제시하기보다는 인터넷이 집단적 느낌을 형성하는 방식에 미치는 영향을 고려하기 위해 즉시성과 속도의 촉진제로서 인터넷을 살펴볼 것이다. 「서문」에 언급했듯이 이 장의 방법론은 제4물결 페미니즘의 완벽한 버전을 제시하지 않기 위한 것이다. 실제로 그 주제에 대한 규범적이고 폐쇄된 접근은 물결 서사의 문제를 더할 것이다. 또한 이 장에서는 제4물결이 시작하는 시간을 지정하는 것을 피하고, 끝나는 지점도 예측하지 않는다. 이 두 시점을 달력 시간과 연관 짓는 것은 전개되고 있는 행동주의의 모호함 때문에 매우 어려울 것이다. 대신에 이 장에서는 현재 영국을 기반으로 한 다섯 가지의 사례 연구를 통해, 각각의 사례가 모호한 현재의 제4물결 페미니즘 중심에 있는 정동을 대표하는 방식을 살펴본다.

국제 슬럿 워크

'개인적인 것이 정치적인 것이다'라는 페미니즘 구호는 정치의 중심적 측면에 자리 잡은 지 오래다(Hanisch 2009). 페미니즘은 가부장적 사회가 필연적으로 여성과 남성의 개별 삶에 영향을 미치는 방식에 관심을 기울이고 있다. 마찬가지로, 여성의 개인적인 경험은 페미니즘 정치에 큰 부분을 구성한다. 개인이 경험하는 흔한 길거리 성희롱은 공공장소에서 일어나지만, 이것은 개인적인 영역 내에 위치한다. 이것이 고질적인 사회문제일지라도, 체현된 경험은 마치 모든 특이한 사건과 그 결과처럼 매우 개별적으로 전개된다. 인터넷과 소셜 미디어 시대의 긍정적인 (그리고 잠재적으로는 부정적인) 부분 중 하나는 개인적인 것이 믿을 수 없는 속도로 정치화될 수 있는 가능성이 실제로 있다는 것이다. 이전에는 개인적인 경험이 세상과 관계 맺는 방법, 사법기관과 말하는 데 필요한 방법이나 심지어 공유된 경험으로 페미니스트 공동체를 형성하는 방법에 영향을 미쳤을지도 모르지만, 그때는 개인적인 경험이 몇 시간 안에 논쟁의 장이 될 위험은 거의 없었다.

지난 몇 년간 많은 사건이 엄청난 속도로 국제적인 뉴스가 되었다. 여러 사례를 언급하겠지만, 여기서는 우선 '슬럿 워크'에 주목한다. 나는 행진의 문제적인 부분뿐만 아니라 단 한 번의 아주 개인적인 사건으로 촉발된 집회 운동으로서 행진에 초점을 맞출 것이다. 제4물결로 인해 개별적인 사건들이 더 넓은 범위의 문제들을 대표할 수 있을 정도로 심각하게 부풀려졌다는 것이 나의 입장이다. 또한 계란으로 바위 치기가 불가능하다고 생각하는 사람들에게 제4물결의 순간은 지속적인 개별 사건들이 모여 성차별에 책임과 응답을 요구하고 있음을 보여 준다. 스튜번빌의 강간 사건은 인터넷과 소셜 미디어에서 '개인적인 것이 정치적인 것'으로 펼쳐지는 것을 보여 주었다. 슬럿 워크가 [인터넷과 소셜 미디어를 통해] 주로 국제사회와의 연결과 성폭력 피해자에 힘을 실어 준 점을 제시하겠지만, 인터넷은 여성을 개인적 차원에서 모욕하고 협박하는 수단과 비슷하게 사용되어 왔다. 스튜번빌은 미국의 사례지만, 분명 영국의 맥락에 확실히 적용할 수 있는 사례라는 것, 즉 다시 생각해 볼 개념이라는 것을 인정하는 것도 중요하다. 스튜번빌 성폭행 사건은 단순히 어느 저녁에 자행된 사건이 아니라 스마트폰에 기록되어 각종 소셜 미디어 웹사이트들에 업로드되었기 때문에 특히 주목할 만하다. 결과적으로 피해자가 앞에 나서 가해자들은 기소되었는데, 그들은 온라인에 의식 없는 소녀에게 가한 지속적인 성폭행을 흔적으로 남겼다. 따라서 가해자들을 향한 페미니스트의 반발이 인터넷에 불을 지핀 것이 아니라, 죄를 지은 축구 선수들이 인터넷에 자신들의 범죄를 기록하고 피해자인 소녀를 모욕함으로써 결국 스스로를 이 사건에 연루시켰다. 인터넷은 개인적인 것이 아주 빠르게 확산될 수 있는 공간이기 때문에 이 사례는 특히 개인적인 것이 정치적인 것이라는 점을 보여 준다. 이는 피해자 대다수가 여성인 디지털 성폭력과 같은 현상을 통해 분명해졌다.[*] 그들의 사생활과 성

---

[*] 영국 정부평등국GEO이 2015년에 보도한 자료에 따르면 법적 자문과 지원을 찾는 디지털 성폭력 피해자의 75퍼센트가 여성이다. https://www.gov.uk/government/news/hundreds-of-victims-of-revenge-porn-seek-support-from-helpline.

생활, 나체가 인터넷에 유포되면서 여성들을 모욕하려는 시도가 계속되고 있다. 지금은 소셜 미디어 웹사이트의 지속적인 사용으로 인해 사생활이 침해되는 방식으로 개인적인 것이 어쩔 수 없이 정치화될 수밖에 없는 시대다.

반면 슬럿 워크는 상당히 다른 방식으로 공식화되었는데, 이는 인터넷에서 악화되고 증가되고 불이 붙은 단 한 번의 순간에서 비롯되었다. 캐나다의 한 캠퍼스에서 경찰관이 안전 문제를 해결할 수 있는 방법에 대한 강연을 하면서, 학생들에게 만약 강간당하고 싶지 않으면 '슬럿'처럼 옷을 입어서는 안 된다고 경고했다. 피해자의 옷차림과는 무관하게 대다수 강간 가해자는 피해자와 아는 사이이므로, 이것이 무지한 조언이라는 것을 차치하고도, 이는 훨씬 광범하고 교활한 피해자 탓하기 문화를 떠받치는 말이다.[*] 경찰은 유용한 충고를 한 것이 아니라 성폭력 책임이 여성에게 있음을 분명히 말한 것이다. 경찰관의 주요 관심사는 성폭력 문제를 논의하고, 캠퍼스의 남성들에게 동의에 대해 가르치는 것이 아니라, 여성들의 옷을 감시하는 것이었다. 이것이 말해주는 것은, 여성의 옷이 성폭행의 유일한 원인이며, 따라서 피해자가 얌전한 옷을 입고 있거나 덜 노출한다면 범죄를 완전히 피할 수 있다는 것이다.^{**} 당연히 강연을 듣고 있던 학생들은 경찰관

---

* 강간위기센터는 강간 피해자의 약 90퍼센트가 가해자와 아는 사이라고 한다. 이는 공공장소에서 도발적인 옷을 입은 여성이 원치 않는 성적 관심을 더 많이 받을 것이라는 생각이 틀렸음을 밝히는 데 도움이 된다. 피해자 대다수가 가해자를 알고 있었다는 사실은 강간이 노출이 심한 옷보다 훨씬 복잡하다는 것을 보여 준다.

** 이 장에서는 생존자survivor라는 단어 대신 피해자victim라는 단어를 사용하기로 한다. 이는 강간을 범죄로서 이야기하고 있다는 것, 범죄 행위에는 [생존자가 아닌] 피해자가 있다는 것과 관련이 있

의 말에 분노했고, 즉시 슬럿 워크를 조직했다. 이 행진은 참가자들에게 성별이나 성 정체성에 상관없이 일상적이거나 파격적이거나 무엇이든 원하는 대로 입고 거리에 나오라고 요청했다. 옷뿐만 아니라 정체성의 범위에도 제한을 두지 않은 것은 강간 문화가 드러내는 방식을 문제 삼으려는 의도였다. 강간 문화는 저녁 외출에 입은 짧은 스커트에 전적으로 원인이 있는 것이 아니라, 예상했던 것보다 훨씬 넓은 범위의 사람들에게 영향을 미치는 고질적인 문제다.

슬럿 워크와 그것이 조직된 빠른 속도는 국제적인 관심을 끌었고, 몇 주 사이에 비슷한 행진이 전 세계에서 조직되었다. 영국에서는 수천 명의 여성이 첫 번째 슬럿 워크에 참여했다. 영국의 사례에서 특히 주목할 만한 것은, 행진이 다양한 사람들로 이루어진 공간을 구성했다는 것이다. 인종적 다양성은 없었지만 남성 지지자들, 짧은 옷을 입고 있는 여성들, 성폭력을 당했을 때 수수한 옷차림이었음을 알리는 표지를 들고 다니는 사람들이 함께 있었다. 그 후 행진은 정체성이 아닌 다른 쟁점을 중심으로 조직되고 있는 페미니스트 운동에 흥미로운 질문들을 제기했다. 참가자들이 보여 준 다양성은 본질주의적인 정체성을 해체하는 데 기여했지만, 페미니스트들의 관점에서 더 중요한 것은 아마 '슬럿'이라는 단어에 관한 것일 수도 있다. 여기서 중요한 것은 '슬럿'이라는 기표가 해체되었다는 점이다. 경찰관이 처음 사용한 용법에서 슬럿은 성폭력이나 강간 피해자와 유사한 의미로 사용되었다. 그

다. 임파워링에 대한 담론을 이끌어 내는 것보다, 순전히 법적으로 그리고 범죄의 측면에서 강간에 초점을 맞추고 있다.

제4물결 페미니즘: 정동적 시간성

가 구성한 문장뿐만 아니라, 성폭력에 여성의 과실이 있다고 퍼뜨리는 것을 통해 경찰관은 슬럿이 어떤 면에서 성폭력 피해자와 유사하다고 말했다. 그러나 참가자들은 시위에서 모두 슬럿이라는 기표에 덧씌워진 여러 겹을 차용함으로써 피해자와의 쉬운 동일시에 이의를 제기했다.

슬럿 워크는 '슬럿'의 기표를 매우 다중적으로, 다르게, 교차적으로 만들어서 더 이상 특정한 유형의 행위나 옷 입기 방식으로 압축할 수 없게 만들었다. 페미니스트들은 기표를 전치하거나, 적어도 단어가 수많은 경험을 대변할 수 있도록 함으로써, 슬럿의 용법과 그것이 강간 문화 내에서 차지하는 중심적 역할에 이의를 제기할 수 있었다. 불행하게도 여전히 성폭력 혐의에 관해서 여성의 행위가 문제가 되는 것은 사실이다(Harding 2015). 확실히 재판에 회부된 강간 사건 수에 비해 낮은 유죄 판결률은 여전히 성폭력이 광범위하고 모호한 영역의 범죄로 간주된다는 사실을 입증한다(Harding 2015). 슬럿 워크가 반드시 이 문제를 해결할 수는 없지만, 사법 당국이 여성의 경험을 보다 잘 나타내는 언어를 사용하는 방식을 이끌어 낼 수 있다. 더불어 성폭력 사건과 사건 당시의 여성의 행동, 예컨대 짧은 치마 입기, 술을 많이 마시기, 파트너와 집에 앉아 있기, 부부 침대에 있기 사이에는 어떤 관계도 없다는 것을 알려 준다. 가해자에게 피해자의 신체에 대한 권리를 위임할 수 있는 관계란 없듯이, 성폭력 범죄의 심각성을 무화하는 '슬럿처럼 입'지 말라는 경고는 있을 수 없다.

그렇다면 이것이 제4물결의 순간과 어떤 관련이 있을까? 구체적으로 이 시위를 성폭력에 관련한 영국의 법률과 연계하여, 행진이 전개되고 있는 맥락을 고려해 보는 것이 중요할 것이다. 강간과 성폭력은 불법이고 강간은 무기징역으로 처벌받을 수 있는 반면,* 부부 간 강간은 1991년에야 겨우 불법이 되었다. 비록 법률이 강간과 성폭행을 다른 중범죄와 같은 수준으로 인정한다고 명시하고 있지만, 재판에 이른 사건의 수와 유죄판결 비율을 놓고 보면 이 법은 효력이 없음을 알 수 있다. 강간위기센터에 따르면 매년 8만 5천 명의 여성과 1만 2천 명의 남성이 성폭행을 당하고, 16-59세 여성 5명 중 1명은 어떤 형태로든 성폭행을 경험한다(Ministry of Justice, 2013). 더욱 걱정스러운 것은, 단지 15퍼센트의 여성만이 경찰에 신고하기를 선택했다는 점이다(Ministry of Justice, 2013). 이것은 보수당 정권이 여성 대상 공공사업을 다루면서 더욱 복잡해졌는데, 이는 긴축 삭감으로 인해 전례 없는 어려움을 겪었다.** 실비아 월비Sylvia Walby가 주도한 최근 연구에 따르면 여성 대상 폭력은 증가하는 반면 전반적인 폭력 범죄는 계속 감소하고 있는 것으로 나타났다(2015). 이것은 부분적으로 성차별이 다시 심화되어 나타나는 결과이기도 하지만 여성 공공사업

----

* 영국 검찰청CPS은 강간죄 최고 형량은 종신형이라고 알렸다. https://www.cps.gov.uk/crime-info/sexual-offences [원본 링크 유실].

** 2012년 여성 피해자의 사법적 접근과 관련하여 법률 지원과 범죄자 형량 및 처벌법 채택에 따른 법적 지원 변경과 삭감에 대한 우려가 제기되었다. 이 법으로 자녀들에 대한 접근/거주권 분쟁 등을 포함한 가족법 소송의 대부분이 법적 지원금 부적격 판결을 받은 것으로 알려졌다. 가정 폭력이나 강제 결혼에 대한 보호 명령 신청과 더불어 이혼, 부부간 재정[문제] 및 아동 폭력의 증거가 있는 사례에는 예외를 두었지만, 가정 폭력 입증에 증거를 요구하는 것은 피해자에게 매우 큰 부담이 된다고 변호사들은 주장한다. 예를 들어 여성들은 증거 서류를 받는 데 돈을 지불해야 하고(의사 소견서는 50파운드, 유죄 판결문은 60파운드), 심지어 복지 혜택을 받을 때에도 [정부가 제공하는] 공적 도움을 받을 수 없다. http://www.endviolenceagainstwomen.org.uk/data/files/UNSR_VAW_UK_report_-_19_May_2015.pdf.

제4물결 페미니즘: 정동적 시간성

이 소멸된 것과도 관련이 깊다. 공공사업은 초기 범죄를 예방할 수는 없지만 여성들이 어려운 가정 상황에서 벗어날 수 있기 때문에, 범죄가 반복되는 것을 막는다. 2011년 여성자원센터Women's Resource Centre는 여성 조직에 대한 연구를 실시했는데, 응답자의 64퍼센트가 긴축으로 인해 자금 지원을 잃게 되었고, 대부분의 조직은 다음 해에는 전년 대비 75퍼센트에 못 미치는 자금을 확보하게 되었다(Women's Resource Cenetr 2012). 반대로 응답자의 94퍼센트가 지난해에 공공사업 서비스의 필요성이 증가했다고 답했다(Women's Resource Centre 2012).

2015년 11월에 발표된 「우리는 지금 어디에 있는가: 여성들과 소녀들을 향한 폭력을 끝내기 위한 웨스트민스터 정부 행동 10년 재검토」에서 연합 단체 '여성폭력 종식연합EVAW'은 현재의 문화 환경에서 나타난 변화에 주목한다. 그들은 두 가지 현상이 여성 대상 폭력 논의에 중심이 되었다고 주장하는데, 그것은 2012년 이전에 출현하여 주로 온라인에서 일어나는 페미니스트 행동주의의 흐름과 영국의 유명 방송인 지미 새빌Jimmy Saville이 저지른 성범죄 폭로 사건이다(EVAW 2015: 4 - 5). 새빌은 [경찰이나 병원 같은] 세간의 인정을 받은 기관들이 성범죄를 은폐하거나 심지어 조장하는 방식을 드러내면서 범죄를 저질렀다. 새로운 물결은 제4물결에 대한 나의 주장과 관련되어 있는데, 내가 앞서 주장했듯 새로운 물결은 인터넷 사용에서 도움과 지원을 받았을 뿐만 아니라, 여성 공공사업의 삭감과 성폭행의 본질에 대한 대중적인 폭로에 의해 촉발되었다. 그렇다면 슬럿 워크는 제4물결의 이러한 측면의 징조로서, (1) 성폭행에 대한 우리의 태도를 둘러싼 공개적인 폭로, 특히 보호를 받는 유명인이나 권위자가 개입되어 있는 경우, (2) 여성을 위한 공공 서비스가 사라지는 방식, 즉 성폭행, 강간, 가정 폭력이 줄어들기 어려워짐으로써 나타나는 다른 정동들과 매우 관련이 깊다.

영국의 슬럿 워크는 세계적으로 관심을 끌면서 알려진 캐나다에서 발생한 하나의 사건을 대변한다. 그러나 나는 [하나의 사건이 다른 사건을 대변하는 것이] 제4물결의 순간에서 훨씬 더 많은 것을 상징한다고 주장하려 한다. 슬럿 워크는 지미 새빌 등을 둘러싼 폭로*뿐만 아니라, 제4물결 순간이 성폭력, 특히 여성 대상 폭력과 결부된 방식에 중심이 되는 중요한 쟁점을 보여 준다. 먼저 이것은 로이프와 같은 비평가들이 조롱하는 강간 문화[의 존재]가 지속적으로 비판받고 있다는 것을 보여 준다.** 이것은 페미니즘의 어려운 시간성들을 뒷받침할 뿐 아니라, 이 시기가 입법적인 변화보다 불가피하게 사회문화와 관계 맺는 방식을 보여 준다. 강간을 예방하기 위한 법률이 이미 마련되어 있음에도 강간이 여전히 일어나고 있다면, 그것은 자금 부족, 접근성의 부족뿐

---

* 지미 새빌은 자신의 지위를 이용해 가장 취약한 사람들을 찾아 성인 남녀는 물론이고 어린 여성과 남성에게 성폭력을 저지른 유명 인사다. 그의 폭력은 1940년부터 2009년까지 지속된 것으로 여겨진다. 새빌의 프로필은 BBC 보도 자료에서 확인할 수 있다. http://www.bbc.co.uk/news/entertainment-arts-19984684.

** 로이프의 『다음 날 아침: 섹스, 공포, 페미니즘 The Morning After: Sex, Fear and Feminism』은 특히 동시대 페미니즘에 거부 반응을 보이는 것으로 악명 높다. 로이프는 이전 물결의 진척을 인정하면서도 1990년대 사회운동이 공포와 희생 위에 세워졌다고 주장했다. 이러한 접근 방식은 강간 문화 개념의 기반을 약화시키고 가해자가 아닌 피해자에게 성폭력 책임을 지운다. 중요한 것은 제4물결이 우리가 강간 문화 속에 존재하고 있다는 것을 인지시킨다는 것이다. 강간 문화는 언론이 인정하는 몇몇 유명한 성폭행 사건을 통해 강화되었다. 이 사례들은 성폭행이 위험 요소 없이 일어날 수 있다는 것을 분명히 보여 주었다.

제4물결 페미니즘: 정동적 시간성

만 아니라 사회의 전반적 태도에 도전할 필요가 있는 것이다. 슬럿 워크는 분노, 격분, 불신으로 태어났다. [여성을 향한] 특정한 태도가 여전히 사회에 만연하게 존재할지도 모른다는 점에서, 불신은 이 페미니즘의 순간에 자리 잡고 있는 것으로 보인다. 격분과 분노를 부채질하는 대화를 피할 수 없다는 점에도 불신이 있다. 나는 이 정동들이 내가 앞에서 언급한 조직들[여성자원센터 등]에 다시 연결된다고 생각한다. [성적] 학대와 성폭력이 체계적으로 은폐될 수밖에 없다는 인식에 더해 공공서비스 축소에 대한 불신이 쌓이고 있다. 제4물결은 이 순간에 앞선 물결의 여파로 불신과 불가피성이 서로 뒷받침하게 만든다. 제4물결의 순간은 여성을 향한 성폭력뿐만 아니라 강간 문화에 분노하고 효과적으로 이의를 제기해 온 페미니즘의 유산을 이끌어 내는 동시에, 여성 대상의 공공 사업이 여전히 충분한 관심과 자금을 받지 못하고 있다는 시간성 안에 존재한다.

슬럿 워크는 성폭행을 둘러싼 본질주의와 정체성에 대한 관념 또한 다루고 있다. 그것은 특정한 유형의 '피해자'가 있다는 것, 더 나아가 '피해자를 초래하는' 형식이 있다는 흔한 믿음에 맞선다. 이러한 종류의 논쟁이 이전 물결 속에서는 일어난 적이 없다고 말하려는 것이 아니라, 이제는 다른 그리고 특정 사회정치적 맥락 안에 구성되어 있다고 말하고자 한다. 내가 서사를 다룬 장 [2장]에서 페미니즘의 척도로서 '진보'에 초점을 맞추는 것은 시간성과 정치 측면에서 모두 잘못된 것일 수 있다고 언급했지만, 그럼에도 불구하고 우리는 사회적 진보가 이루어지리라 기대한다. 실제로 앞서 인용한 기사에서 남성을 대상으로 한 일반적인 폭력 범죄가 줄어든 사실이 확인된 바 있다(Walby 2016). 그것은 입법 변화와 행동주의, 반폭력 교육 강조 등의 방식이 사회의 일상 경험에 미친 영향을 보여 주는 지표다. 그러나 이러한 진보에 대한 기대는 불신과 불가피함이라는 느낌이 공존한다는 독특성에 페미니즘이 관여할 수 있도록 한다는 일종의 표식이다. 슬럿 워크는 [양가적인] 두 정동을 모두 체현하고 생산적인 정체성 논쟁으로 옮겨 가기를 시도한다. 행진의 다양성이 시사한 것은 '피해자'의 구체적 유형이 존재하지 않으며, 성폭행을 유도하는 일종의 복장 규정 또한 존재하지 않는다는 것이다. 피해자는 물론이고, 폭력에 '취약'하다고 간주되는 사람, 노출이 심한 옷을 입는 사람들을 고무하는 것은 페미니즘의 필수적인 부분이다. 이는 성폭행과 강간 피해자에 대한 오해가 적어도 건강한 논쟁 없이 확산되지 않도록 한다.

슬럿 워크가 언어에 접근하는 방식 또한 독특하다. 페미니즘이 이전에는 구체적인 어휘들이 가부장제를 강화하도록 작동하는 방식에 관심을 가지지 않았다는 것이 아니다(Rich 1995; Riley 2000). 이 경우 "슬럿 셰이밍slut shaming"(Valenti 2008)이라는 개념의 특정 순간에 초점이 맞춰져 있는데, 이 개념은 성 노동에 대한 확장된 논의의 교차점이 될 뿐만 아니라 신체와 섹슈얼리티에 대한 페미니스트의 관여로 출현한 것이다. 현재 우리가 그 어느 때보다 성애화된 문화를 점유하고 있다는 것은 간과할 수 없다(Long 2012).* 따라서 특정한 옷을 입거나 행동하는 사람에 대

---

* 자세한 내용은 다음에서 확인할 수 있다. 나타샤 월터스의 『살아 있는 인형: 성차별주의의 귀환』, 에리얼 레비의 『여자 쇼비니스트 돼지: 저속한 문화의 부상과 여성』, 캣 밴야드Kat Banyard의 『평

해 '슬럿'이라는 경멸조의 지칭으로 그 단어를 새롭게 살리는 것은 문화에 잘 적응하기를 거부하는 사람들을 옹호하는 것이 된다. 이러한 자기결정권은 위협적인 것으로 인식된다. 즉 여성이 성적 욕구나 행동에 수치심을 갖게 만드는 것에 굴복하지 않을 뿐만 아니라 그러한 욕구와 행동에 당당하다는 점을 보여 준다. 아이러니하게도 우리는 자본에 매몰되어 여성의 벗은 몸에 돈을 지불하고 칭송하는 문화 속에 살고 있지만, [오히려] 이는 자기결정으로 잘 받아들이지 않는 것 같다. 슬럿의 문화적 구성은 명성과 수입 능력 측면에서는 비록 그것이 손상되었을지라도 보상이 있다. 슬럿 워크는 단 몇 시간만 시위에 참여했더라도 모든 이가 스스로를 슬럿으로 정의하는 일에 연관시킨다. 이로써 참여자들은 지금까지 여성을 모욕하는 데 쓰던 경멸조의 단어를 차용하게 되었다. 그렇게 함으로써 슬럿이 가진 전통적인 연관성을 뒤집는다. 슬럿의 문화적 구성에 따른 보상들 간의 관계를 훼손하고 성적 자율성의 복원을 기념하는 것이다.

슬럿 워크는 강간 문화와 성폭행에 대한 잘못된 접근에는 항의하는 반면, '슬럿'이 가진 다른 문화적 표현을 고려하지 않는다는 점에서 여전히 문제적이다. 확실히 미국과 캐나다에서는 유색인종 여성이나 흑인 페미니스트 운동가들과 관련하여 슬럿 워크를 둘러싼 많은 문제가 있었다. 여성 비영리 단체인 흑인 여성의 청사진Black Women's Blueprint은 슬럿이 BME 여성들에게는 다른 문화

등 환상: 오늘날의 남녀에 대한 진실*The Equality Illusion: The Truth about Women and Men Today*(2010), 게일 다인스Gail Dines의 『포르노랜드: 어떻게 포르노가 우리의 섹슈얼리티를 장악했는가*Pornland: How Porn Has Hijacked Our Sexuality*』(2010).

적 함의를 가졌기 때문에 힘을 부여하거나 진보적인 방식으로 복원될 수 없을 것이라는 내용의 공개서한을 발간했다.[*] 영국에서는 비슷한 일이 보고된 바 없지만, 행진이 미국에서 일어나는 것을 둘러싼 문제들은 일부 행동주의가 보편적으로 작동할 수 없다는 것을 보여 준다. 영국의 슬럿 워크는 다양한 정체성을 효과적으로 재현하는 것처럼 보였지만, 더 넓은 국제적인 논의에서 페미니즘과 인종 정치가 언제나 생산적으로 교차하지 않는 방식의 하나였다.

슬럿 워크는 이제 영국의 제4물결 페미니즘에서 기세를 잃은 듯하다. 제4물결은 몸짓과 신속성, 즉각성을 통해 구성될 수 있으며, 물결이 본연의 소멸점에 도달하기 전에 어떤 형태의 행동주의가 필연적으로 사라지거나 멈춘다. 이것이 약점이 아닌 것은 조직은 더 큰 문제를 보여 주는 데에 있어 수명과 지속적인 영향에 주목하는 반면, 빠르게 조직된 캠페인과 행진은 정치적인 운동 내에서 더 많은 표현을 구성할 수도 있기 때문이다. 표현은 잠깐일 수 있지만, 언제나 위치 지어지고, 문맥적이고, 의사소통의 형태로서 필수적이다. 내가 표현의 시위로 정의하고 있는 것이 쉽고 빠르게 조직될 수 있다는 사실은 제4물결의 정동적 수렴에 매우 중요하다. 여성 대상 폭력이라는 지속적인 문제, 그러한 범죄에 대한 체계적인 인정과 투쟁의 필요성, 그리고 구체적인 어휘가 가진 난점에 대한 논의에 불을 붙이면서 단일 사건들이 국제적인 현상이 되도록 만든다. 제4물결이 움직이는 방식은 부분

---

[*] 공개서한 전문은 『허핑턴 포스트』를 포함한 다수의 뉴스 매체에 실렸으며, 다음에서 확인할 수 있다. http://www.huffingtonpost.com/susan-brison/slutwalk-black-women_b_980215.html.

제4물결 페미니즘: 정동적 시간성

적으로 기술의 [빠른] 속도라는 역량에 의해 촉진되어 극단적인 느낌에 응답할 수 있게 한다. 비록 응답이 페미니즘의 남은 기간에 지속되지 않더라도, 지금은 개별적인 성차별 사건들이 인정되지 않거나 문서화되지 않거나 응답받지 못하는 일은 일어나지 않을 것임을 보여 준다. 단 한 번의 트윗이든 거리의 수백 명의 활동가든, 어떤 의미에서 제4물결은 강하고 전염적인 정동을 체현하는 행위에 불을 붙이기 위해 분노와 불신을 사용하며, 폭로와 응답에 강력하게 초점을 맞춘다.

'일상 속의 성차별' 아카이브: 아카이빙의 새로운 형식

아카이브는 페미니스트 운동에 흥미로운 가능성과 한계를 모두 가지고 있다. 여성이 사람들의 시야에서 제거되거나 권력의 위치를 차지하지 못하면, 공적 기록에서 등한시되고 그 결과 [여성은] 불안전한 인간으로 아카이빙된다(Lerner 1975). 많은 아카이브에 여성의 정보가 부족한 것처럼 여성 경험의 역사를 구축하는 것은 훨씬 어렵다. 대부분의 여성 역사가 서양사 서술에 구멍을 내는 침묵과 부재로부터 읽혀 왔다. 이러한 이유로 '허스토리 herstory'라는 용어는 역사와 과거에 대한 남성 중심적인 이해에 필요한 반론으로서 만들어졌다(Elam 1994; Scott 1999). 역사적 재현 감각에서 너무 멀리 벗어나지 않고, 아카이빙의 중요성과 페미니스트 행동주의 내에서 수행할 수 있는 역할을 다루고자 한다.

아카이빙의 실천은 수동적인 것이 아니라, 오히려 정치적 기능을 수행한다. 「아카이브 열병Archive Fever」에서 자크 데리다Jacques Derrida는 "기억이 없다면, 아카이브의 통제 없이는 정치적 힘도 없다"(1995: 11)고 썼다. 이 개념은 일상적인 여성혐오 사건을 기록하기 위해 만들어진 트위터 계정과 웹사이트인 '일상 속의 성차별Everyday Sexism'에 대한 나의 다음 논의에서 특히 중요하다. 2012년에 시작된 '일상 속의 성차별'은 로라 베이츠가 트위터에서 여성들의 진술들을 수렴하고, 일상의 여성혐오 사건들을 문서화하기 위한 실험이었다. 베이츠는 여성들이 일상적인 성차별들을 고의적으로 잊어버리는 것이 특정한 형태의 성차별이 허용되는 문화로 이어진다는 사실을 상당 부분에서 강조한다. 그러므로 아카이브는 건망증이나 잊어버리는 행위에 대한 해결책으로 볼 수 있다. 베이츠의 '일상 속의 성차별' 아카이브는 현재의 순간에 전개되기 때문에 특히 중요하다. 이는 일련의 증언과 수명 짧은 자료 및 정보를 수집하여 물리적인 고정된 장소에 보관하는 것이 아니다. 오히려 실시간(또는 '일상 속의 성차별' 기록자들이 트위터에 전념할 수 있는 시간)으로 전송되는 트윗과 리트윗은 아카이브가 동시대 순간의 일상적인 경험을 반영하도록 살아 있게 한다. 아카이브는 구체적인 운동이나 캠페인을 대표하는 부분들을 수집하여 다른 역사적 시간의 정보를 기록하는 시도가 아니다. 아카이브는 집단 기억의 기록과 문서화가 페미니스트 행동주의의 급등에 확실히 기여하는 시도로서 그 순간에 만들어지고 있다.

이런 종류의 아카이빙 실천은 동시대에 특히 흥미로운 도전과제들을 제시한다. 아카이빙은 경험의 위계를 만들지 않고 다양한 목소리들을 우선시함으로써, 큐레이션이 덜 선별적인 새로운 아카이빙 실천의 가능성을 열어 준다. 큐레이터는 대부분 수신되는 정보의 매개자 역할을 하고 있어, 성희롱과 학대라는 고유한 경험을 재현한다는 측면에서 분량이 내용만큼이나 중요하다. 마지막으로, 이는 행동주의 실천으로서 아카이빙이 동시대에서 일어날 수 있다는 것을 암시한다. 과거로 거슬러 올라가는 작업과는 달리 문화 환경이 변화함에 따라 순간에 지속적으로 더해지는 아카이브를 만들 수 있다. '일상 속의 성차별'은 대규모의 변화를 부추기거나 행진을 조직하거나 또는 캠페인을 지원한다고 주장하지는 않지만, 조직은 대조와 수집을 통해 광범위한 여성 경험에 대한 통찰력을 허용하고, 그렇지 않았다면 알지 못했을 사람들의 관점 변화를 가져온다는 의미가 있다.

크베트코비치는 또한 대항문화 운동과 그 운동들이 불러일으키는 느낌들을 살피면서 아카이브 실천의 새로운 접근법을 논한다. 그는 "게이와 레즈비언 및 활동가의 역사는 모두 수명이 짧고 비정통적이고 자주 억압받은 아카이브를 가지고 있다"(2003: 166)고 지적했다. 결과적으로 "문화적 인공물은 일종의 수명이 짧은 기록물이 된다"는 것인데, 이는 특정한 순간을 타당하게 반영하는 것으로서 더욱 정통적이지 않은 형태의 문서화를 실증한다(2003: 10). 크베트코비치는 역사의 가장자리에 존재하는 사람들의 생산물, 객관성을 획득하지 못한 문서 등 정당하지 않다고 여겨지는 출처로 구성된 아카이브를 만드는 것이 무엇을 의미하는지 중요하게 질문을 던진다. 어떻게 우리는 느낌을 수집하고 기록하여 아카이브가 역사의 특정 순간을 대변하도록 할까? 어떻게 우리는 역사 쓰기가 불가능한 위치에 있는 사람들의 역사를 만들 수 있을까? 크베트코비치가 여기서 게이와 레즈비언의 경험을 묘사하고 있지만, 구체적으로 문제들은 여성 경험과도 매우 관련이 깊다는 것이 나의 주장이다. '페미니스트 도서관'이나 '여성 도서관'과 같이 페미니즘 운동과 여성의 경험을 훌륭하게 기록하는 아카이브 작업이 항상 존재하지만, 수명이 짧은 자료를 통해 구체적인 순간의 정동을 포착하는 것은 어렵다.* 이는 시간성 안에서 흥미로운 위치를 차지하고 있는 일상의 정동과 특히 관련이 있는 것으로 보인다. '일상 속의 성차별'을 통해 살펴본 것처럼, 일상적인 정동들은 정상적인 것으로 여겨져 왔기 때문에 무시하기 쉽다. 이러한 부정적인 정동들은 일상에서 수용될 수 있는 본성을 갖는데, 그렇다면 이를 갑자기 페미니즘 물결의 구성으로 변형하는 것은 무엇인가? 나는 이것이 단순하고 미세한 부정적 정동이 아니라고 제안한다. 정동들이 발생하는 맥락은 갑자기 훨씬 더 광범위하고 강도 높은 감시를 받을 수 있도록 바뀔 수 있다.

'일상 속의 성차별'은 베이츠가 그것을 자신의 임계점이라고 표현한 이후에 확실히 자리를 잡았다(Bates 2014). 베이츠가 폭력적인 여성혐오 사건을 겪었거나, '평범함'으로 여겨지는 가벼운 성차별 이외 어떤 것에 노출되었다는 뜻은 아니다. 베이츠는 사

---

* 여성 도서관과 페미니스트 도서관은 여성사와 여성운동의 역사를 모두 보관하고 있다. 여성 도서관은 유럽 여성사를 중심으로 지난 500년에 이르는 관련 자료를 보유하고 있으며, 페미니스트 도서관은 1975년부터 '허스토리'를 아카이빙하고 있다. 그러나 두 기관 모두 문을 닫지 않기 위한 전투를 벌여야 했다. 페미니스트 도서관은 2016년 10월 30일 건물에서 퇴거될 위기에 놓였고, 도서관을 유지하는 데 필요한 자금뿐만 아니라 새로운 공간도 찾아야 했다. 런던 메트로폴리탄 대학 창고에 있던 여성 도서관은 더 이상 유지할 여력이 없어서 2014년에 이전했다. 현재는 런던 정치경제대학LSE에 새 거처를 마련했다.

실 '일상 속의 성차별'을 구축하기 위한 촉매를 '매일매일' 발생하는 '사소한 사건들'을 고려한 것이라고 설명한다(2014: loc.117). 베이츠가 특별하게 중점을 둔 것은 의도적이고 구체적으로 조정된 캠페인이 아니라, 우리가 잦은 성차별 사건에 익숙해져 더 이상 그것을 성차별로 인식하지 않는다는 점이었다. 인식의 부족은 성차별주의나 여성혐오적 행동이 번성할 수 있는 문화를 만들어내며, 흔한 사건들은 더 이상의 의심 없이 감수되고 무시된다. 베이츠는 2014년에 출간한 『일상 속의 성차별*Everyday Sexism*』에서 이 쟁점을 제기하는데, 자신이 일상적으로 발생하는 성차별을 과소평가하는 것도 모자라 그 사건들을 거의 '기억'하지도 못했다고 썼다(2014: loc.127). 베이츠가 '일상 속의 성차별' 프로젝트를 제시하는 방식에서 없어서는 안 될 것은 바로 '기억'이라는 개념이다. 베이츠가 알게 된 명확하고도 놀라운 사실은 성차별이 사소하든 크든 매일 발생한다는 것이 아니라, '잊어버리기'로 대처하는 방식이었다. 그러나 이러한 잊어버리기는 페미니스트의 생존을 가능하게 할 수 있지만, 여성혐오를 억제하지 않는 지배적인 문화에 저항하거나 도전하지 않게 한다.

베이츠가 주변 여성들에게 의문을 품게 한 것은 바로 이렇게 사고하는 과정이었다. 베이츠의 초기 작업은, 단지 친구들과 가족들 사이에서 일어난 일화임에도 최근에 일어난 수많은 주요 성차별 사건들을 모든 여성이 다시 이야기할 수 있음을 말해 준다. 베이츠는 성차별 경험을 "바늘구멍 속의 폭풍"(2014; loc.135)이라고 묘사하는데, 대다수의 여성들이 이를 견뎌내고 있는 것으로 보인다. 그러나 베이츠는 사람들과 성차별 경험을 나누면서, 일상 속의 성차별에 눈감는 포스트페미니즘적 태도와 직면하게 된다. 사람들은 여성과 페미니즘이 '진정한 평등'을 달성했기 때문에, 매일의 미시적인 여성혐오가 일어날 수 없다고 생각했다. 그때 베이츠는 여성의 성차별 경험을 지워 버리는 데 의도적인 '잊어버리기'가 연관되어 있다는 것을 깨달았다. 잊어버리기라는 일종의 공모는 사적, 공적, 교육적, 전문적 역량을 계속 유지할 수 있지만, 성차별을 광범위하고 체계적인 문제로 인식하기를 거부한다. 이에 따라 베이츠는 온라인에서 성차별을 아카이빙하는 형태로 실험을 시작했으며, 여성들의 경험을 모으는 트위터 계정을 만들고 그것을 리트윗했다. 트위터의 140자 제한을 넘는 긴 이야기는 웹사이트에 고스란히 전시하기로 보완했다. 두 달도 안 돼서 1천 개가 넘는 트윗이 등록되었으며(Bates 2014: loc.187), 웹사이트는 전 세계적인 관심을 받았다.

흔히 농담처럼 여겨지는 작은 일이었지만 심각한 영향을 미친 사건부터 성폭행과 강간에 이르기까지 수집된 사건들의 성격은 다양했다. 베이츠는 이 프로젝트가 "일상 속의 성차별 사례를 기록하는 것"에서 "심각한 괴롭힘을 문서화하는 것"으로 이동할 수밖에 없었다고 말한다(2014: loc.214). '일상 속의 성차별'에 대한 응답은 총체적으로 전례 없는 일이었고, [이 응답을 보고] 베이츠는 왜 그렇게 많은 여성이 다른 곳에서 장기적인 지원을 탐색하는 대신 자신의 웹사이트와 트위터 계정으로 눈을 돌리게 되었는지 의아해했다. 그녀는 이 관심이 실제로 여성들이 향할 만한 다른 곳이 없다는 사실에서 기인한다는 것을 깨달았다. 즉 이러한 사건들의 아카이브를 제공하는 곳은 거의 없었다는 것이다. 트위터 계정에 힘을 보태고 읽으면서 참여한 사람들에게 가장 중요한 것은 '일상 속의 성차별'이 연대감을 조성했다는 것이다. 그것은 주목받지 못하고 묻혔던 괴롭힘을 가시화할 수 있는 수단을 제공했다. 그러한 괴롭힘의 은밀한 특징은 다음과 같은 두 가지 효과가 있다. 여성들이 목소리를 내지 못하는 것처럼 느끼게 만든 다음 공공장소에서 여성의 권리를 침해하는 것이다. 거리에서건 직장에서건 성차별은 남성이 특정 공간을 지배하고 여성은 자신의 존재를 과도하게 의식하도록 계속하여 상기시킨다. 궁극적으로 '일상 속의 성차별'은 사소한 쟁점들도 훨씬 더 심각한 폭력과 불평등만큼이나 중요하다는 것, 그러한 쟁점들이 기여하는 방식과 싸우기 위한 것이다. 성차별이나 여성혐오적 농담뿐 아니라 거리에서의 가벼운 성희롱도 동시대 영국 사회에서 가부장제의 존속에 일정한 역할을 한다.

'일상 속의 성차별' 트위터 계정이 형성된 방식과 아카이브로의 분기를 이해할 필요가 있다. 베이츠가 자신의 작업을『일상 속의 성차별』이라는 책으로 확장한 것과 더불어『가디언』에 정기적으로 글을 쓰고 여러 대학을 방문한 일도 중요하다. '일상 속의 성차별'은 이제 원래 형식보다 정식화되었지만, 여전히 트위터 계정을 운영하고 있다. 베이츠는 그 사이트에 참여하고 [경험을] 제출하는 모든 사람을 수용할 수 있도록 팀을 확장해야 했다. '일상 속의 성차별'은 페미니스트들이 공통으로 경험하는 공격과 이러한 경험이 문서화되는 방법에 우선적으로 도전해 왔다. 그것은 트위터의 신속성과 즉각적으로 공간을 생성할 수 있는 역량을 활용하여 정보를 수집하고 저장하면서 내용과 형식 모든 면에서 페미니스트적인 아카이브를 만든다. 이 아카이브는 또한 순전히 부정적인 정동에서 출현한다. 믿을 수 없을 정도로 폭력적인 것이든 사소하다고 여겨지는 본성이든 상관없이 여성들이 괴롭힘을 당한 경험을 보관하면서, 아카이브는 부정성을 취하고 그것을 영구화한다. 쉽게 접근할 수 있는 공개된 사이트에 부정적인 정동을 보관함으로써 나쁜 감정을 생산적인 문서화로 변환하는 시도를 하고 있다. 즉 이 아카이브는 포스트페미니즘 담론에 도전하기 위해 문제의 깊이와 폭을 보여 준다. 이는 언제나 의심, 수치심, 굴욕, 자기 비난, 분노와 무기력한 느낌으로 가득 찬 쟁점을 가시화하기 위해서다. 확실히 사이트가 좋은 느낌을 만들어 냈기 때문에 자신의 경험을 발화한 사람은 누구도 부정적인 정동에 휩싸이지 않는다.

이는 트라우마 개념을 고려하게 만든다. 『느낌들의 아카이브: 트라우마, 섹슈얼리티, 레즈비언 공공 문화』에서 크베트코비치는 트라우마 연구에 관심을 기울이며, 대부분 규율은 우리의 문화적 인식에서 큰 부분을 차지하는 역사적 사건과 관련이 있다고 말한다. 따라서 전쟁이나 대량 학살이나 홀로코스트 같은 사건 이후에 트라우마가 발견되고 연구되는 경우가 많다. 이러한 사건의 수명은 짧지 않을뿐더러, 개인적인 의미로 작동하지도 않는다. 분명히 이차적인 피해는 인간의 삶이며, 개인은 극단적이고 끔찍한 경험에 종속된다. 그러나 이러한 사건들이 문화, 사회, 정치에 의해 촉진되었다는 사실 때문에 트라우마는 강화되고 확대된다. 그것들은 보통 국제적인 사태다. 트라우마의 범위에서 개인적인 설명이 전체 경험의 공포를 증언하는 것으로서 작동하지 않는

한, 개인적인 설명이 중심이 되는 공간이 반드시 성립되는 것은 아니다. 성차별의 경험이 어떤 식으로든 홀로코스트 생존자들의 경험과 유사하다는 것은 아니지만, '일상 속의 성차별'은 다른 형태의 트라우마적인 아카이브를 제공하고자 한다. '일상 속의 성차별' 사이트는 전체를 대표하지 않는다. 즉 체계와 싸울 전략을 제시하지 않더라도 체계적인 문제를 관통하는 통찰력을 주기 위해 개인적인 증언이 [사이트에] 모인다. 우리는 수집된 트윗을 통해 명백하게 드러나는 체계의 측면들을 보지만, 문제는 개인적인 증언이 너무나 광범위하게 퍼져 있어서 회고적이고 비판적인 비평으로 쓸 수 없다는 점이다. 정치적으로 그리고 사회적으로 확립된 일련의 구조 안에서 국가의 공모가 만들고 촉진한 트라우마적인 전쟁 경험이나 홀로코스트와는 달리 성차별과 여성혐오는 그렇게 분명하게 규정할 수 없다. 크베트코비치는 퀴어한 경험과 부정적인 정동에 초점을 맞추면서, 세상을 변화시키는 역사적 사건들을 다루기보다 가장자리에서부터 무관해 보이는 일상적인 의미의 트라우마에 주목하고 싶다고 썼다. 그녀는 정체성이 부정적으로 코드화되어 있는 사회에 존재하는 트라우마적 경험들, 즉 무시되거나 불법화된 경험에 초점을 맞춘다.

크베트코비치의 작업은 페미니즘과 트라우마 사이의 관계를 문제 삼은 점에서 중요하다. 여성혐오, 성차별, 성적 학대의 경험들이 트라우마적임을 인정하지만, [경험들을] 트라우마를 일으킨 중요한 역사적 순간으로서 같은 방식으로 탐구하거나 식별하기를 피한다. 크베트코비치는 자신의 페미니즘이 "성적 트라우마와 국가적 트라우마 사이의 종종 누락된 교차점을 연결 짓는 것에 대한 관심과 일상으로서 트라우마의 감각"(2003: 19-20)을 만들어 낸다고 쓴다. 나는 이것이 '일상 속의 성차별'을 생각할 때두 가지의 의미에서 중요하다고 본다. 크베트코비치는 국가적 트라우마에 대한 접근법과 트라우마적인 성적 경험—그로 인해 사라지거나, 너무 개인적이어서 공적, 국가적 방식으로 다룰 수 없다고 간주되는—에 접근하는 방법 간의 격차를 인지한다. 세계보건기구가 여성 대상 폭력을 '국제적 전염병'으로 선언하여 이 논쟁에 복잡성이 더해졌다. 어떤 현상을 전염병으로 이해하는 것은불가능하며, 작은 경험과 국가적 트라우마 효과 사이의 격차를메우는 데에는 어려움이 따른다. 크베트코비치가 제안하고 '일상속의 성차별'이 규정하는 '일상'이 여기에서 중요한 부분을 차지할 것이다. '일상'은 눈에 띄지 않는 것 혹은 규범적인 것으로 무시될 수 있다. 그것은 대개 예상 가능한 정도로 규칙적으로 발생하는데, 그런 사건과 사고가 반복되면 영향도 점점 줄어든다. 만약 개인이 어떤 경험이나 사건에 강하게 정동된다 하더라도, 그공통성은 사건이 완전히 눈에 띄지 않는 것으로서 널리 인식된다는 것을 의미한다. '일상 속의 성차별'은 트라우마 개념과 복잡한관계를 맺고 있다. 지극히 평범하고 눈에 띄지 않는 성차별 사건이 국가적 트라우마를 구성하기 어렵다고 해도 트라우마의 특질을 유지하고 재생산한다. '일상 속의 성차별'은 규칙적으로 발생하고 쉽게 무시될 수 있는 성질을 가지며, 그것이 대규모로 재생산됨으로써 고질적이고 전염적인 성차별의 방식을 전달하기 시작한다.

『뒤로 가는 느낌*Feeling Backward*』에서 러브는 아카이브에 대한 푸

제4물결 페미니즘: 정동적 시간성

코Michel Foucault 의 이해를 살피는데, 푸코는 아카이브를 궁극적으로 "신체적 상처와 잊힘의 폭력, 기억의 소멸을 포함하는 역사적인 폭력과의 만남"으로 묘사한다(2007: 49). 이는 페미니스트 아카이브 쟁점을 뒷받침하는 것으로 보인다. 페미니스트 아카이브는 물리적 상해 혹은 성차별과 관련된 여성 신체에 분명한 영향이 있다. 또한 여기에는 삭제의 문제도 있다. 여성들이 스스로 눈 감아 줌으로써 여성혐오에 공모하는 이유는 여성의 경험이 역사에서 쉽게 삭제된다는 사실과 동시에 작동한다. 잊힘의 폭력은 경험을 지움으로써 폭력의 경험이 지속될 수 있다는 점에서 현실의 성차별과 여성혐오와 유사하다. 활동가가 아카이브에 관여하는 것이 아니라 아카이브를 만든다면 이러한 경험은 어떻게 달라지는가? 게다가 '역사적인' 아카이브를 거부하고, 바로 그 순간을 반영하기 위해 행동주의의 순간에서 세워지고 구축되는 완전히 동시대적인 아카이브를 작업하는 것은 무엇을 의미하는가? 아카이브는 역사 및 역사가 기억되는 방식과 관련이 있지만, 방법론, 재현, 다성성에 대해 의문을 제기할 수 있다. 트라우마의 경험이 잊히지 않도록 우리에게 더 잘 맞고 주류의 역사와 나란히 놓이는 폭력의 역사를 구성할 필요가 있다. 하지만 내가 여전히 '일상'을 주장하는 것은 역사적인 것이 되기 위해 투쟁할 수 있기 때문이다. 여성들에게 계속되는 폭력이 전혀 새롭지 않고 더 이상 놀랍지 않다는 점에서 비슷한 폭력의 역사가 있다는 것을 알리는 아카이브를 만들기는 어렵다. 시위, 모금회, 뉴스 기사 등 기억에 남는 사건들에서가 아니라 일상적인 경험에서 역사적 아카이브를 만들기 위한 노력은 동시대로의 이동을 뒷받침한다.

러브가 개괄하는 기억으로부터 나오는 잊힘과 소멸의 개념을 베이츠가 '일상 속의 성차별' 아카이브를 설립한 기존의 동기로 다시 연결하는 것이 가능하다. 러브는 의도적인 잊어버리기가 '일상 속의 성차별'의 핵심 문제 중의 하나임을 발견했다. 그것은 사건들이 눈에 띄거나 알려지지 못하도록 내버려 두었고, 이는 여성 대상 폭력의 아카이브를 만들 수 있는 가능성에 반하여 작동했다. 구체적인 순간의 아카이브를 만드는 행위는 시간성과 정동에 관해 가장 중요한 몸짓이 된다. (제4물결의 출현과 함께) 특정 시점의 기술로 베이츠는 즉시 아카이브를 만들어 낼 수 있었다. 더불어 '일상 속의 성차별'에 [경험을] 제출한 여성들은 고충을 단순히 공론화하는 것 이상으로 아카이브 만들기에 기여하고 있다. 사실 나는 트위터의 엄격한 140자 제한이 이야기를 완전하게 전달하는 것을 방해한다고 말하려고 한다. 트위터의 140자는 [이야기의] 확장이나 설명을 허용하지 않고, 순전히 사건이 일어난 그대로 가장 날것의 세부적인 정보만을 허용한다. 이것은 "감정적인 안도감 또는 개인적인 변형"의 의미를 위해 공개적으로 이야기하는 페미니즘의 실천에 어긋나는 것으로 보인다(Cvetkovich 2003: 2). 형식의 간결하고 응축된 본성은 그러한 카타르시스적인 이야기하기를 불가능하게 만든다. 대신에 강조점은 아카이브가 일종의 행동주의로서 만들어진다는 것으로 옮겨지며 어떤 식으로든 경험을 문서화한다. 그리고 경험들의 방대한 분량 자체가 우리가 '일상'의 경험에 접근하는 무관심한 방식을 재고하도록 강력히 요구한다.

　　구체적인 정동에 있어서 '일상 속의 성차별'은 여전히 즉시성,

응답성 및 온라인의 신속성과 밀접한 관련이 있다. 이러한 특성으로 기세의 감각을 발생시킬 뿐만 아니라 멀리서도 접근 가능하고 기여하기도 쉽기 때문에 행동의 급등을 유지할 수 있다. 이것은 열려 있다는 느낌과 참여하고 있다는 느낌에 더해 공유의 형태를 만들어 낸다. 성차별 피해자들은 자신의 경험을 '공유'할 수 있는 한편, 트위터 계정의 형식은 전체로서 아카이브가 폭넓게 '공유'될 수 있도록 한다. 다시 말해 트위터는 접근과 기여를 용이하게 하여 다른 목소리들의 다중성을 재현하는 동시에 아카이브가 지속적으로 구축되도록 한다. 이는 연대의 감각을 만들어 낸다. 즉 이전에는 존재하지 않았을 여성들 간의 유사성을 대규모로 이끌어 내는 공유의 감각을 만들어 낸다는 것이다. 또한 '일상 속의 성차별'이 길거리 성희롱과 성추행의 부정적인 정동을 거의 독점적으로 다루고 있다는 점에 주목할 필요가 있다. 그 사이트는 나쁜 감정을 부정하거나 간과하는 대신 아우른다. 게다가 ['일상 속의 성차별'은] 나쁜 느낌을 좋은 느낌으로 전환하려는 시도가 없고, 이는 [아카이브에] 기여하는 각 개인에게 카타르시스를 느끼게 하는 생산적인 정동을 의미한다. 대신에 이 사이트는 특히 격렬하고 지속적인 행동주의의 순간에 부정적인 정동이 정치 운동에서 믿을 수 없을 정도로 생산적인 방식을 수행한다. 나쁜 느낌을 좋은 것으로 바꾸는 것이 정치 운동의 역할이 아니기 때문에 부정적인 정동은 변화 또는 변형을 요구하지 않는다. 그러나 나쁜 느낌이 제4물결의 정동적 시간성에 사용되는 방법을 인정할 필요가 있다. 그렇다면 제4물결의 순간은 기술의 발달을 기반으로 아카이브 실천을 혁신하는 것 외에도 새로운 방식으로 트라우마적 경험에 관여하는 것으로 이해될 수 있다.

페이스북 광고 페이지: 자본의 힘

    페미니즘은 자본주의와 복잡한 관계에 있는데, [자본주의하에서] 광고 및 마케팅은 종종 제품을 판매하기 위해서 성애화한 여성의 신체에 의존한다. 상품을 광범위한 소비자들에게 매력적으로 보이게 하려고 여성들은 스스로 상품이 되었다. 포스트페미니즘에 대한 많은 글은 페미니즘과 자본주의의 관계를 탐구하면서 여성의 소비할 권리와 여성의 권리에는 유사점이 없다고 주장한다(Tasker and Negra 2007; McRobbie 2009; Penny 2011; Power 2009). 페미니즘은 또한 현재 신자유주의적 맥락과 복잡한 관계를 맺고 있다. 신자유주의는 "규제 완화의 정상화, 모든 것을 개인적인 차원으로 만든다는 의미에서 국가의 철회된 사회적 보장제도"로 정의된다(Evans 2015:40). 이는 "첫째, 담론적 수준에서, 둘째, 무도덕성을 통해, 셋째, 시장 지향적 해결 방안에 초점을 맞추고, 넷째, 개인주의와 개별 행위성의 힘에 대한 내재된 믿음"에서 느껴지는 페미니즘의 구체적인 문제들을 대표한다(Evans 2015: 40). 무도덕성은 시민권과 관련된 모든 운동에 반하는 것으로 보이지만, 시장 지향적인 해결 방안은 페미니스트들을 시장에 의존하게 하여 결국 여성을 착취한다. 개인주의는 개인이 스스로 운명을 결정할 수 있다는 감각을 키우는 것처럼 보일 수 있지만, 실제로 매우 엄선된 소수만이 뛰어나다는 결론을 낳고 그동안 다른 사람들은 잊힌다. 이러한 신자유주의적 맥락에서의 문제는 페미니즘이 뻗어 나가며 모든 것을 아우르는 자본주의와 개인주의라는 본성에서 벗어날 수 있는가 하는 점이다. 이는 서구만의 문제일 수 있지만, [자본의] 협조와 협력은 계산이 가능하다고 여겨진다는 점에서 여전히 동시대 페미니즘에 말썽을 일으킨다.

제4물결에서 가장 잘 팔리는 페미니스트 책 가운데 하나는 샌드버그Sheryl Sandberg의 『린 인Lean In』(2013)이다. 샌드버그는 미국인이지만, 그녀의 저서는 영국에서 널리 논의되고 인기가 많았다. 이 책은 영향력 있는 산업의 고위직 여성들에게 조언을 주었을 뿐만 아니라 샌드버그 스스로의 경력에도 통찰을 제공했다. 샌드버그의 책은 교차성 페미니즘에 대해 생각하기보다 구체적으로는 부유한 사업체 안의 여성들과 그들이 커리어를 발전시키기 위해 어떻게 페미니즘을 이용할 수 있을지에 초점을 맞춘다. 샌드버그는 [글에서] 여성들 사이의 업무상 좋은 관계를 옹호하지만, 육아 비용을 감당할 형편이 안 되거나 육아 친화적인 근무 일정에 영향력을 행사할 수 있는 상사가 없는 여성들을 위한 페미니즘은 거의 고려하지 않는다. 이것은 페미니즘에 대한 신자유적인 이해와 매우 강력하게 공명하는 것으로 보인다. 다시 말해 그것은 이미 특권을 가진 사람들이 직장 내에 변화를 일으킬 수 있는 방법을 찬양한다는 의미에서 개인주의적이고, 사회운동을 시장 의존적―고소득을 통해 정치적 행위를 수행한다―으로 만든다. 샌드버그의 초점은 산업을 활용하여 여성들이 어떻게 자신의 커리어를 최고로 발전시킬 수 있는지에 있다. 샌드버그의 책은 교차적이고 계급에 기반한 페미니즘적 접근 방식이 부재함에도 불구하고, 그 책이 페미니즘적이라는 것은 부인할 수 없다.* 이것은 제4물결의 요소들이 자본 및 자본주의와 크게 관련되어 있음을 보여 주며, 실제로 매우 성공적인 몇몇 온라인 행동주의의 기초를 형성했다.

2013년에 소라야 슈말리, 재클린 프리드먼Jacklyn Friedman, 로라 베이츠는 페이스북에 여성 대상 폭력에 공모하는 많은 무리가 있다는 것을 알게 되었다. 이들 무리가 '유머러스한' 것으로 자리 잡는 동안 여성들이 유린되거나 학대당하는 사진과 함께 노골적인 이미지를 올렸다. 대다수는 처벌을 받을 정도의 수위로 여성들이 부엌 세계kitchen-world의 경계를 넘나드는 방식을 '웃기는' 짧은 농담조의 구절과 함께 실었다. 특히 여성에게 약물을 먹이거나 여성을 강간하는 농담과 이미지를 함께 올린 성폭력 가해자 무리도 있었다. 이 세 명의 활동가는 '여성행동과 미디어WAM(Women Action & The Media)'와 함께 페이스북에 해당 페이지를 신고하기 시작했다. 페이스북은 모든 사용자에게 불쾌감을 주는 것을 신고할 수 있도록 하며, 그 명목 중 하나는 '그래픽 폭력'이다. [그러나] 불행히도 소셜 미디어 사이트 관리자들은 무엇이 불쾌한 자료이며 무엇이 그래픽 폭력을 유발하는지에 대한 의견이 달랐다. 예컨대, 여성의 두개골이 박살 난 이미지에 붙은 "나는 그녀의 뇌를 좋아한다"는 캡션은 '페이스북 커뮤니티 표준'에서 개괄하는 그래픽 폭력에 해당하지 않는다는 것이다(WAM 2013).

---

* 돈 포스터Dawn Foster는 샌드버그의 『린 인』에 대한 답으로 『린 아웃Lean Out』(2016)을 썼다. 이 작업은 금융 위기 이후 커진 빈부 격차에 정치가 어떻게 대응해야 하는지를 생각하면서 기업의 페미니즘 문화를 살펴본다.

당시 페이스북은 "혐오 발언을 허용하지 않는다. 그러나 진지한 발언과 유머러스한 발언을 구별한다"고 밝혔다.[*] 일주일 동안 캠페인에 참가한 사람들이 6만 건이 넘는 트윗과 5천 건이 넘는 이메일을 보냈고, 1백 개 이상의 여성 관련 사회 정의 조직들이 항의 [캠페인]에 이름을 올렸다(WAM 2013). 캠페인을 지지하는 많은 활동가와 조직에 더해 여러 브랜드가 광고를 철회하기 시작하자 페이스북은 캠페인의 힘을 통감했다. 페이스북이 불만족스러운 답변을 내놓고 불쾌한 콘텐츠에 행동을 취할 의욕이 없다는 것을 깨닫자, 캠페인을 이끄는 이들은 전략을 바꾸었다. 그들은 캠페인을 지지하고 동조하는 사람들에게 여성혐오적인 페이지 옆에 광고가 뜨는 브랜드에 연락하길 요청했다. 이용자들과 후원자들이 크게 동요하지 않을 수도 있지만, 페이스북은 재정적 손실을 느낄 것이고 이에 응답할 수밖에 없을 것이라고 생각한 것이다. 영국의 경우 네이션와이드Nationwide와 닛산Nissan이 페이스북에서 광고를 완전히 철수하는 것에 동의했고, 13개의 다른 브랜드들이 합류했다(WAM 2013). 도브Dove, 집카Zipcar, 오카도Ocado, 비스타프린트Vistaprint 등 다른 대형 브랜드들의 경우 광고 완전 철수를 거절했지만, 문제가 되는 페이지에 노출되는 광고는 삭제하기 위해 페이스북에 연락을 취하기로 약속함으로써 문제 제기에 응답했다. 결국 페이스북은 브랜드의 압력을 받아 문제가 되는 다

---

[*] '페이스북 강간 문화 고발FBrape' 캠페인과 페이스북 사이의 자세한 대화 내용은 크리스토퍼 자라Christopher Zara의 「트위터를 자극한 페이스북 강간 문화 고발 캠페인: #FBrape의 불매 운동, 광고주의 주목을 받다Facebook Rape Campaign Ignites Twitter: Boycott Threats From #FBrape Get Advertisers' Attention」에서 확인할 수 있다. http://www.ibtimes.com/facebook-rape-campaign-ignites-twitter-boycott-threats-fbrape-get-advertisers-1278999.

수의 페이지를 삭제했을 뿐만 아니라, 표준 정책을 변경하고 가이드라인을 갱신하고 혐오 발언 신고를 처리하는 사람들에게 교육을 제공할 것을 약속했으며, 페이지 개설자의 책임을 강화했다.[*]

'페이스북 강간 문화 고발 캠페인'은 의심의 여지 없이 페미니즘과 소셜 미디어 운동이 성공을 거둔 것으로 여겨졌다. 국제적으로 많은 여성과 단체는 불쾌감을 주는 콘텐츠들이 무분별하게 게시되지 않도록 시간과 노력을 기울였다. 또한 이 사례에서 볼 수 있듯 회사가 자사 서비스가 사용되는 방식에 적절한 책임을 질 것이 요구되었다. 페이스북이 불쾌한 콘텐츠를 삭제하겠다는 약속이 동일한 기세로 지속되었든 그렇지 않았든 가이드라인을 변경하고 직원을 교육하는 데 [페이스북이] 합의했다는 것은 변화를 향한 노력을 보여 준다. 책임에 대한 개념은 제4물결의 순간에 특히 중요하다. 페미니즘은 오랫동안 미디어, 특히 광고의 여성 재현에 관심을 기울였지만, '페이스북 강간 문화 고발 캠페인' 사례는 정치와 자본주의의 관계에 대한 다른 접근 방식을 보여 준다. 연관된 브랜드들, 특히 기꺼이 캠페인에 참여하거나 광고를 내린 브랜드들은 기업이 적어도 여성 고객에 대한 전면적인 지원을 해야 함을 보여 준다. 단순히 개인에게 책임을 묻거나 정치 제도가 앞장설 것을 기대하는 것이 아니라 브랜드가 가진 위치에 책임을 지도록 요구하는 것이다. 냉소적으로 말하자면, 도브와 같은 브랜드를 페미니즘적으로 보이게 하는 것은 쉬울지도 모른다. 하지만 행동주의의 측면에서 페미니즘과 진정으로 관계

---

[*] 다음 링크에서 페이스북 약관을 확인할 수 있다. https://www.facebook.com/notes/facebook-safety/controversial-harmful-and-hateful-speech-on-facebook/574430655911054.

제4물결 페미니즘: 정동적 시간성

를 맺는 것은 훨씬 더 어려운 일이다. 확실히 도브가 만들고 있는 몸을 긍정하는 광고는 자신감과 이미지를 내세운다는 점에서 중요하다. 또한 광고에 자주 사용되는 몸에 대한 고정 관념과 싸우며 다양한 여성들을 보여 준다. 이러한 광고는 브랜드 충성도를 높이고, 더 넓은 고객층을 확보한다. 즉 여성들은 브랜드로서 도브가 몸을 긍정하는 메시지를 전달하고 여성의 개성을 지지한다고 느낄 수 있다.* '페미니즘적인' 광고는 제품이 여성에게 좋은 것처럼 [이미지를] 굳히도록 한다. 브랜드가 소셜 미디어에서 광고를 철회하는 것이야말로 그들이 페미니즘을 지지하기 위해 기꺼이 손실을 감수한다는 것을 보여 주기 때문에 광고를 철회하지 않은 도브는 상당한 비난을 받았다. 페미니즘적인 광고를 만드는 것이 페미니즘 행동주의를 하는 것보다 훨씬 쉽다는 것이다(Bates 2014).

이것은 자본주의와 페미니즘 사이의 관계가 곤란해지는 지점을 보여 준다. 전자는 브랜드 충성도와 제품 판매를 늘리기 위해 후자를 활용하지만, 이는 자본주의와 페미니즘이 진보적인 대화에 돌입한다는 의미도 있다. 페미니스트와 자본주의의 관계가 페미니스트와 샌드버그의 관계와 유사하다면, 여기에는 교차성이 주는 이점이 거의 없을 것이고 이미 특권이 있고 교육받은 백인

---

* 도브는 '여자라면 자유롭게 자기 자신이 되어야 한다'는 구호로 여성을 위한 자존감 프로젝트를 시작했다. 많은 소녀들이 몸에 대한 불안으로 활동에 참여할 수 없다는 점을 알게 된 도브는 자존감과 신체의 자신감을 높이기 위해 부모, 교사, 멘토, 청소년 문제 활동가과 함께 프로그램을 만들었다. http://selfesteem.dove.co.uk/Articles/Written/Our_Mission_in_Practice.aspx. 도브는 또한 여성에게 기존 사회의 표준을 무효화할 힘을 주고 실현할 수 있도록 '아름다움'에 대한 개념을 재고하고자 했다. http://www.dove.us/Social-Mission/campaign-for-real-beauty.aspx.

여성의 욕구를 우선순위에 두게 된다. 하지만 페미니즘이 더욱더 저항하기 위해 브랜드의 힘과 그와 관련된 자본을 이용한다면 거기에는 생산성이라는 의미가 있을 것이다. 나는 페이스북에 남아 있는 페이지에 대해서는 아무도 정당화할 수 없다고 주장한다. 소셜 미디어는 어디에나 있고 손쉽게 모욕을 주는 자료에 접근할 수 있으며 성폭력이 계속해서 우스꽝스럽게 취급된다는 점 때문에 그 콘텐츠는 삭제되어야 했다. 어쩌면 그러한 공적인 캠페인에서 완전히 콘텐츠가 삭제되어 여성에 대한 증오를 퍼뜨리는 수단인 '천박한 유머'라는 쟁점에 폭넓은 관심을 기울이게 된 것은 훨씬 더 좋은 일일지도 모른다. 여성 조직이 압박을 가하거나 캠페인에 참여한 개인이 메일을 보내는 것만으로는 페이스북이 이미지와 그룹 페이지를 삭제하도록 장려하기에 충분하지 않다. 사실 페이스북은 두 차례에 걸쳐 응답했는데, 처음에는 개인적인 요구를 거절했고, 그다음에는 폭넓은 성명서를 통해 혐오 발언에 대한 페이스북의 정책이 여성혐오와 나쁜 유머 사이의 미세한 경계를 이해할 수 있다고 주장했다. 그렇다면 광고비의 손실이 여성혐오 페이지에 더욱 강경한 입장을 취하겠다는 페이스북의 결정에 영향을 미치는 데 중심이 되었다고 볼 수 있다.

정동이라는 관점에서 이는 페미니즘이 특정 수준의 복잡성을 가지고 작동하는 환경을 만든다. 우리가 여성의 신체가 수익을 창출하거나 수익을 올리는 데 사용되는 방식을 시인하는 것처럼, 페미니즘의 이름으로 브랜드 파워가 사용될 수 있다는 것 또한 시인해야 한다. 신자유주의 시대에 특히 영국과 미국 내에서 자본과 산업에 관련이 없는 정치는 거의 불가능하다. 그것은 결과를 극대화하고 후원하는 캠페인뿐만 아니라 신속하고 소신 있게 행동하지 않는 브랜드에 재정적 반향을 주는 캠페인을 강화하는 데도 활용될 수 있다. 또한 페미니스트가 기업에 영향을 미친다면, 궁극적으로 보다 큰 효과를 볼 수 있을 것이라는 임파워먼트의 의미가 있다. 그러나 이러한 임파워먼트는 대가 없이 이루어지지는 않을 것이다. 즉 페미니즘이 신자유주의의 세계로 의도적으로 포섭된다면, 어떤 사람들은 운동의 기원이라는 면에서 인정할 수 없다고 주장할 것이다. 그렇다면 어떻게 페미니즘은 여성의 신체와 성차별을 상업적인 방편으로 활용하는—필요에 따라 재정적 지지와 기업의 힘을 활용하는—산업에 대한 저항과 타협할 수 있을까? 마크 저커버그Mark Zuckerberg가 유연한 노동 시간과 육아 휴직 등을 통해 진보적이고 여성 친화적인 근무 환경을 조성했다는 샌드버그의 주장에도 불구하고, 페이스북은 여전히 여성 대상 폭력을 옹호하는 페이지의 뿌리를 뽑으려고 하지 않았다. 흥미로운 점은 이에 대한 저항이 유머의 차이 그 자체에서 기인한다는 것이다. 또다시 우리는 유머가 페미니즘을 부인한다거나 페미니즘을 유머라곤 없는 것으로 위치시키는 방식을 알 수 있다. 따라서 페이스북이 어떤 의미에서는 [페이스북에 근무하는] 여성 직원들과 관련해서는 진보적일 수 있지만, 페이스북은 [여성에게] 폭력적인 그룹을 삭제하는 것에 있어서는 사용자들을 화나게 하지 않으려고 했을 뿐임을 알 수 있다.

원하는 결과를 얻으려면 브랜드의 개입이 필요했다. 그것은 어쩌면 페미니스트들이 기업이 창출하는 이익과 자본을 목표로 변화를 일으키기 위한 행동주의의 새로운 형태일 것이다. 확실히

'노 모어 페이지 3'는 영국의 신문『선*The Sun*』의 위상에 변화를 주기 위해 끊임없이 캠페인을 벌여 왔고, [그 일환으로]『선』을 슈퍼마켓의 [진열대] 맨 윗줄에 올려놓거나 갈색 종이봉투로 덮어 놓았다. 그러나 이 캠페인은 공적 논의의 관여뿐만 아니라 상점에서 물리적 개입을 하기 위해 수년을 소요했다. 이 캠페인이 주목받은 것은 길거리의 소매상들이 논의에 동참했을 때였다. '노 모어 페이지 3'는 여전히 존재하지만, [이제는] 주로 조직에서 제안하는 협약을 시행하는 테스코*Tesco*와 WH 스미스*WH Smith*와 같은 기업들로 인해 눈에 잘 띄지 않고 효과가 약화된 방식으로 존재한다.[*] 이 모든 것으로부터 나는 제4물결의 정동이 복잡하다는 것을 깨달았다. 사업하는 여성, 샌드버그의 인기, 브랜드의 국제화는 대서양을 가로지르는 대화를 더 활발하게 했을 뿐만 아니라, 영국만이 아닌 서구 전체에 신자유주의가 만연해 있다는 뜻이기도 하다. 사업하는 여성들은 페미니즘을 자신의 일과 통합할 수 있음에 만족하며, 급여를 협상하고, 육아 문제를 해결하며, 직장에서 승진하기 위해 페미니즘을 활용한다. 마찬가지로 브랜드 충성도를 동원할 수 있는 캠페인은 임파워먼트와 생산성이라는 감각을 느낄 것이다. 그리고 거기에는 소비자로서 우리가 지지하고 구매하는 브랜드와의 관계에서 어느 정도 힘을 행사할 수 있다는 안도감이 있다. 그러나 페미니즘이 어떤 면에서는 결국 신자유주

---

[*] '노 모어 페이지 3' 창립자인 루시앤 홈스는 2015년『허핑턴 포스트』기사에서 활동가의 번아웃에 대해 논했다. 하지만 그는 캠페인이 '페이지 3'를 변화시킨 것과 슈퍼마켓의 훌륭한 지원 방식에 축하를 보냈다. http://www.huffingtonpost.co.uk/2015/03/08/lucy-ann-holmes-no-more-page-3-the-sun_n_6826762.html.

제4물결 페미니즘: 정동적 시간성

의에 항복해야 한다는 의미 또한 여전히 있다. 심지어는 신자유주의가 모든 곳에 침투하기 때문에 활동가들은 그것을 다룰 방안을 찾아야 할지도 모른다. 즉 완전한 탈출은 불가능하다는 것이다. 도브와 같은 브랜드가 여성을 위한 제품을 만들지만, 최대 소비층에 대한 충성심을 반드시 보여 주지는 않을 때 실망의 감각도 따른다. 페미니스트들은 신자유주의 시대에 자본과 브랜드 파워를 활용하는 것이 장기적인 사회운동에 유용한 것이 아니라 궁극적으로 기업의 이익이라는 것을 시인해야 한다.

5파운드 지폐와 트롤링 문화: 반격

   팔루디의 제안처럼 페미니즘 물결은 [물결에] 수반되는 반격과 관련이 있다. 대부분의 경우 반격은 물결이 끝나는 구체적인 지점을 식별할 수 없도록 하지만, 이는 행동주의의 급등이 사라지거나 힘을 잃었음을 보여 준다. 팔루디의 『백래시』(1991)는 페미니즘 물결이 문화, 정치, 사회에 미치는 영향에 대항하는, 페미니즘의 진보를 되돌리려는 현상이 있음을 인정한다. 이 물결과 반격의 연대기는 부분적으로는 기술로 인해 이 구체적인 순간에서 변화한 것으로 보이지만, 이는 페미니스트와 페미니즘에 반대하는 자들 사이의 대화가 페미니즘 운동의 에너지를 지탱하고 있기 때문이기도 하다. 그렇다면 인터넷은 [반격에 관한] 팔루디 모델을 대체하며, 물결과 반격을 동시다발적으로 허용하고, 인터넷에는 언제나 트롤링과 남성 인권운동가들이 페미니스트만큼이나 항상 존재한다. '반격'이라는 단어 자체는 과거를 되돌아보는 것을 함의한다. 즉 이 단어가 품은 본래의 함의는 진보가 이루어졌더라면 페미니즘이 이끄는 힘이 약했던 그간의 역사를 살펴본다거나 여성 인권의 퇴보가 멈춰야 하는 지점이 어디인지를 살피기 위해 되돌아본다는 것이다. 미국 문화에서는 가족계획과 임신 중지의 권리와 관련하여 반격이 더욱 뚜렷해 보이지만, [반격은] 영국에서도 일어나고 있다.

이것을 더 자세히 살펴보기 위해 나는 행동주의의 구체적인 사건과 보다 광범위하고 반여성주의적인 대중으로부터 촉발된 응답을 살펴보고자 한다. 2013년 캐럴라인 크리아도 페레스라는 활동가는 10파운드 지폐에 여성의 얼굴을 넣기 위한 캠페인을 시작했다. 여성의 미디어 재현에 전념하는 조직인 '여성의 방The Women's Room'을 막 설립한 그녀는 영국은행이 엘리자베스 프라이Elizabeth Fry*를 윈스턴 처칠Winston Churchill의 이미지로 대체하는 것에 주목했다. 이는 정치적인 이유에서가 아니더라도 영국 화폐에서 여왕을 제외한 모든 여성을 쫓아낼 것이었다. 영국이 권력, 부, 지위를 계승하는 군주 이외에 다른 여성이 영국의 화폐[스털링(£)]에서 공간을 차지할 만큼 중요하다고 믿지 않는다는 뜻이다. 크리아도 페레스는 즉시 트위터를 통해 활동가들과 정치 활동을 하는 인터넷 유저들이 원인을 규명하고 서명을 모을 수 있도록 웹사이트 Change.org에 청원서를 마련했다. 이 캠페인이 세를 얻어 영국의 공적 상상력을 확실히 사로잡고 나서 크리아도 페레스는

---

* (옮긴이) 19세기 영국의 감옥 개혁 운동가. 5파운드 지폐의 인물이었지만 2016년부터 윈스턴 처칠로 교체되었다.

언론 출연 요청을 받았고, 변호사와 협력하여 영국은행에 항의서를 작성하게 되었다. 아나나 다를까 은행은 여성들이 최종 선발 명단에 올랐지만, 결국 선정되지 않았다며 항의를 기각했다.

거절 편지를 인터넷에 게시한 크리아도 페레스의 캠페인은 더욱 세를 얻었고, 그 결과 제인 오스틴^{Jane Austen}이 10파운드 지폐의 새로운 얼굴로 선정되었다. 은행은 또한 향후 모든 선택이 다양성의 가치를 포용하는 영국을 반영할 수 있도록 지폐 인물 선정 과정을 열심히 검토하겠다고 약속했다. 크리아도 페레스는 소셜 미디어의 힘과 이 캠페인에서 [소셜 미디어가 차지하는] 중심성에 대해 매우 긍정적인 글을 썼지만, 그녀 또한 상당한 폭력과 위협을 경험했고 결국 두 번의 체포 사건이 발생했다.[*] 은행이 일단 굴복하자 트롤링은 본격적으로 시작되었다. 이는 전통적인 의미에서 꼭 반격이라고 볼 수는 없겠지만, 크리아도 페레스가 받은 폭력의 힘은 그녀가 벌인 페미니즘 캠페인의 성공적 결과에 비례했다. 크리아도 페레스는 도움이 되는 대화나 논쟁이 아니라, 신체적 위협에 노출되었으며 체포된 두 명의 가해자는 그녀가 받은 모욕의 극히 일부만을 대표한다고 밝혔다.

그렇다면 어떻게 인터넷이 트롤링 문화가 가능할 뿐만 아니라 받아들여질 수 있는 공간을 만들었는지, 그리고 그것이 제4물결 페미니즘과 동시에 터져 나오는 반격에 대한 관념을 어떻게 뒷받침하는지 구체적으로 생각해 볼 필요가 있다. 이 장은 제4물결 페미니즘에서 인터넷 의사소통[이 차지하는] 중심성을 밝힌다. 이

---

[*] 보다 자세한 내용은 온라인 폭력으로 두 사람이 체포되었다는 기사를 참조하라. https://www.theguardian.com/uk-news/2014/jan/24/two-jailed-twitter-abuse-feminist-campaigner.

것의 작동 방식은 속도, 즉각성, 신속성을 가능케 하며 이 모든 것을 융합하고 활동가들 사이에 퍼져 나가는 정동에 기여한다. 그러나 인터넷은 일부 페미니스트들이 바라던 유토피아적 공간이 아니다(Haraway 1991). 인터넷의 등장은 젠더가 없는 자유의 공간이라는 가능성을 시사했지만, 대부분의 경우 인터넷은 오프라인 현실의 사회적 역학을 복제했다(Penny 2013). 인터넷의 익명성은 사람들이 물질적 세계에서보다 더 많은 곤경을 쉽게 만들어 내는 무책임한 문화를 가능하게 했다. 온라인상에서 가짜 계정과 이름을 만드는 것은 쉬운 일이기 때문에, 어느 정도의 무례함을 동반한 트롤링이 발생할 수 있게 되었다. 크리아도 페레스의 사건이 [트롤의] 구속으로 처리되었음에도, 매일 수천 건의 온라인 사건들이 주목받지 않은 채 일어나고 지나간다. 로리 페니는 『사이버 성차별: 인터넷상의 섹스, 젠더, 권력Cybersexism: Sex, Gender, and Power on the Internet』(2013)에서 온라인에서의 의견을 "인터넷의 짧은 치마"(loc. 247)라고 표현하는데, 이는 여성이 자신의 간단한 정보를 웹상에 노출하는 것이 성폭력과 신체 위협을 감수하겠다는 의미라는 것이다. 이는 폭력에 대한 일종의 책임을 여성의 행위에 묻는 강간 문화 전체와 마찬가지로, 인터넷에 사용자가 많은 큰 규모의 플랫폼이 있다는 사실 자체가 종종 증오와 위협을 정당화하는 것으로 보인다. 따라서 페이스북과 트위터는 특정 페미니즘 캠페인이 세를 얻는 데에는 유용했지만, 한편으로는 활동가들이 익명의 위협을 받을 수 있는 공간이 되기도 했다.*

---

* 2014년 여름 미국의 블로거 어니타 사키지언Anita Sarkeesian은 자신의 집 주소와 살해 위협이 온라인에 게시된 후 집을 떠날 수밖에 없었다. 영국에서는 로리 페니, 해들리 프리먼Hadley Freeman, 그

이는 페미니즘의 물결과 반격이 동시에 발생할 수 있는 시간성을 만들어 냈다. 반격으로 행동주의의 성과나 노력이 폄하되지 않았고, 오히려 반격에 대항하여 [페미니즘] 물결에 불이 붙는 역학이 만들어졌다. 『백래시』는 이 현상을 "페미니즘 운동이 여성을 위해 어렵게 쟁취한 한 줌의 승리를 철회하려는 시도"(1991: 2)라고 설명한다. 팔루디는 일단 페미니즘이 사회적, 정치적 진보를 이루고 특정한 힘에 도달하게 되면, 필연적으로 보복이 발생한다고 주장했다. 이러한 보복은 진즉에 이루었을 수도 있는 진보를 원점으로 되돌리기 위해 물결에 뒤따라 일어난다. 그러나 이 경우 트롤이 증가함에 따라 페미니즘 내부에 분노와 저항도 증가한다. 사실상 물결의 시간성과 겹칠 정도로 더 빠른 속도로 발생하는 반격 때문에 물결 자체가 부정성을 키우고 있다. 인터넷에 의해 촉진되는 대화는 활동가들이 '반격'에 직접 마주할 수 있다는 것을 의미하며, 물결과 그로 인한 반작용이 동일한 시간성 안에서 발생하여 서로를 정동한다는 사실을 공고히 한다.

페니는 페미니스트와 트롤 사이의 대화와 온라인에서 나타나는 여성 대상 폭력을 다루며, 인터넷이 우리의 현실과 별개로 존재하는 것이 아니라 현실에 관여하고 현실을 창조하는 공간이라고 주장한다. 페니는 사회나 직장에서 온라인을 통한 상호 작용이 증가했다는 것은 "온라인 폭력은 실제 폭력이고 (……) 전염

레이스 덴트Grace Dent, 캐서린 메이어Catherine Mayer, 메리 비어드Mary Beard 등 모두 폭탄 위협을 받았는데, 페니는 경찰이 밤 동안에 집이 아닌 다른 곳에 머물기를 권했다고 트위터에서 밝혔다. 2013년 캐럴라인 크리아도 페레스는 살해 위협과 주소가 트위터에 올려진 것을 피해 런던을 떠나 켄트로 갔다.

수준에 도달하며, 이제는 이를 허용하거나 불가피한 것으로 여기는 것을 멈춰야 한다"(2013: loc.278)는 뜻이라고 썼다. 코크런은 인터넷이 페미니즘 정치뿐만 아니라 여성 대상 폭력도 촉진한다는 페니의 주장에 동의한다. 그녀는 인터넷이 페미니즘 행동주의의 번성 외에도, "여성혐오, 즉 강간, 죽음, 손상이라는 위협으로 가득 찬 수많은 스레드에서 일어나는, 여성 진보에 대한 악의적인 반대라는 심한 압박감을 조명하도록 했다"고 썼다(2014: loc.711). 이 두 명의 페미니스트는 반격과 제4물결 페미니즘의 동시성에 문제가 있다고 말한다. 페니는 인터넷이 너무 삶의 중심이 되어 더 이상 분리될 수 없게 된 것을 인정한다. 온라인 경험은 한때 가상의 영역으로 밀려났을지도 모르지만, 인터넷 폭력은 [실제] 삶에 영향을 미친다. 즉 그 위협은 실제 세계에 관여하는 실제 신체와 관계를 맺는다. 코크런은 페미니즘 웹사이트와 같은 속도와 열의로 급증하는 반 페미니즘 웹사이트에 주목한다. 그렇다면 물결과 반격이 이 동시대라는 시간성 안에서 서로 만나고 있다고 볼 수 있을 것이다. 여기에는 부정적인 측면과 긍정적인 측면이 모두 있는데, 만약 [물결과 반격이 만난다는] 대화적 성격으로 인해 상황이 악화된다면 반향은 훨씬 더 심각해질 수 있다는 것이다. 진보-퇴보 모델 대신 결론 없는 논쟁을 맴도는 것은 상황이 계속될수록 점점 폭력적이고 위협적으로 변할 수 있다는 것을 의미한다.

이는 제4물결에 여러 방면으로 중요하다. 페미니즘과 행동주의를 둘러싼 대화는 이 구체적인 시간성 안에서 왔다 갔다 하는 논쟁을 수용하도록 변화했다. 온라인 페미니스트와 트롤이 논쟁을 벌이는 동안에 국가는 온라인에서 위협 범죄를 저지른 사람들을 처벌하기 위한 법률을 개정해야 하는 것이다. 마찬가지로 페미니스트는 캠페인을 만들어 낼 뿐만 아니라 그에 반대하는 사람들이 캠페인을 받아들이고 조롱하는 방식을 지적하고 있다. 이처럼 페미니즘은 [반격을] 예방하지는 않지만, 반격 문화가 자리 잡는 방식에 대해 계속 지적할 수 있도록 의식적으로 발전해 왔다. 공공장소에서는 여성의 자유가 위협을 받고 정체성의 기반이 훼손되고 있다. 이러한 추세는 온라인 페미니즘 행동주의의 급등과 직접적인 관련하에 증가하고 있는 것으로 보인다. 이처럼 제4물결은 순전히 여성 권리만을 주제로 이야기하는 것이 아니라, 남성 인권 지지자 및 활동가 들이 지속적으로 투쟁을 약화시키는 방식을 문제 삼는 것도 요구된다. 이는 제4물결이 응집되는 방식에 정동적으로 큰 영향을 미친다. 아메드의 말대로, 정동이 들러붙는다면 긍정적인 것과 부정적인 것 모두 이 특수한 동시대 페미니즘 운동에 부착되어 있다. 연대, 공유된 공간, 빠른 속도의 청원, 죽음과 강간 위협에 더해 반페미니즘 웹사이트의 동시성은 좋은 느낌과 나쁜 느낌의 결합을 형성한다. 좋은 느낌이 기세와 열정으로 활동가들의 동력원으로 작동하는 반면, 나쁜 느낌은 물결 행동주의의 경계를 무너뜨린다. 입법적 진보가 이루어졌을 때, 물결은 가라앉는 대신 실제로는 필요성에 대한 지속적이고 계속되는 증언에 의해 유지된다. 법의 변화를 통해 페미니즘의 진보를 측정하는 것이 점점 더 어려워지고 있는 한편, 문화적 태도는 한 사회에서 여성의 위치를 나타내는 훌륭한 지표를 제공한다. 인터넷은 특이하게 극도로 악의에 찬 여성혐오를 조장하고 있기 때문에, 페미니즘이 매우 공적인 입지를 유지할 필요가 있다는 것은 분명하다.

따라서 정동은 저항과 곤경으로부터 강한 동기를 부여받는다. 페미니즘 행동주의는 여전히 여성의 안전에 대한 위협에 응답하고, 여성 대상 폭력 문화에 변화를 시도하고 있다. 또한 [페미니즘 행동주의는] 페미니즘이 성취하고 있는 것처럼 보이는 진보에 직접적으로 응답하면서 출현한 어떤 종류의 반격에도 굴복하지 않는다. 그 결과 제4물결 시간성은 활동가들이 대화의 형식으로 부정성과 관계를 맺을 것을 요구한다. 다음 절에서 논의할 '발언권 뺏기no-platforming' 및 동시대 페미니즘이 부분적으로 '침묵시키기'로 정의될 수 있다는 혐의[가 있음]에도 불구하고, [제4물결 시간성은] 실제로는 논쟁이 계속되고 증가한다. 이로 인해 "트롤에게 먹이를 주지 마세요"라는 문구가 생겨나면서, 여성들은 도발이나 폭력으로 미끼를 던지는 사람들과 관계 맺기를 단념한 반면, 페미니즘을 향한 반격에 대한 집단적인 응답은 더욱 광범위해지고 있다. 어떤 의미에서 제4물결의 특수한 측면은 분노로 특징지어지는데, 가장 중요한 것은 분노가 꽤 분명하고 가시적인 토대를 가지고 있다는 것이다. 이는 주눅 들거나 겁내는 것을 거부함으로써 강화된다. 분노와 거부는 모두 부정적인 정동을 불러일으킬 수 있지만, 이는 페미니즘의 저항과 진보를 위해 절대적으로 필요하다. 이 제4물결의 순간에서 활동가들은 진보를 위해 밀어붙어야 할 뿐만 아니라 분명하게 전개되고 있는 동시적 반격에도 저항해야 한다. 분노는 페미니스트들이 행동하도록 움직일 수 있지만, 위협의 맹공격과 온라인 폭력을 견디는 데 필요한 것은 거부다. 이 두 가지의 정동은 연결성과 즉시성을 통해 창출되는 보다 긍정적인 정동과 함께 작동하여 대화적이고 응답적이며 저항적인 제4물결을 가능하게 한다.

아이러니의 끝: 언어적 전략과 정체성 정치

제4물결은 언어 전략이 변화된 방식으로도 유명하다. 『반항하는 모든 여성들: 제4물결의 등장』에서 코크런은 그녀가 말한 여성들 다수가 유머를 제4물결을 이해하는 데 중심이 되는 것이라고 본다는 사실에 주목한다. 그러나 그녀는 페미니스트들이 그들의 정치를 많은 청중의 입맛에 맞추기 위해 유머에 의지해야 하는 것처럼 느껴서는 안 된다는 점 또한 분명히 말했다. 케이틀린 모런Caitlin Moran의 『여자가 되는 법How To Be a Woman』(2011)의 인기는 확실히 이러한 추세를 증명하는데, 평론가들과 팬들은 이 책의 가벼움을 찬양했다. 모런은 페미니즘과 여성의 정체성을 함께 다루기 위해 급증하는 섹슈얼리티, 슬럿 셰이밍, 모성에 대한 웃긴 이야기를 들려주며 더욱 주류인 대중에게 호소할 수 있는 위협적이지 않은 페미니즘을 만들어 냈다. 그러나 페미니즘으로 여성의 권리에 초점을 맞추거나 급진적인 [주장을 하는] 동시에 대중에게 어필하는 것은 어렵다. 실제로 아메드의 '페미니스트 흥 깨기'는 여성들로 하여금 페미니즘을 매력적으로 만드는 데 저항하길 장려한다. 오히려 정치를 고수하고 옹호하기 위해서는 말썽을 일으키는 상태를 받아들이는 것이 필요하다. 심지어 특정한 상황에서 페미니스트는 대화에 참여하거나 말을 꺼내기도 전에 대하기 어려운 사람으로 여겨진다. 이러한 곤경은 현재의 상태에 의문을 제기하고, 성차별에 도전하며, 페미니즘이 급진적으로 변형하는 힘을 잃지 않기 위해 필요하다.

　문제가 되는 유머와 흥 깨기는 아이러니에 대해 생각하게 만든다. 아이러니는 종종 유머와 관련된 것으로 여겨진다. 만약 여러분이 농담을 하고 있다면 그것은 유머러스하지만 동시에 비판적인 전략으로 작동한다는 것이다(Cochrane 2014). 물론 이것이 가능하려면 수신자 또는 청취자가 화자와 동일한 레퍼런스와 이해의 틀을 가져야 한다. 수신자가 그것이 정말로 무엇인지 알아차리는 데 실패한다면, 즉 희극적이거나 비판적인 효과를 내기 위해서 새로운 맥락에서 원래의 말을 재구성하거나 재해석하고 있음을 제대로 인식하지 못한다면 아이러니는 성공을 거둘 수 없다(Chamberlain 2014). 『자아의 말들: 동일시, 연대, 아이러니』에서 라일리는 에코와 나르키소스를 그린 아이러니의 신화 모델을 제안한다. 라일리가 아이러니를 체현한 것이 여성적이라는 점은 우연이 아니다. 예컨대 에코는 자신이 마지막으로 들은 말을 되풀이하는 저주를 받는다. 그녀는 반복의 저주를 받았기 때문에 자신의 문장과 생각을 표현할 수 없게 된다. 에코가 나르키소스를 보고 사랑에 빠졌을 때, 이러한 반복 때문에 에코는 사랑을 선언할 수 없었고, 단지 나르키소스가 원래 한 말을 영원히 반복하게 되었다(2000: 161). 이는 아이러니가 전적으로 반복되는 행동이나 표현에서 작동한다는 것을 보여 준다. 원본은 새로운 맥락에서 재구성되어야 하며, 여기서 새로운 맥락은 원본의 중요성과 의미를 변화시킨다(2000: 158). 따라서 에코가 나르키소스의 말을 반복할 때, 원본은 다른 사용역과 일련의 다른 목적으로 새롭게 존재한다는 사실로 인해 변형된다. 에코와 같이 형식화된 아이러니는 저항의 언어 전략으로서 페미니즘을 이끌어 낼 수 있는 방식을 생각하는 데 유용하다. 이는 확실히 슬럿 워크에 대한 나의 논의에서 재전유된 언어가 어떻게 강력하면서도 문제가 될 수 있는지 명확해진다.

그렇다면 아이러니가 페미니즘에 어떻게 유용하게 될지, 그리고 그 전개가 더 넓은 맥락에서 어떻게 실패할 수 있는지 의문이 남는다. 주로 아이러니는 강력하고 매우 단순한 비평의 역할을 할 수 있다. 수사학, 학문적 언어, 정치적 분석에 의존하는 것과 달리 새로운 맥락에서 원본을 반복하는 것은 원본에 내재적인 결함이 있음을 드러낼 수 있다. 예를 들어 '슬럿'이라는 단어가 슬럿 워크에서 행진하는 사람들에 의해 재구성되었을 때, 그것은 경찰관의 발언의 원래 의미를 비꼬는 사건이었다. 잘 구상되고 실행된 비판을 하는 대신 '슬럿'을 새로운 맥락에 배치하는 것은 단어의 의미를 바꾸었을 뿐만 아니라, 단어가 처음 사용되었던 방식을 반성하게 했다(Chamberlain, 2014). 따라서 비평 모델로서 아이러니는 주변화된 공동체를 향한 말의 가능성을 변형할 뿐만 아니라, 원본의 존재에 비판적인 검토를 하도록 장려한다. 이러한 종류의 교정이 가장 효과적이었던 예시는 '퀴어' 커뮤니티가 오래도록 경멸적인 방식으로 사용되어 온 용어를 받아들인 방식이다(Riley 2000). 지금은 그 용어가 활동가들에게보다 학계에 더 큰 반향을 불러일으킬지도 모르지만, 퀴어 공동체는 스스로를 퀴어로 호명하면서 그 용어의 부정적인 힘을 약화시키는 동시에 [퀴어라는] 용어를 상처 입히기 위해 사용하는 사람들을 비판하게끔 했다. 퀴어 커뮤니티는 상처라는 무기를 전유했고, 그 용어를 비꼬았으며, 결국 용어를 완전히 새로운 방식으로 배치했다.

그러나 아이러니에 문제가 없는 것은 아니다. 아이러니의 성공은 에코의 재구성 작업을 듣는 사람이 이해하는지에 크게 좌우된다. 이처럼 아이러니는 완전히 우연적이다. 즉 말하는 사람은 듣는 사람들이 발언의 변형을 이해할 수 있도록 원래의 발언을 충분히 다르게 재구성해야 한다(Riley 2000: 147). 예를 들어 '퀴어'가 잘못된 맥락 안에 배치된다면 말하는 사람과 [퀴어라는] 단어는 완전히 오해받을 수 있는데, 아마도 말하는 사람을 동성애 혐오자이자 원래 그 말을 경멸적인 의미로 사용하는 사람과 동일한 부류로 보이게 할 것이다. 따라서 말하는 사람과 듣는 사람 모두 아이러니한 발언을 통해 오해하거나 오해받을 수 있다. 듣는 사람이 '농담 중'이 아니거나, 농담이 펼쳐지고 있다는 것을 눈치챌 수 없다면, 아이러니는 완전히 길을 잃는다. 비판하고 있는 것에 대한 반대 입장을 이미 결정한 화자 이외의 누구에게도 아무런 효과가 없다.

아이러니의 까다로운 본성을 보여 주는 가장 좋은 예는 아마 바하르 무스타파와 해시태그 '#모든백인남성을죽이자'를 포함한 그녀의 트윗일 것이다. 이 특이한 사례는 소셜 미디어가 제4물결 페미니즘의 정동과 행동주의에 중추적인 역할을 했음을 다시 한 번 보여 준다. 무스타파가 '역⊕인종차별적'이라는 이유로 수많은 비판을 받게 되었을 때 그녀는 골드스미스 대학의 다양성 담

제4물결 페미니즘: 정동적 시간성

당자로 일하고 있었다.[*] 처음에 그녀는 백인 이성애자 남성이 아닌 BME와 논바이너리의 사람들의 참석을 장려하는 다양성 관련 행사를 조직하려고 했다. 다양성 행사를 조직하는 것이 전혀 드문 일이 아님에도 영국의 모든 언론이 이 이야기를 다룰 정도로 이 특수한 사례는 확대되었다.[**] 이 이야기에 대한 취재는 이후 무스타파가 자신의 트위터에서 '모든백인남성을죽이자' 해시태그를 작성했다고 알려진 소문을 둘러싼 분노에 강력한 근거가 되었다. 무스타파는 해시태그를 쓴 적이 없다고 강력히 부인했고, 결국 소송이 증거 불충분으로 취하되었다는 점을 주목할 필요가 있다.[***] 이 장의 목적을 위해 [무스타파가] 작성했다고 알려진 트윗을 검토하고, '모든백인남성을죽이자'라는 아이러니가 얼마나 우연일 수 있는지 설명할 것이다. 그것은 사람과 맥락에 따라 달라진다. 전국 신문들이 무스타파의 트윗이 마치 존재했던 것처럼 보도하고, 심지어는 경찰이 그 트윗을 '실제'로 취급했다는 사실을 감안하여, 나는 그것을 실제로 일어난 일로 받아들이는 공적 인식에 근거하여 이 내용에 접근한다. 『바이스 매거진*Vice Magazine*』

---

[*] 무스타파가 다양성 행사에서 백인 남성을 '배제'한다는 진술은 많은 전국 신문에 보도되었다. 『가디언』은 무스타파를 직책에서 끌어내리려고 선동한 청원서와 함께 결과 요약을 실었다. https://www.theguardian.com/world/2015/may/20/goldsmiths-racism-row-divides-students-bahar-mustafa.

[**] 이 이야기를 다룬 전국 신문에는 『데일리 메일』, 『가디언』, 『스탠더드』, 『허핑턴 포스트』, 『바이스 매거진』, 『인디펜던트』, 『텔레그래프』가 있다.

[***] 이 장에서 내가 주목하는 점은 무스타파가 실제로 '모든백인남성을죽이자'라는 트윗을 했는지에 관한 것이 아니다. 그녀가 재판과 관련된 성명서를 발표했고 잡지 인터뷰를 통해 실제로 문구를 사용한 적이 없다고 주장했지만, 나는 대중의 격렬한 반응에 더 관심이 있다. 그녀가 백인 남성들을 그토록 적대하는 글을 썼다고 인식된 사실과 그 결과로 널리 알려진 경찰 수사는 내가 아이러니에 접근하는 방식에 더 중요한 역할을 한다.

과의 인터뷰에서 무스타파는 논쟁을 초래한 해시태그가 논바이너리, BME 및 페미니스트 커뮤니티 내에서 어느 정도 호응을 얻었다는 점을 인정했고, 그래서 나는 강한 분노를 일으키는 내용을 담은 트윗의 아이러니를 분석하는 것이 중요하다고 믿는다.[*]

2016년 오스카 시상식에서 에마 톰슨Emma Thompson은 우리가 이 시상식을 조직하는 "늙은 백인 남성"을 모두 죽일 수 있다면 다양성을 획득할 수 있을 것이라고 제안했다.[**] 톰슨을 향한 반격은 없었고, 분명 이 혐오 발언으로 인해 심사 위원 앞에 다시 서는 일도 없었다. 사실 그녀의 발언 대부분은 아이러니한 것으로 폭넓게 이해된 것 같다. 물론 백인, 중산층, 할리우드 여배우 무리가 거대한 문화 행사의 이사회와 조직 위원회에서 늙은 백인 남성들을 모두 없애는 살인의 광란을 일으키지는 않을 것이다. 그런 일은 비현실적이고 실현 불가능하며, 자세히 설명하자면 희극적이다. 그럼에도 불구하고 톰슨은 무스타파가 말했다고 알려진 것과 정확히 같은 발언을 했다. 즉 다양성과 그에 대한 논의는 제도의 백인 중심성 및 아마도 이를 유지하려는 당국의 유연하지 못한 태도에 방해받고 있다는 것이다. 톰슨의 아이러니는 더 많은 청중에게 이해받고 있었기 때문에 어떠한 반격도 받지 않았지만, 무스타파는 [자신이] 작성했다고 알려진 트윗을 작성하지 않았음에도 거의 기소될 뻔했다. 자, 농담으로, 우리가 백인, 남성, 안전

---

[*] 무스타파의 주장은 『바이스 매거진』 인터뷰에서 확인할 수 있다. http://www.vice.com/en_uk/read/bahar-mustafa-exclusive-interview-893.

[**] 에마 톰슨의 오스카상 백인 중심성에 대한 언급은 『배니티 페어Vanity Fair』의 취재를 참고하라. http://www.vanityfair.com/hollywood/2016/02/emma-thompson-oscars-so-white.

과 관련된 모든 위협을 심각하게 받아들인다면, 톰슨이 [백인 남성들에게] 훨씬 더 큰 위협이 된다. 그녀는 국제적으로 발언권을 점유하고 있고 큰 팬덤이 있으며, 마지막으로 대규모 살인 캠페인을 벌일 재정적 자원이 있다. 무스타파는 런던에 살고 있는 학생으로 학생회에서 다양성에 관련된 일을 주로 하고 있으며, 정치적 의도를 가진 살인 사건을 실행할 수 있는 권한이나 자원이 없다.

그렇다면 두 여성을 향한 반응이 왜 이렇게 불균형적으로 다른가? 여기에서 라일리의 아이러니 모델로 돌아가는 것이 중요하다. 무스타파가 작성했다고 알려진 트윗과 톰슨의 말은 라일리가 제안한 모델보다 더 많은 복잡성과 뉘앙스를 요구하는 방식으로 아이러니를 작동시킨다. 두 여성 모두 아이러니를 만들어 내기 위해 원래의 발언을 차용하여 재구성한 것은 아니기 때문에, 이는 원래의 말에서 단순히 틀만 바꾼 반복이 아니다. 그러나 두 여성을 향한 응답에서 분명히 알 수 있듯 아이러니한 발언의 성공은 여전히 청중들의 응답에 크게 의존하고 있다. 무스타파의 경우 [문제는] 단순히 아이러니가 길을 잃은 것이 아니라, 아마도 의도적으로 말을 곡해한 것이거나 훨씬 더 문제적으로 트윗 자체가 조작되었다. 톰슨의 발언이나 무스타파가 작성했다고 알려진 트윗이 나르키소스와 에코의 모델을 따르지 않는다면, 그들의 발언은 어떻게 아이러니를 전달하는 것일까? 우선 톰슨이 무스타파보다 덜 문제적으로 여겨지는 이유를 생각해 보자. 톰슨은 모든 백인 남성을 죽여야 할지도 모른다고 말하면서, 백인 남성에게 의존하는 동시에 종속되어 있는 영국 아카데미상BAFTA(British

Academy of Film and Television Arts)에서 당당하게 아이러니한 제안을 한 것이다. 아이러니를 더욱 강화한 것은 그녀의 말이 가진 급진적인 본성이었다. 청중인 우리는 톰슨이 살인을 옹호하지 않는다는 사실을 알고 있으며, 또한 누군가를 배제하는 시스템을 '죽일' 필요가 있다는 것도 인정한다. 그렇다면 "늙은 백인 남성"은 남성과 백인이라는 경험을 우선시하는 역사적 실천의 과잉에 대한 제유가 된다. 그러므로 톰슨의 과장된 제안은 그것이 피비린내 나는 살인으로 이어지지 않을 것을 우리가 알고 있다는 점에서 아이러니가 되지만, 이에 대한 비판은 계속되고 있다. 톰슨[의 발언]이 라일리의 아이러니 모델을 따르지는 않지만, 그녀의 제안은 원본에 대한 비판으로 작용한다는 점에서 비슷하다. 톰슨은 비꼬기 위해 발언을 재구성하는 대신에 자신의 사회적 위치를 암묵적으로 이해하면서 늙은, 백인, 남성 중심적 문화의 배경에 대한 아이러니한 말들을 자아내고 있다.

무스타파가 작성했다고 알려진 트윗의 아이러니가 무엇인가 생각해 보면, 그 정확한 표현은 톰슨의 발언과 크게 다르지 않다. 그런데 이것은 아이러니의 주체로서 권력과 지배를 교차하는 시스템이 필요하다. 그 발언을 직접적으로 반복함으로써 체계적인 억압을 문제적으로 재생산하는 대신에 그 문구는 기존의 모델을 완전히 전복시킨다. 나르키소스와 에코의 모델처럼 기존 발언을 반복하기를 거부함으로써 [무스타파가] 작성했다고 알려진 해시태그는 어떻게 다양성이 번성할 수 있는 공간을 만들 수 있는가 만이 아니라 어떻게 백인과 가부장제에 공모하기를 거부해야 하는가에도 초점을 맞춘다. '모든백인남성을죽이자'가 아이러니한 의미에서, 특히 그 말의 특정한 작동 방식을 알고 있는 활동가 단체에서 사용되었을 때에는 이것은 나가서 죽이자고 선동하는 것이 아니라, 가부장적이고 인종 차별적인 제도를 무너뜨리는 것과 관련된 말이 된다. 유색 인종 여성이라는 무스타파의 지위는 그 문장을 더 복잡하게 만들었다. '모든백인남성을죽이자'라는 [무스타파가] 작성했다고 알려진 트윗이 확대되도록 이끈 것은 아마도 무스타파의 정체성뿐만 아니라, 다양성 담당자로서의 역할과 과거에 전국 언론에서 얻은 유명세 이 모두일 것이다. 그러나 인종이라는 요소는 '모든백인남성을죽이자'라는 말이 발언으로서 더욱 아이러니해질 수 있는 방식으로 작동한다. 유색 인종 여성의 몸은 백인 여성의 몸보다 훨씬 더 위험에 처해 있기 때문에, 필연적으로 행동주의는 이러한 종류의 물질적인 삶의 경험에서 비롯된다(Gay 2014). 여전히 극단적이고 과장된 '죽이다'라는 말을 사용할 때, BME 여성의 체현된 위험이 반전되어 백인 남성들에게 투영된다. 폭력의 암묵적인 위협은 대부분 백인 남성이 느끼지 못하는 것이기 때문에 아이러니하다. 이러한 서술은 남성 중심적 모델에 대한 비판으로 작용할 뿐만 아니라, 백인 남성의 신체가 여성과 BME의 신체에 비해 위험에 덜 노출되는 상태에 있다는 것을 말한다.

앞에서 언급했듯이 톰슨의 발언과 그 이후의 무스타파의 주장은 존재하지도 않은, [그러나 무스타파가] 작성했다고 알려진 트윗에 대해 공적으로 완전히 다른 반응을 이끌어 냈다. 무스타파가 작성했다고 알려진 해시태그를 사용했다는 것은 사실 톰슨의 말보다 훨씬 더 복잡하게 아이러니를 사용하고 있다고 앞서 말한 적 있다. 하지만 불행히도 톰슨의 경우 그녀의 정체성과 직업이 바로 그녀가 비판하는 백인 남성의 특권과 다르지 않은 범주에 너무 안전한 위치를 차지하고 있어서, 그의 말이 아이러니한 것인지 아닌지에 대해서는 의문의 여지가 없다. 아이러니가 틀림없다. 무스타파의 위치와 정치적 입장은 그 시점까지 혐오 발언으로 자리 잡고 있었다. 이는 무스타파가 백인, 이성애자, 남성을 배제하는 다양성 담당자로서 국민의 관심을 받았기 때문에 언론이 이미 그녀를 선동적인 인물로 지목하는 경향을 보였다는 것을 의미한다. 물론 이것은 제4물결에서 문제적인 아이러니에 또 하나의 아이러니의 층을 쌓아 올린다. 영국에서는 특히 남성들의 성차별적 또는 여성혐오적 언어가 '혐오 발언'으로 기소되는 사례는 거의 없었다. 소수자 집단을 보호하기 위한 역할인 다양성과 소수자 담당자에 등을 돌리는 것은 라일리가 의도한 '아이러니' 의미다. 이 역할은 소수자를 보호하기 위한 것인데, 원래 의도와는 다른 맥락 안에 배치되었다. 캠퍼스 내 안전한 공간을 만드는 데 집중한 무스타파는 백인 남성에 대한 '혐오 발언'을 한 혐의로 기소되었다. 문제는 그 발언이 정보 값이 없다거나 혐오를 부추긴 것이 아니라는 점이다. 경찰과 언론 때문에 무스타파가 작성했다고 알려진 트윗을 실제로 [무스타파가] 작성하지 않았다는 사실이 너무 늦게 확인된 점을 감안하지 않더라도 말이다. 오히려 문제는 이 사건이 BME와 여성의 신체가 백인의 신체보다 훨씬 더 위험에 처해 있다는 사실을 비꼬았다는 점이다.

아이러니가 페미니즘에 문제적이라는 것을 스스로 입증한 사례는 이뿐만이 아니다. 아이러니는 포스트페미니즘을 비유하는 방식 중 하나인데, 포스트페미니즘은 정치가 더 이상 필요하지 않다는 사실을 강조하기 위해 페미니즘의 필요성을 시인한다. 이러한 시인을 통해 성차별과 여성혐오는 '아이러니'하다고 주장될 수 있다. 페미니즘을 무시하기 전에 페미니즘을 긍정하기 때문이다. 그것은 또한 "(광범위한 사회가) 저지른 범행에 대해 페미니스트들에게 혐의를 제기한다"(Faludi 1991: 17)는 반격의 특질을 가지고 있다. 이러한 의미에서 반격은 예를 들자면, 여성 대상 폭력이 있다는 것, 그 자체가 페미니즘 탓이라고 주장할 것이다. 그러나 이러한 아이러니의 모델은 무스타파의 경험과 차이가 있다. 포스트페미니즘의 관점에서 아이러니는 페미니즘이 끝났다는 것을 더욱 강조하기 위해 사용된다. 반격의 의미에서, 페미니즘이 중요하게 여긴 목표들을 어떻게 페미니즘을 악마화하는 데 사용할 수 있는지를 볼 수 있다. 이는 반폭력과 평등, 포괄성과 크게 관련이 있는데, 페미니즘이 비장애, 백인, 이성애자들을 행사에서 배제하고 백인 남성들에게 폭력을 저지르는 것에 몰입하는 여성을 만들어 냈다는 것을 의미한다. 두 경우 모두 페미니즘이 어떻게 우리의 문화적 의식의 일부를 이루는지를 보여 주며, 따라서 조롱과 비웃음을 통해 페미니즘에서 벗어나도록 한다. 그러나 무스타파의 사례에서는 아이러니는 의도적으로 잘못 해석되었고, '혐오 발언'이라는 수사를 아이러니하게 비틀었다.

제4물결의 순간에 아이러니를 사용하는 것은 이 페미니즘 행동주의 순간의 광범위한 현상의 징후를 나타내는 것이다. 페미니즘의 전략은 페미니즘의 진보에 반대하려는 사람들에 의해 의도적으로 오해되고 있으며, 그렇지 않으면 의도적으로 악용되고 있다. 이는 특히 '안전한 공간'이라는 사례에서, 그리고 전체주의적이거나 공격적인 발화자의 의견이 무대와 청중 모두에게 받아들여지는 것을 막기 위해 오랫동안 실행되어 온 "발언권 뺏기"라는 개념을 통해 명확히 드러난다(Ahmed 2016). 간단히 말해서 '발언권 뺏기'는 사람들의 말할 권리를 부정하는 것이다. 즉 그들은 행사에, 패널의 논의에 초대받지 못했기 때문에 더욱 많은 청중에게 입장을 표명하지 못하게 된다. 이제 '발언권 뺏기'는 지적으로나 정치적으로 덜 발달된 페미니스트의 히스테릭하고 감정적인 응답으로 여겨지는데, 그것은 학생들이 주로 불러오는 행동주의의 한 형태이기 때문이다(Ahmed 2016). 하지만 아주 흥미롭게도 '발언권 뺏기'라는 용어는 페미니스트 활동가를 비난하기 위해 잘못 사용되는 데다, 그들이 '검열'을 지지하는 것이 광범위한 공동체에 해를 끼치고 있다고 주장했다. 아이러니가 잘못 해석된 것과 유사한 방식으로, 페미니스트가 행동주의 내에서 스물한 살의 학생이 이미 확립된 용어를 사용하는 것이 혐오 발언으로 이해될 정도로, 안전한 공간을 구축하기 위한 '발언권 뺏기'는 이른바 모두에게 안전하지 않은 공간이라는 현상이 되었다. '발언권 뺏기'가 모든 사람이 소외감을 느끼지 않고 참여할 수 있는 열린 환경을 만드는 게 아니라, 페미니즘 운동에 검열과 괴롭힘을 들였다는 혐의가 제기되어 왔다. '발언권 뺏기'를 괴롭힘의 한 형태라고 비난하는 것은 흥미롭게도 이미 확립된 발언권을 가진 권력자들에 의해서만 제기된다.

이는 이전의 물결과는 완전히 다른 순간을 만들어 냈다는 점에서 제4물결 페미니즘에 정동적으로 중요하다. 팔루디는 제2물결 이후의 퇴보에 응답하며 『백래시』를 썼고, 맥로비Angela McRobbie 같은 비평가들은 다른 이들이 페미니즘의 '제3물결'이라고 묘사하는 것이 '포스트페미니즘'과 동시에 실행된다고 파악해 냈다. 이는 단순히 페미니즘의 진보가 훼손되고 궁극적으로는 뒤쪽으로 밀려나는 것을 확실시하는 사례도 아니고, 익숙한 방식으로 페미니즘의 목표를 훼손하기 위해 페미니즘이 '자신의 목표를 성취했음'을 기민하게 시인하는 것도 아니다. 오히려 [제4물결에서의 반격은] 페미니즘의 중심적 언어들 가운데 일부를 가져와 페미니스트 운동 전체를 반대하고 있다. 이는 '아이러니'의 실패나 문제적인 '발언권 뺏기'가 제4물결 페미니즘에 내재한다는 점에 그저 동의했다고 말하고자 함이 아니다. 확실히 반대하는 자들을 침묵시키는 것이 운동의 발전을 지속시키는 데 유용한가에 대한 수많은 페미니즘 논쟁이 있었다.* 그러나 발화자를 막을 권리와 같은 페미니즘 도구들이 [페미니즘] 정치가 실패하는 계기로 보이는 이 순간은 흥미롭다. 제4물결의 순간에 줄리 빈델Julie Bindel과 피터 타첼Peter Tachell은 공적 행사에서 연설을 금지당했다. 후자의 경우, 한 학생이 인종과 트랜스 쟁점에 대한 타첼의 입장에 반대한다는 이유로 같은 패널에 앉기를 거부했다.** 빈델과 타첼은 공

---

* 아메드는 자신의 블로그 '페미니스트 훙 깨기'에 「당신은 우리를 억압하고 있다!You are Oppressing Us!」라는 제목의 글을 올렸다. 그녀는 "사람들이 '발언권 뺏기'라고 말하는 발언권을 계속 얻을 때마다, 또는 사람들이 침묵하는 것에 대해 끝없이 말할 때마다, 수행적 모순을 가질 뿐만 아니라 권력의 메커니즘을 목격하고 있다"(2016)고 썼다. 아이러니하게도 2016년 3월 빈델과 타첼이 모두 발언권을 뺏기자 『선데이 타임스』에서 그들은 붉은 테이프를 입 위에 붙이고 그들의 목소리가 어떻게 들리지 않는지 토론했다. http://www.thesundaytimes.co.uk/sto/Magazine/Features/article1675950.ece.

** LGBT 전국학생연합 대표인 프랜 카울링Fran Cowling은 타첼이 과거에 트랜스 혐오와 인종 차별적 발언을 했다고 말했다. 제시된 혐의에 대한 자세한 내용은 다음 문서로 확인할 수 있다. https://

적 포럼에서 대화를 거부당한 것이었지만, 이후 그들을 침묵시켰다는 기사가 『인디펜던트*The Independent*』에 실렸다. '침묵당한' 사람들에게 주어지는 관심은 정반대의 효과를 만들어 낸다. 유명인들이 '발언권 뺏기'를 당했을 때 그들에게는 침묵당한 경험을 말할 수 있는 전국적인 플랫폼이 제공된다. 사실상 침묵이 개입되지 않는 것이다. 이는 무스타파에 가해진 폭력의 물리적 위협이 심각하게 다루어져 법정으로까지 확대된 반면, 에마 톰슨에 대한 폭력은 그렇지 않은 것과 공명한다. 페미니즘에는 몇 가지 도구가 있는데, 위의 사례의 경우 아이러니와 대화 거부는 왜곡되어, 강요된 침묵과 매체를 타고 널리 퍼진 침묵에 대한 공적 비난이 복잡하게 엮이는 결론이 초래되었다.

이는 언어 전략이 더 이상 효과적으로 작동하지 않거나 의도적으로 곡해되는 제4물결 순간의 특수한 곤경을 보여 준다. 무스타파의 사례는 포스트페미니즘의 주장에도 불구하고 페미니즘 전략으로서 아이러니가 어떻게 왜곡될 수 있는지 보여 준다. 마찬가지로 풀뿌리의 임파워먼트와 관련된 행동주의의 몇몇 용어와 형태는 이제 괴롭힘과 침묵시키기로 나타난다. 아이러니하게도 '발언권 뺏기'을 통해 '침묵당한' 사람들의 목소리는 가장 크게 들릴 수 있다. 이는 전략의 통일성이 없는 제4물결의 핵심에 긴장감을 조성한다. 즉 침묵시키기는 전유되고 '발언권 뺏기'는 임파워링을 방해하는 것으로 자리 잡았으며, 아이러니는 의도적으로 곡해된다. 마찬가지로 풀뿌리 행동주의와 학생들이 주도하는 행

---

www.theguardian.com/uk-news/2016/feb/13/peter-tatchell-snubbed-students-free-speech-veteran-gay-rights-activist.

동주의 사이에도 문제가 있고, 이는 그 안에서 발언권을 찾는 사람들에 의해 더 큰 주류 미디어로 재현된다. 언어라는 곤경은 [지금] 이 순간에도 계속 나타나는 동시에 내외부로 증가하고 있는 페미니즘 운동에 쏟아지는 조롱에 더 예민해질 필요가 있음을 보여 준다. 그렇다면 여전히 페미니즘에는 특정 목소리가 다른 목소리보다 우선시되는 이중적 기준이 있다는 의미가 있다. 또한 '발언권 뺏기,' 아이러니, 침묵시키기로 인해 덜 권위 있는 몇몇 페미니스트들이 자신의 정치에 통제력을 갖게 될 수도 있지만, 더 큰 발언권을 가진 페미니스트들이나 '정치적 올바름 수호대'을 비난하기 위해 밖에서 지켜보는 사람들에 의해 쉽게 분열될 수 있다는 느낌이 있다.

결론

이 장은 제4물결의 정동적 시간성에 중요한 여러 핵심 캠페인과 순간을 고찰했다. '일상 속의 성차별'은 현재 우리의 기술이 페미니즘 실천을 변형하는 방식들을 더욱 명확히 하면서 아카이빙 실천을 혁신했다. 페미니스트들은 더욱 빠른 속도로 소통할 수 있을 뿐만 아니라 배경이나 생활 방식에 상관없이 다양한 목소리를 들을 수 있게 된 장이 있다. 트위터나 페이스북은 온라인 아카이브의 기반을 형성하는 것은 물론 대화와 연대감의 조성을 용이하게 한다. '일상 속의 성차별'을 읽거나 제출하기 위해서는 인터넷 연결만 하면 되기 때문에 참여가 매우 쉽다. 따라서 문서는 [자료가] 빠르게 수집되고, 아카이브는 즉시성의 감각으로 채워진다. 즉 일상의 경험들은 실제로 약간의 견인력을 얻을 수 있다. 수많은 다른 사건과의 대화가 같은 종류의 경험에 대한 모든 증언과 함께 배치되면, 작은 성차별 사건이라 해도 그것이 끝없이 계속되고 부담을 준다는 점을 무시할 수 없다.

그러나 지폐[에 여성 인물 넣기] 논쟁을 통한 트롤링 문화 연구가 보여 주듯, 온라인 공간은 완전한 유토피아가 아니다. 처음에는 인터넷이 성별과 관계없는 상호 작용을 가능하게 할 것이라는 희망이 있었지만, 오히려 온라인상에서의 정체성은 차이를 더욱 증폭시킨 것 같다. 소셜 미디어와 이메일 주소로 얻은 익명성은 여성혐오, 위협, 폭력, 트롤링을 더욱 번성하게 한다. 사실 정체성이 부재하는 세계는 현실 세계보다 더 심각한 공격성과 폭력으로 서로를 공격할 수 있도록 대담하게 만든다. 즉 온라인 참여의 이러한 형태는 외부 세계에 영향을 미치며, 몇몇 페미니스트들은 특히 트롤링이 심해진 상황에서 집을 떠나야만 하거나 금지 명령이 내려지기도 한다.

슬럿 워크와 바하르 무스타파의 사례는 제4물결이 언어와 맺는 관계의 어려움을 보여 준다. 슬럿 워크는 여성해방을 위해 성적 비방의 언어를 재전유하고, 더불어 강간 문화에 이의를 제기하는 것에 관심을 가진 반면, 무스타파의 사례는 페미니즘의 용어가 의도적으로 곡해되거나 사회운동에 반하여 사용되는 것을 보여 준다. 제4물결은 기표가 폭발하는 시기로 자리매김할 수 있지만, 실제로는 구체적인 용어와 젠더화된 모욕이 계속 의문시되고 도전받아야 하는, 일반 언어 사용과 페미니즘 사이의 계속되

　　　　　　　　　　　　　　제4물결 페미니즘: 정동적 시간성

는 부딪힘을 강화한다. 더 중요한 것은 아이러니를 둘러싼 무스타파의 사례가 어떤 신체들은 페미니즘 내에서 내 집 같은 편안함을 느낄 수 있더라도 여전히 더 큰 위험에 처해 있음을 보여 준다는 점이다. 백인-비장애-중산층 여성들은 여전히 특정한 형식의 운동에서 덜 위험에 처하는 반면 BME 활동가들은 훨씬 더 큰 어려움을 겪고 있다. 무스타파의 경험과 미국의 슬럿 워크를 인종적으로 독해하는 것은 모두 교차성과 평등에 대한 동시대의 열망에도 불구하고 여전히 큰 결핍과 부재가 있음을 보여 준다.

마지막으로 신자유주의적 맥락에서 브랜드의 힘과 제4물결 페미니즘의 관계를 살펴보았다. 이 순간은 기업과의 불편한 동맹을 보여 준다. 기업이 무엇을 위협으로 인식하는지에 따라 [페미니즘은] 기업을 동원할 수도 있고 그렇지 못할 수도 있다. 구체적인 예로, 많은 브랜드가 여성 대상 폭력을 지지하거나 찬성하는 페이스북 페이지에 대해 페이스북이 더 강력한 입장을 취하는 것에 동의할 때까지 광고를 철회했다. 그러나 도브와 같이 탄탄한 여성 소비자층을 가지고 있는 브랜드들이 광고를 내리는 것을 거부하기도 했다. 도브는 페이스북에 모니터링을 문제 삼는 편지를 쓰는 방식을 택했지만, 결정적인 조치를 통해 잠재적인 관계나 광고할 공간을 잃고 싶어 하지 않았다. 자본의 시대에 신자유주의와 페미니즘을 다룬 절에서 알 수 있듯이, 기업과 브랜드와 어떤 식으로든 관계를 맺지 않거나 관여하지 않는 행동주의는 상상하기 어렵다. 나는 의사소통을 위한 온라인 장을 대개 좋아했지만, 페이스북과 트위터가 모두 대기업이라는 사실을 간과해서는 안 된다. 이 사실이 불어넣을 수 있는 불편함에도 불구하고, 주류적이고 효력 있는 페미니즘은 기업의 요구에 굴복하거나 브랜드가 로비하는 힘을 이용해 볼 수 있다. 이것이 궁극적으로 신자유주의 환경에 더 기여할 것인지, 아니면 단순히 페미니즘이 신자유주의적 환경과 공존하게 될 것인지 판단하기는 어렵다.

이 장에서 다룬 모든 구체적 사례는 제4물결의 시간성에 다른 정동을 부여한다. 정동에 대한 장[4장]에서 개괄한 기본적인 감정에서 벗어나 여기에서 복잡하고 지속적으로 움직이는 정동적 환경을 살펴보았다. 이 정동적 환경에서 페미니즘 운동은 느낌에 영향을 미치는 동시에 반대로 느낌이 페미니즘 행동주의를 부채질하기도 한다. 수렴되는 정동도 항상 서로를 보완하는 것은 아니다. 즉 '일상 속의 성차별'은 임파워먼트와 가시성에 있어서 긍정적인 정동을 생성할 수 있지만, 양적으로 압도적인 장애물 앞에서는 가망이 없다는 감각도 준다. 마찬가지로 아카이브에 접근하는 새로운 방식은 지금까지 존재하지 않았던 감수성과 응답성을 자아냈을지 모르지만, 온라인 공간이 촉진하는 트롤링은 위험, 두려움, 불가피성을 더한다. 이러한 다중적인 정동은 순전히 온라인 공간에서 말을 걸 때 출현한다. '모든백인남성을죽이자'는 아이러니, 분노, 불의의 감각과 함께, 또 이러한 구호가 반격을 수반한다는 두려움과 사죄와 함께, 대규모의 들끓는 느낌으로 작동한다. 한편 브랜드와의 관계는 더 많은 연대의 느낌을 불러일으킨다. 즉 국제 광고 캠페인과 강력한 기업이 여자들을 신경 쓰고 대표하고 보호하는 것은 어떤 면에서 용기를 돋우기도 한다. 안타깝게도 기업들은 판매를 늘리기 위해 페미니즘을 이용하고, 더 나아가 브랜드 정체성에 좋게 반영되는 특정 쟁점에만 항의한다는 점이 중요하다. 대신에 순수하게 임파워먼트와 보호라는 의미에서 페미니스트들은 완전한 소비자가 되어 기업이 자신들의 목적을 위해 정치를 이용할 수 있는 방식에 휘말린다.

정동은 복잡하고 모순적이며 서로 얽혀 있고 결코 상호 배타적이지 않다. 앞 장에서 제안했듯이 페미니즘 내의 싸움은 매우 유용하다. 그것은 논쟁의 감각을 키우고, 아무도 이탈할 수 없는 기존의 정당 노선과 달리 지속적으로 반대 의견이 존재하게 만든다. 그렇다고 각각의 물결이 그 자신의 강력한 정동적 정체성에 의해 정의되어 온 것은 아니다. 제1물결은 평등을 향한 애국적이고 영국적인 충동으로 특징지어지지 않고, 마찬가지로 제2물결은 자유를 향한 욕망과 더 큰 성적 해방을 향한 열망에 영향을 받지 않았다. 오히려 물결은 실제로 수렴하는 정동들을 모두 아우르는 강도를 통해 생성될 수도 있다. 정동은 모순적이고 경합하는 본성에도 불구하고 내외적으로 페미니즘을 지속시키는 느낌의 강도를 생성하기 위해 함께 작동한다. 또한 이러한 정동은 페미니즘 물결이 출현하는 사회적, 정치적, 문화적 맥락에도 영향을 미치며 더욱 통합적인 정동으로 귀결된다. 액트 업에서 살펴본 바와 같이 시간성의 정동적 강도는 더 이상 그 자체로 유지될 수 없다. 이는 정동이 완전히 소멸되거나 사라진다는 것이 아니라 수렴을 통해 연결된 주체들이 지속할 힘을 유지할 수 없다는 것이다. 마찬가지로 정동 그 자체도 에너지를 잃을 수 있다. 물결은 지속적이고 계속되는 페미니즘과 별개는 아니지만, 정동들의 독특한 성좌가 한정된 시간 내에 급등하는 강도를 생성하고, 이러한 강도는 페미니즘 행동이 활기를 띠게 하는 급등으로 기능한다.

참고문헌

Ahmed, Sara(2016), "You are Oppressing Me!" *Feminist Killyjoy Wordpress*(17 February 2016). https://feministkilljoys.com/2016/02/17/you-are-oppressing-me/ (Accessed 26 February 2016).

Banyard, Kate(2010), *The Equality Illusion*(London: Faber and Faber).

Bates, Laura(2014), *Everyday Sexism*(London: Simon & Schuster UK Ltd.).

Chamberlain, Prudence(2014), "The Inheritance of Irony and Development of Flippancy", *Influence and Inheritance in English Feminist Studies*, eds. C. Jones and E. Hogg(London: Palgrave Pilot).

Cochrane, Kira(2014), *All The Rebel Women: The Rise of the Fourth Wave Feminist*(London: Simon & Schuster, Kindle e-book).

Cvetkovich, Ann(2003), *An Archive of Feelings: Trauma, Sexuality, and Lesbian Public Cultures*(London: Duke University Press).

Derrida, Jacques, "Archive Fever: A Freudian Impression", *Diacritics*, Vol. 25, No. 2(Summer, 1995), pp. 9~63.

Dines, Gail(2010), *Pornland: How Porn Has Hijacked Our Sexuality*(Boston: Beacon Press).

Elam, Diane(1994), *Feminism and Deconstruction*(London: Routledge).

Ellis, Katie, Googin, G. and Kent, M., "Disability's Digital Frictions: Activism, Technology and Politics", *The Fibreculture Journal* No. 26(2015).

End Violence Against Women(2015), *10 Year Review of Westminster Government Action to End Violence Against Women and Girls*(London: EVAW).

Evans, Elizabeth(2015), *The Politics of Third Wave Feminism: Neoliberalism, Intersectionality, and the State in Britain and the US*(Basingstoke: Palgrave Macmillan).

Faludi, Susan(1991), *Backlash: The Undeclared War Against Women*(London: Vintage).

Foster, Dawn(2016), *Lean Out*(London: Repeater Books).

Gay, Roxanne(2014), *Bad Feminist*(London: Harper Perennial).

Harding, Kate(2015), *Asking for It: The Alarming Rise of Rape Culture —and What We Can Do about It*(Philadelphia: De Capo Press).

Hanisch, Carol, "The Personal is Political", Carol Hanisch 2009. http://www. carolhanisch.org/CHwritings/PIP.html(Accessed: 17 June 2016).

Haraway, Donna(1991), *Simians, Cyborgs and Women: The Reinvention of Nature*(New York: Routledge).

Lerner, Gerda, "Placing Women in History: Definitions and Challenges", *Feminist Studies*, Vol. 3, No. 1/2(Autumn, 1975), pp. 5~14.

Levy, Ariel(2005), *Female Chauvinist Pigs: Women and the Rise of Raunch Culture*(London: Simon and Schuster UK Ltd.).

Long, Julia(2012), *Anti-Porn: The Resurgence of Anti Pornography Femi nism*(London: Zed Books).

Love, Heather(2007), *Feeling Backward: Loss and the Politics of Queer History*(Cambridge: Harvard University Press).

McRobbie, Angela(2009), *The Aftermath of Feminism: Gender, Culture and Social Change*(London: Sage Publications Ltd.).

Ministry of Justice, Home Office and Office for National Statistics(2013), *An Overview of Sexual Offending in England and Wales*(UK: Office for National Statistics).

Moran, Caitlin(2011), *How To Be a Woman*(London: Ebury Press).

Penny, Laurie(2011), *Meat Market: Female Flesh Under Capitalism*(Winchester: Zero Books).

Penny, Laurie(2013), *Cybersexism: Sex, Gender and Power on The Internet*(London: Bloomsbury Publishing).

Power, Nina(2009), *One Dimensional Woman*(London: Zed Books).

Rich, Adrienne(1995), *On Lies, Secrets and Silence: Selected Prose, 1966– 78*(London: W.W. Norton & Company).

Riley, Denise(2000), *The Words of Selves: Identification, Solidarity, Irony*(California: Stanford University Press).

Sandberg, Sheryl(2013), *Lean In: Women, Work and the Will to Lead*(London: Ebury Publishing).

Scott, Joan Wallach(1999), *Gender and the Politics of History*(New York: Columbia University Press).

Tasker, Yvonne and Negra, Diane eds.(2007), *Interrogating Post-Feminism* (Durham: Duke University Press).

The Women's Resource Centre(2012), *Surviving the Crisis: The impact of Public Spending on Women's Voluntary and Community Organisations*(London: Women's Resource Centre).

Valenti, Jessica(2008), *He's a Stud, She's a Slut and 49 Other Double Standards Every Woman Should Know*(Berkeley: Seal Press).

Walby, Sylvia, Towers, J., and Francis, B., "Is Violent Crime Increasing or Decreasing? A New Methodology to Measure Repeat Attacks Making Visible the Signficance of Gender and Domestic Relations", *The British Journal of Criminology*(2015). http://bjc.oxfordjournals.org/content/early/2015/12/31/bjc.azv131.full(Accessed 17 June 2016).

Walters, Natasha(2010), *Living Dolls: The Return of Sexism*(London: Virago Press).

Women Action Media(2013), "Open Letter to Facebook", *Women, Action, & the Media*(21 May 2013). http://www.womenactionmedia.org/facebookaction/open-letter-to-facebook/(Accessed: February 13 2016).

제4물결 페미니즘: 정동적 시간성

6장

페미니즘이 지속될 미래들

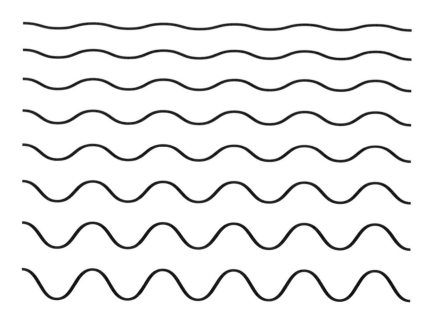

발생기의 사회운동이 갖는 불확실성에 대해 내가 강조한 바를 고려한다면, 제4물결의 미래를 예측하는 것은 모순적일 테다. 그러나 이전의 물결들을 어떤 징후로 여긴다면, 장기적인 캠페인과 풀뿌리 자선단체는 늘 하던 활동을 계속할지라도, 제4물결의 현현은 기세를 잃을 것이며 어떤 시점에는 소멸될 것이다. 그럼에도 불구하고 미래로 향하는 것은 여전히 중요하다. 미래로 향함으로써 행동주의가 펼쳐지는 순간과 그 순간에서 이어지는 페미니즘의 열망 사이에 대화가 유지되기 때문이다. 이를 통해 시간성의 동시성이 가능해지는데, 이는 정치의 정동적 급등에서 핵심을 차지한다. 제4물결이라는 이 순간은 활동 및 행동주의의 급등으로 특징지어지긴 하나, 여전히 이 순간과 깔끔하게 일치하지 않는 몇몇 측면과 요소를 지닌다. 즉 특정 사건과 캠페인은 동시대의 강도에 기여하는 동시에, 이 수렴이 소멸되기 시작한 이후에도 오랫동안 계속될 정동적 충전을 지니고 있다는 뜻이다. 이러한 고려 사항들은 5장에서 논의된 사건 및 캠페인과의 대화 속에 놓일 예정이다. 무스타파의 경험이 꼭 광범위하고 대중적인 의미에서 미래에도 지속될 페미니즘의 자원이라 할 수는 없지만, 그의 경험은 교차성과 아이러니라는 측면에서 중요한 영향을 미쳤다. 슬럿 워크는 영국에서 이미 중단되었는데, 이는 이 특수한 캠페인이 오래가지 못했음을 보여 준다. 이는 슬럿 워크의 정동을 약화시키고자 하는 것이 아니라, 행동주의가 단기적인 문제에 응답하면서 단기적인 목표를 가지고 생겨날 수 있음을 인식하고자 함이다. 행동주의는 꼭 일련의 목표를 확립하지 않고서도 응답이나 항의로서 시작되기도 한다. 이러한 경우 동시대에서 행동주의는 자신의 한정된 잠재력과 짧은 수명을 인지하면서 행동주의를 '시간의 흐름'에 맡겨 둔다. '일상 속의 성차별'의 경우에 이는 곤경으로 작용하는 듯한데, 그 이유는 가시성이 '일상 속의 성차별' 아카이브를 추진하는 주요 동기이기 때문이다. 페미니즘 조직들이 일단 국제적인 가시성을 획득한 다음에는 어떻게 그들의 에너지와 운동을 지속하는가?

제4물결의 이 순간, 특히 내가 검토한 캠페인을 비판하면서, 페미니즘 내 교차성의 문제로 눈을 돌리고자 한다. 특히 페미니즘 정치 내부의 인종 문제에 집중할 것이다. 시간성에 대한 장[4장]에서 약술했듯, 유색 여성 및 흑인 페미니즘에 대한 수많은 저술은 그들의 사회운동을 주류 사회운동, 즉 백인 페미니즘의 '시간에서 벗어난' 것으로 간주했다(Thompson 2002; Fernandes 2010). 이게 사실이라면, 제4물결의 순간은 어떻게 증가한 교차성을 실천하고자 하는 동시에 유색 여성 및 흑인 페미니즘이 백인 페미니즘의 시간에서 벗어나 있다는 점을 뒷받침할 수 있는가? 교차성 정치는 특히 제3물결과 제4물결에만 주장되는 듯하다. 에번스의 연구에 따르면 교차성은 제3물결 페미니즘 정체성에서 중추적 역할을 한다. 코크런 또한 실제로 제4물결 순간의 특징을 개방성이 증가했다는 점이라고 주장한다. 교차성에 대한 주장이 이미 오래전부터 제기되고 있었고, 동시대적으로도 제기되고 있음에도 불구하고, 여전히 페미니즘 내의 인종 문제는 지속되고 있다. 이 문제는 최근 트랜스 여성을 포함하는 일을 둘러싼 곤경으로 확장되었다. 인종과 트랜스는 뚜렷이 다른 쟁점이지만, 두 쟁점 모두 현재의 물결과 이전의 물결에 제기되고 있는 교차성에 말썽을 일으킨다. 이 쟁점들은 시간에 대해 무엇을 시사할 것이며, 페미니즘의 미래에 무엇을 요구하는가?

궁극적으로, 나는 정동적 시간성에 중심이 되는 두 가지 요소, 즉 페미니즘의 잠재적인 분리 및 페미니즘 외부의 경제적, 사회적, 문화적 분위기로 나아갈 것이다. 페미니즘은 언제나 약간씩 다른 강조점과 초점을 둔 여러 집단으로 구성되어 왔으며, 그럼으로써 사회운동이 다양하고 다중적일 수 있도록 했다. 이는 내부 비판에 대한 감각을 유지하는 데 매우 효과적이고 유용할 수 있지만, 한편으로 물결의 정동적 시간성이라는 기세를 가로막는 강력한 분리로 이어질 수도 있다. 정동적 급등의 강도 내에서는 이러한 분리가 정치학에 근본적인 것으로 나타나지 않을 수도 있지만, 순간의 쇄도가 느려지기 시작한다면 이러한 분리는 점점 더 분명해지고 문제적이게 된다. 나는 어떤 종류의 분리가 제4물결을 특징짓게 될 것인지 묻고, 궁극적으로는 어떻게 그러한 분리가 순간을 지속하는 정동적 강도의 소멸로 이어지는지 살펴볼 것이다. 물결의 정동적 시간성은 주로 그것이 응답하는 사회에 의해 구성된다. 그리고 영국에서는 현재 경제 환경, 특수한 긴축정책으로 제4물결이 공고해질 수 있었다(Cochrane 2014; Evans 2015). 여성 복지 감축과 혜택 감소는 여성에게 불리한 영향을 미쳤고, 페미니즘의 급등을 갈수록 더 불가피한 것으로 만들었다. 하지만 이 상태가 현상 유지된다면 혹은 더 낙관적으로 생각해서 이 상태가 변화한다면, 제4물결의 정동 또한 달라지며 어쩌면 제4물결의 정동은 지금까지 유지해 왔던 강도와 응집력을 감소시킬 수도 있다. 미래를 예측하는 것이 불가능하다는 점은 '되기'에 대한 강조와 결부되는데, 예측 불가능성과 되기는 정동들을 가능케 하고 물결의 순간을 구체화하는 데 필수적이다. 이와 같이 주장하면서 나는 페미니즘의 동시대와 관련하여 불확실성의 중요성으로 돌아갈 것이다. 더 나아가 이러한 접근법을 통해 현재 순간의 불확실성을 극복할 수 있는 학문적 방법론을 제안한다. 여기에는 개괄이나 회고적인 분석을 제공하는 대신에 동시대의 우연성을 여전히 인정하는 한편, 동시대의 요구에 응답하는 요소가 있다.

제4물결: 궤적과 수명

슬럿 워크는 제4물결의 시기에 국제적으로 기세를 확장했지만 영국에서 이제 더 이상 진행되지 않는다. 두 번째 행진은 참석률이 저조했고, 그로부터 2년 뒤에는 또 다른 행진을 조직하려는 노력이 사라졌다. 이를 제4물결의 주요한 사례로 들면서 그 정동들이 이 독특한 시간성에 비추어 특히 유용하다고 주장하는 것은 문제가 될 수 있다. 그러나 이는 개별 사건과 캠페인의 중요성이 궁극적으로는 점차 희미해지더라도 전체 물결에 기여할 수 있음을 보여 준다. 캐나다의 한 대학 캠퍼스 내 의견이 영국에서 수백 명의 여성들로 하여금 거리로 나가게 하는 기폭제가 되었던 만큼, 슬럿 워크는 특정한 쟁점이 대서양을 건너 어떻게 유럽과 미 대륙의 구분을 초월하는지 사유하는 데 중요하다. 슬럿 워크가 보여 준 것은 수많은 여성이 이 특수한 사건에 쉽게 자신을 동일시했다는 점이었다. 슬럿 워크는 캐나다라는 국가와 대학 캠퍼스라는 장소에 국한되지 않는다. 그리고 경찰의 슬럿 셰이밍 발언 이래로 우리의 사법 시스템 전 영역에서 여전히 여성들이 당한 성폭력의 책임이 여성들에게 있다고 보는 방식에 응답했다. 영국에서는 이전에 비해 더 많은 여성들이 성폭행을 신고한다. 이는 여성들이 경찰에게 갈 수 있도록 만든 문화적 태도의 변화를 보여 주나, 여전히 성폭력에 대한 유죄 판결률은 저조하다.* 더구나 체드 에번스Ched Evans 성폭행 사건과 같이 세간의 이목을 끄는 사건들에서 입증된 바와 같이 성폭력 과실을 여자에게 묻는 관행에서 완전히 벗어나지 못했다. 체드 에번스 사건의 피해자는 취해 있었으며 사건 당일 저녁 다른 셰필드 유나이티드 선수와의 성관계에 합의한 상태였는데, 이 때문에 피해자는 체드 에번스와의 성관계에 자발성을 드러낸 것으로 간주되었다.** 슬럿 워크는 사라졌을지 모르지만, 이는 성폭력과 그 과실을 둘러싼 관심의 확대로 이어졌다.

내가 이전 장에서 논의했듯, 제4물결의 기간은 지미 새빌과 같

---

* 강간위기센터는 강간 피해자의 오직 15퍼센트만이 피해를 신고한다고 보고한다. http://rapecrisis.org.uk/statistics.php. 2015년에는 전년 대비 강간 사건이 29퍼센트 증가했다. 이에 대해 경찰은 범죄 자체가 증가했다기보다는 앞으로 나서려는 피해자의 의사가 증가했다고 밝혔다. http://www.ons.gov.uk/peoplepopulationandcommunity/crimeandjustice/bulletins/crimeinenglandandwales/yearendingdecember2015. 한편 전년 대비 강간의 유죄 판결이 9.9퍼센트 증가했지만, 신고된 사건이 증가했음을 고려해 볼 때, 유죄 판결률은 전체적으로 하락했다. http://www.cps.gov.uk/news/latest_news/highest_ever_numbers_of_violence_against_women_cases_being_prosecuted_and_convicted_in_england_and_wales/. [원본 링크 유실].

** 체드 에번스 사건의 경우, 피해자는 익명으로 남을 권리를 침해당했고, 피해자의 신원이 세 번이나 노출되었다. 이 사건이 에번스의 축구 커리어에 미칠 영향에 분개한 그의 팬들은 피해자의 이름을 밝혔다. 그뿐만 아니라, 성적 접촉이 피해자의 탓이라고 생각하는 사람들은 피해자를 찾아내고 트롤링하고 괴롭혔다.

제4물결 페미니즘: 정동적 시간성

은 유명인에 대한 폭로와 기간이 겹쳤고, 결과적으로 그에 의해 촉진되었다. 이 사건은 힘 있는 위치에 있는 사람들, 혹은 영향력 있거나 부유한 기업에서 일하는 사람들이 자신이 저지른 성폭력에 책임지지 않음을 분명히 보여 주었다. 수백 명의 사람들에게 체계적으로 성폭력을 저지른 새빌의 사건이 다른 강간 및 성폭력 사건과 유사하지는 않지만, 가해자의 과실이 대체로 피해자보다 적다고 간주되었다는 점에서 사건에 대해 국가가 법적으로 접근하는 방식은 유사했다. 유트리[*] 시행 이후, 국가에서 이제는 가해자에게 책임을 묻지만, 그간 수많은 국가기관에서 성폭력이 아무런 문제 없이 일어나도록 내버려 두었다는 사실은 역사적으로 성폭력 피해자들에 대한 보호가 거의 없었다는 것을 보여 준다. 이는 로체스터와 옥스퍼드셔 주에서 취약한 배경을 가졌거나 위탁 보호 시스템에 있는 어린 소녀들이 여러 무리의 남성들에게 그루밍 성폭력을 당한 사례와 강하게 공명하는 듯하다.[**] 피해자들은 당시 모두 법적 미성년자였는데, 지역 사회복지과에서는 피해자

---

[*] (옮긴이) '유트리 작전Operation Yewtree'은 영국의 유명인 지미 새빌의 성폭력 사건을 계기로 시행된 유명 인사의 성범죄, 특히 아동 성범죄에 대한 집중 수사를 일컫는다. 이 조사는 런던 경찰국의 주도로 2012년 10월에 시작되었다.

[**] 매기 블리스Maggie Blyth가 의뢰한 옥스퍼드셔주의 섹스링sex ring[조직적으로 성범죄를 공모하는 사람들의 네트워크를 일컫는다. 많은 경우 아동들이 섹스링의 타겟이 된다]에 대한 보고서는 13세 소녀와 성인 남성의 관계를 '나이가 적합하다'고 간주하는 전문가들의 경멸적인 논평에 관련 아동들이 종속되는 방식을 서술한다. 또한 14세의 소녀들이 관련 남성들, 즉 가해자들과 성적으로 마주했을 때 동의했다고 주장한다. http://www.oscb.org.uk/wp-content/uploads/OSCBPressReleaseFINAL.pdf. 2014년 그레이터맨체스터주 경찰이자 범죄 위원 토니 로이드Tony Lloyd는 아동 착취 문제에 대한 보고서를 요청했다. 당시 국회 의원이었던 앤 코피Ann Coffey는 보고서를 준비했는데, 이 보고서에서 제기하는 쟁점 중 하나는 여성을 피해자가 아니라 공모자로 본다는 점이다. http://www.gmpcc.org.uk/wp-content/uploads/2014/02/81461-Coffey-Report_v5_WEB-single-pages.pdf. [원본 링크 유실. 앤 코피의 홈페이지에서 해당 보고서를 찾을 수 있다.]

의 부모에게 아이들이 조직적으로 성폭력을 당하고 있는 것이 아니라, 자신의 생활 방식을 택한 것일 뿐이라고 말했다.[*] 제4물결이 이런 강간 문화와 수십 년 된 성폭력 은폐를 폭로하는 시기이기 때문에, 성폭력 사건에 대한 여성의 과실을 둘러싼 논쟁은 특히 적절해 보인다.

그러나 슬럿 워크는 문화의 또 다른 측면을 뒷받침한다. 즉 여성들을 둘러싸고 진행 중인 문란함에 대한 판단과 짝을 이루며 갈수록 여성들에 대한 성애화가 늘고 있는 측면 말이다. 처음에 슬럿 워크는 경찰이 성폭력 문제를 다루는 방식에 대한 반응으로 시작된 것이었지만, 성적으로 적극적인 여성들은 '슬럿'이라는 세간의 판단과 종종 연관된다는 관념에 대해서도 언급한다. 실로 여성에게는 사용되지만 남성에게는 절대 적용되지 않는 경멸적인 용어가 수없이 많다(Valenti 2008). 슬럿 워크는 여성에게 체현된 의미, 즉 여성의 행실을 비난하기 위한 꼬리표에 대해 항의하는 것이었다. 슬럿 워크는 '슬럿'이라는 단어가 여성에 대한 성폭력을 정당화함에 있어서뿐만 아니라, 올바르지 않은 옷차림을 했다고 여겨지거나 성적으로 적극적이라고 간주되는 여성들을 부르는 단어이므로 여성에게 해롭다는 것을 인지했다. 여러 행진 참여자들을 통해 '슬럿'은 기존의 문화적 의미에서 벗어나 다양한 사람들 및 그들의 다양한 경험을 재현하게 되었다. 요즘 같은 분위기에서는 '포르노화된' 문화가 편재한다는 것에 항의하기 어렵다(Valenti 2008; Long 2012; Levy 2005). 따라서 시위자들이 여

---

[*]   이에 대한 더 많은 증거는 Labour List 홈페이지를 보라 http://labourlist.org/2015/03/theharsh-uncomfortable-truths-about-child-abuse-in-oxfordshire-and-rotherham/.

성에 대한 사회의 이중 잣대로 초점을 옮긴 것은 놀랄 일이 아니다. 여기에서 이중 잣대란 미디어, 광고, 영화, 포르노 산업은 여성을 성적 객체로 취급할 수 있지만, 여성 자신은 분별없이 자신의 옷차림과 성생활을 자율적으로 결정할 수 없다는 기준을 일컫는다. 슬럿 워크는 여성의 성적 자율성을 불신하는 것과 연계된 성애화된 문화 및 성폭력 피해자를 체계적으로 무시하는 문제에 대항하는 시위로 잠깐 동안 존재했다. 슬럿 워크는 '적합한' 여성이라는 개념에 전면적으로 항의했다. 여기에서 '적합한' 여성이란 '올바른' 종류의 피해자, 즉 '자업자득' 같은 것을 암시하는 어떤 행위도 하지 않은 사람일 뿐 아니라 성적으로 순수하고, 심지어 금욕적이라고 여겨지는 여성을 의미한다.

'일상 속의 성차별'은 슬럿 워크와 유사하게 제4물결과 직접적으로 관련이 있는 일련의 목표와 함께 이 정동적 시간성도 연결되어 있는 것으로 보인다. 그러나 일상 속의 성차별이 장기적으로 계속될지에 대해서는 논의의 여지가 있다. '일상 속의 성차별'이 얼마나 지속될 수 있을지, 그 수명이 가진 긴장감에도 불구하고, '일상 속의 성차별'을 창시한 로라 베이츠는 이 동시대 순간의 페미니즘 행동주의를 대표하는 것으로 각광 받았다. 중요한 것은 베이츠가 초기에 수행한 아카이빙 프로젝트를 『일상 속의 성차별』이라는 제목의 책으로 펴냈다는 점이다. 책에서 그녀는 교실에서 회의실에 이르기까지 일상에 만연한 성차별 문화에 대해 더 광범위하게 쓰면서 사례를 모으고 순서대로 맞추는 작업을 확장한다. 그러나 베이츠의 책은 여성 대상 폭력에서부터 삶의 모든 영역에서 여성을 무시하는 일이 받아들여질 뿐만 아니라 거의 불가피하다고 여겨지는 폭력의 스펙트럼에서, 성차별 사건들은 덜 심각한 편이라고 주장한다. 그녀의 작업을 확장하는 것은 캠페인의 대변자로서 베이츠의 경력과 역할이 '일상 속의 성차별' 캠페인보다 훨씬 더 오래 지속될 수 있음을 의미한다. 앞서 논의한 바와 같이 이 조직은 심각한 성폭력에서부터 훨씬 흔한 거리 성희롱에 이르는 여성의 경험을 기록한 아카이브를 만든다. 이 기록들은 대부분 트위터에 담겨 있다. 이 특정 사이트, 즉 트위터는 아카이브에 기여하는 사람들과 아카이브를 탐색하는 사람들 모두가 신속하게 반응하고 쉽게 접근할 수 있도록 한다. 이 아카이브의 목적은 그런 경험을 겪는 것이 예외적이지 않음을, 그리고 더 넓은 사회에서 여성 경험을 손상시키기에 충분히 규칙적으로 일어난다는 것을 보여 주기 위해 다양하고 무수히 많은 성차별 경험을 문서화하는 것이다. 베이츠는 성차별주의에 대해 논할 때의 어려운 점 중 하나는 각각의 개별 사례가 예외적으로 간주되며, 이 때문에 여성들이 이 사례들을 무시하게 된다는 것이라고 정확하게 약술한다. 성차별, 특히 공공장소에서의 적극적인 공격을 예외적인 것으로 간주하고 그것을 '눈감아 주는' 일반적인 문화 때문에, 성차별이 얼마나 보편적인지에 대한 감각이 없다. '일상 속의 성차별'은 성차별의 누적된 광범위한 효과를 다루고, 비가시성이라는 문제에 부분적으로 응답한다.

정동의 아카이브는 불행에서부터 불신의 무감각에 이르기까지 다양한 범위의 느낌을 포함할 수 있다. 아카이브의 "느낌들은 한 국가 또는 여러 국가에 속할 수 있으며 친밀하면서도 공적인 것이다. 누군가는 그러한 느낌들 때문에 완전히 혼자라고 느낄 수도 있다. 그러나 이 느낌들이 공개된다면, 이 느낌들은 사회적으로 공유된 경험의 일부임이 드러난다"(Love 2007: 286). '일상 속의 성차별'을 통해 만들어진 아카이브는 개인의 느낌이 어떻게 많은 이들에게 실제로 적용될 수 있는지를 보여 준다. 그것은 동일시할 수 있는 경험의 장 같은 역할을 한다. 러브는 또한 수명이 매우 짧은 사례와 느낌을 통해 형성된 대안적인 아카이브가 하위문화 또는 대항문화로 인정될 수 있다고 쓴다. 아카이브가 주류에서 약간 벗어나 있고 느낌과 비공식적 문서로 구성되더라도, 아카이브는 지배적인 서사에 맞서는 데 도움이 된다. 이런 방식으로 아카이브는 역사적 시간 속에서 대안적인 이야기와 사람들이 비가시화되어 왔음을 시사하며 역사를 만드는 것에 도전한다. '일상 속의 성차별'이 다루는 것과 유사한 비가시성의 쟁점을 다룸에 있어서 누가 그리고 무엇이 역사를 만드는지에 관한 문제가 계속되고 있다. 내가 시간성에 관한 장[4장]에서 탐구했듯, 역사는 하나의 구성체다. 역사는 과거를 종합적으로 개괄하는 것이 아니라 오히려 문서화할 가치가 있다고 여겨지는 유형의 구체적인 서사, 사람, 경험을 재현한다. 트위터에 철저히 아카이빙된 경우라 하더라도, 그러한 경험이 어떻게 역사가 되기에 충분한 것으로 간주될 수 있는가 하는 것은 통상적으로 곤란한 문제다. 페미니즘의 역사에서조차 일련의 법적, 사회적 성취를 통해 역사로 간주될 만한 것들이 이야기되는데, 하물며 캣콜링, 괴롭힘, 직장 내 성차별, 여성혐오적 농담 등 일상적인 경험이 그러한 성취들과 비교될 수나 있겠는가? 그러한 일상적인 경험은 압도적인 승리를 거두거나 잘 알려진 사례에 비해 상대적으로 덜 중요하게 보일 뿐만 아니라 의미 있는 진보와 비교해도 하찮게 보인다. 페미니즘의 역사는 어떻게 여성의 일상적인 경험을 담을 수 있을까? 사회 운동이 그러한 다중성, 규칙성, 공통성을 위한 공간을 만드는 것이 가능할까? 물론 운동으로서 페미니즘은 여성의 일상적 삶과 밀접한 관련이 있지만, 페미니즘의 역사에서 페미니즘의 존재를 필수적인 것으로 만드는 대규모의 일상적인 경험을 수용하는 것은 여전히 쉽지 않다.

베이츠가 가부장제 사회의 압력에 대해 논하기 위해 학교들을 순회했듯, 간판 인물로서 베이츠의 작업은 젊은 여성들에게 매우 중요한 것일 수 있다. 그러나 그녀의 아카이브는 정동적 시간성 안에서 고정되어 있을 것이다. 아카이브는 여전히 '일상 속의 성차별' 사건을 문서화하고 리트윗하고 있지만, 아카이브는 동일성으로 가득 차게 되었다. 결국 이제 이 사이트는 현실 경험 그 자체가 아니라, 성차별 경험의 양과 편재성에 훨씬 더 관여하는 듯하다. 베이츠는 전체적으로 수많은 언론의 주목을 받음으로써, 그이전에는 보이지 않던 여성 경험의 문제를 눈에 띄게 만들었다고해도 과언이 아니다. 실제로 많은 남성이 '일상 속의 성차별'이 제공한 반복되고 얼핏 보기에 끝이 없는 뉴스피드를 볼 때까지는 길거리 성희롱과 같은 문제를 한 번도 제대로 인식한 적이 없었다고 말하면서 이를 증명하기 위해 '일상 속의 성차별' 사이트에 글을 썼다.* '일상 속의 성차별' 사이트가 전 국민의 관심을 받고 성차별 경험에 대한 인식을 높이면 그다음에는 어떤 일이 발생할

---

* 이 주제에 관한 로라 베이츠의 논의는 여기에서 확인할 수 있다. https://www.theguardian.com/lifeandstyle/womens-blog/2014/mar/14/men-fight-against-everyday-sexism-gender-inequality.

수 있을까? 아카이브는 어느 시점에서 행동주의의 일환이기를 관두고, 아카이브 그 자체, 즉 문서 보관소로 남게 되는 것일까?

보이지 않던 것이 일단 가시화되고 나면, 행동주의가 바뀌어야 한다는 요구가 있는 듯하다. 이 경우 동시대는 밝혀지고 있는 쟁점들을 다루기 위해서 펼쳐지는 중인 행동의 모호성을 포용해야 한다. 더 많은 청중들이 '일상 속의 성차별'의 영향력을 인식하도록 목표를 달성한 이후 이 아카이브는 더 큰 캠페인의 토대를 형성하거나, 혹은 법안을 바꾸는 것을 시도할 수 있다. 아카이브 및 함께 나눈 연대의 경험은 여성들이 큰소리로 되받아치거나 심지어 성희롱 가해자를 신고할 수 있도록 임파워링했지만, 이 지점을 넘어서서 더 나아갈 필요가 있다. 이는 '일상 속의 성차별'의 성취를 훼손하기 위함이 아니다. 어떤 쟁점을 해결하기 위해 선행되어야 하며 아마도 가장 중요한 부분은 쟁점이 인지되도록 만드는 것이기 때문이다. 그렇긴 하지만 아카이브의 미래에는 무슨 일이 일어날까? '일상 속의 성차별' 자체는 역사의 일부가 될 수도 있지만, 아카이브를 만드는 데 기여한 여러 여성의 개인적인 경험과 증언에 동등한 관심이 주어질 것인가? 내 생각에 제4물결 내에서 '일상 속의 성차별'은 연대감뿐만 아니라, 낙담과 필연성이라는 없어서는 안 될 정동을 부여했다. 게다가 성차별이 이렇게나 일상적인 문제라는 것을 인식하지 못했던 이들에게 경악과 공포를 가져다주었다. '일상 속의 성차별'은 개인적인 경험과 더 넓은 사회적인 것 사이에서 작동하면서, 개인의 체현된 느낌을 외부로 전환하는 정동의 이행을 반영하여 관련된 느낌이 집합체의 일부가 되도록 했다. 그러나 이제 이 정동은 사회적 세계에 있고 연대의 느낌을 만들었으므로, 다른 방향으로 움직이기 시작할 필요가 있다. 만약 그런 운동이 일어나지 않는다면, 정동이 기세를 잃는다 해도 놀랍지는 않을 것이다.

'페이스북 강간 문화 고발 캠페인'은 페미니즘과 자본 사이의 문제적인 관계에서 새로운 국면을 강조한다. 이 책을 쓰는 동안 샌드버그는 『린 인』이 교차성 페미니즘의 필수적이고 근본적인 측면을 간과했음을 시인하는 성명서를 발표했다. 남편을 잃고 싱글맘으로 일하기 시작하면서 자신이 싱글맘의 어려움을 인식하게 되었음을, 그리고 그 어려움이 낮은 사회경제적 지위로 인해 어떻게 심각하게 악화되는지를 알게 되었다고 말했다.* 남편을 잃기 전 높은 수입과 힘이 되는 남편이라는 자신이 가진 이중적인 특권을 인정하면서, 다른 페미니스트들이 주장한 바처럼 부의 축적이 반드시 페미니즘적인 활동은 아니라는 사실을 인정했다 (Foster 2016). 승진, 테크 회사 내에서의 탁월한 능력, 연공서열과 수입 면에서 샌드버그가 남성과 대등하다는 점을 페미니즘적이라고 주장할 수도 있지만, 오히려 그 높은 봉급 때문에 여성이 기업 생활 밖에서 일상적으로 직면하는 문제들이 부정당할 수도 있다. 그 결과 샌드버그의 가장 최근 성명은 기업 내 높은 위치에서 비롯된 것이라 하더라도 성차별에 관해 새로운 사실을 드러내지는 않았다. 사실 교차성 페미니즘은 오랫동안 계급 및 경제적 지위가 여성의 권리에 미치는 영향을 주장하며, 모든 형태의 억압들 간의 관계에 대해 논해 왔다. 기업 페미니즘에 대한 샌드버그

---

* 샌드버그는 2016년 어머니의 날에 자신의 성명을 게시했다. https://www.facebook.com/sheryl/posts/10156819553860177.

제4물결 페미니즘: 정동적 시간성

의 저서는 페미니즘 정치학의 필수적인 측면, 즉 모든 여성의 임파워링을 간과했다는 사실을 공적으로 인식하는 데에 중요할 수 있다.

　페미니즘과 자본의 관계가 계속될 것이라는 데에는 의심의 여지가 없다. 브랜드들은 페미니즘을 지지함으로써 소비자 기반을 늘릴 수 있다는 사실을 인지했으며, 페미니스트들 또한 브랜드의 힘이 때로 유용하다는 사실을 인정했다. 그럼에도 사회운동과 자본 사이의 관계는 여전히 난처하다. '페이스북 강간 문화 고발 캠페인'에서 도브가 보여 주었다시피, 소비 시장의 실질적인 부분을 여성들이 차지한다고는 해도 페이스북 광고 철회에 대해서 도브가 한 약속은 여성의 권리를 위해서가 아니었다. 이 특수한 순간에 브랜드는 상품을 판매하기 위해 페미니즘을 이용하는 것처럼 보이지만, 브랜드와 사회운동의 관계는 여전히 제4물결 페미니즘의 정동에 기여하고 있다. 말하자면 브랜드들은 여성들이 개인적으로만이 아니라 공적 영역에서도 임파워링된다고 느끼게 하므로 동시성이 있다는 것이다. 여성들은 '페이스북 강간 문화 고발 캠페인'에서 브랜드를 이용하여 좋은 결과를 획득했다. 다시 말해 페이스북은 여성에게 모욕적인 수많은 페이지를 폐쇄해야 했고 나아가 정책도 변경해야 했다. 그렇다고 해도 광고, 기업, 브랜딩이 가장 편의주의적으로 여성을 착취한다는 사실은 변치 않는다. 광고는 본질적으로 성차별적이며(Aune and Redfern 2010; Banyard 2010), 기업은 임금 격차에서 필연적으로 이익을 얻는다는 사실, 그리고 여전히 직장에서 어머니들이 직면하는 차별(Equality and Human Right's Commision 2015)은 실제로 페미니즘과 기업의 관계가 '페이스북 강간 문화 고발 캠페인'이 제안하는 것만큼 그렇게 조화롭지만은 않다는 것을 보여 준다.

이는 제4물결 페미니즘의 인터넷 중심성을 고려하도록 만든다. 누군가는 인터넷을 단순히 새로운 플랫폼으로 간주할 수도 있지만, 인터넷은 페미니스트들이 조직하고 의사소통할 수 있는 방법을 변화시켰고, 그렇게 함으로써 이 특수한 시간성 내에서 수렴하는 정동에 다른 종류의 느낌을 부여했다. 그러나 제4물결과 브랜드가 맺는 관계와 마찬가지로 인터넷은 제4물결과 관련하여 용이성만큼이나 곤경을 주기도 한다. 여기에서는 인터넷이 페미니즘에 어떤 문제를 일으키는지, 특히 여성이 인터넷에서 의견을 가질 때 쉽게 트롤링과 괴롭힘의 타깃이 된다는 페니의 주장에 초점을 맞추고 싶다(2013). 나는 이 동시대에서 인터넷이 시간선을 붕괴시켰다고 말했다. 다시 말해 페미니즘 물결이 일어났을 때 필연적으로 반격이 뒤따른다는 것은 더 이상 사실이 아니다. 오히려 인터넷이 이러한 과정을 가속화하여 이 페미니즘 물결과 반격이 동시에 일어나는 것처럼 보인다. 또한 이 반격은 물결의 과정을 늦추거나 그 성취의 일부를 되돌리기보다는 오히려 논의를 계속하도록 부추기고 있다. 페미니즘은 확실히 구체적인 트롤링 사례, 특히 크리아도 페레스와 관련한 사례에 대한 전국적인 반응을 통해 이 사례가 아니었다면 얻지 못했을 훨씬 많은 미디어와 언론의 공간을 얻게 되었다. 그렇다면 인터넷은 물결과 반격이 일시적으로 결합하게끔 하며, 여기에서 진보적이고 격렬한 페미니즘의 급등에 똑같은 강도를 가진 반격이 뒤따른다는 팔루디의 반격 모델은 적용되지 않는다. 인터넷은 페미니즘을 부채질하는 데 유용하긴 했지만, 한편으로 이는 사회운동의 제4물결이 폭력과 공포라는 환경 및 침해의 감각과 결합했다는 것을 뜻하기도 한다. 이러한 환경에서 광범위한 인터넷으로부터 벗어나기란 거의 불가능하다. 이로 인해 여성들은 완전히 새롭고 여전히 심화되고 있는 일련의 위험에 처하게 되었다. 아주 기본적으로는 트위터 트롤링에서부터 여성들의 집 주소가 온라인에 공개된다든지, 그리고 디지털 성폭력의 폭발에 이르기까지, 인터넷은 여성혐오가 확장되고 심화될 수 있는 장을 만들었다. 또한 인터넷은 익명성을 허용하기 때문에 섹스와 젠더를 초월하려는 여성들을 임파워링할 수 있었지만, 트롤들 또한 이를 이용하여 보복당할 가능성이 없는 폭력적인 캠페인을 계속할 수 있었다.

제4물결, 제4물결에 대한 반격, 인터넷 사이의 이러한 관계가 어떻게 전개될지, 특히 이 페미니스트 동시대의 정동적 충전이 약화되면 어떤 일이 벌어질지는 예측하기 어렵다. 인터넷은 계속해서 교전 중인 활발한 행동주의의 공간을 구성할 것인가? 페미니즘의 급등이 감소한다면 '포챈4Chan'과 같은 여성혐오적인 공간이 활성화되고, 페이스북과 같은 소셜 미디어 웹사이트에 성차별적 내용으로 가득 찬 페이지가 귀환할 것인가?* 이 장에서 내내 설명했듯, 인터넷과 페미니즘의 관계가 미래에 어떻게 될지는 상상하기 어렵다. 이는 끊임없이 변화하는 인터넷 세계의 본성에

---

* 포챈은 다양한 자료를 게시할 수 있는 광범위한 익명의 장이다. 포챈은 종종 동의 없이 촬영된 여성 유명인의 알몸 사진을 널리 알리는 수단이 되었으며, 참가자를 맹목적으로 괴롭히고 구체적으로 표적이 된 페미니스트 운동가들을 괴롭히도록 부추긴다. 포챈은 특히 반페미니즘적 견해로 유명하며, 여성이 참여를 통해 자신을 모욕하기를 원한다는 가짜 소셜 미디어 행동주의를 만들어 낸 여러 가지 계획(예를 들어 '평등에 오줌을piss for equality')이 있다.

서 어느 정도 기인한다. 말하자면 이용자의 행동에 영향을 줄 트렌드를 예측하는 것은 불가능하다. 페이스북과 트위터 사용이 급격하게 증가하면서 소셜 미디어 이용 또한 확산되었지만, 이 증가세는 정체 상태에 있으며 이제는 감소하기 시작했다(Farmer 2014). 핀터레스트나 인스타그램과 같이 더욱 시각적인 관여의 양상을 지향하는 운동과 더불어 온라인 페미니즘은 가지각색으로 확장할 잠재력을 지닌다(Farmer 2014). 이외에도 물결과 반격이 합쳐져 어떤 영향을 가져올지 예측하기는 어려울 것이다. 그래서 진보의 시간선은 더 이상 두 단계 앞, 한 단계 뒤라는 식으로 이해되지 않는다. 이 현재라는 순간에서 트롤과 페미니스트의 만남은 분노와 의로움, 보복을 통해 사회운동을 부추긴다. 그러나 트롤도 유사하게 페미니즘의 반응을 통해 부추겨지고 있으며, 그들이 분출하는 위협과 증오는 필연적으로 많은 희생을 수반할 것이다.

슬럿 워크와 무스타파의 사례 모두 페미니즘이 지속적으로 언어에 관여하고 있음을 나타낸다. 운동으로서 페미니즘은 언어가 어떻게 오랫동안 억압적인 사회구조를 되풀이하고 강화하며 작동하는지에 대해 고심해 왔다(Butler 2008; Riley 2005). 즉 페미니즘은 언어가 젠더화되어 있고, 젠더화된 언어는 대부분 여성적인 것에 취약하거나 바람직하지 않은 것을 수없이 연상시키고 이를 유지한다는 점을 인식한다. 내 생각에 언어라는 장에서 일어나는 이 논쟁은 페미니즘이 미래로 향하는 와중에도 변하지 않을 것이다. 법적 쇄신이나 변화와는 거리가 먼 운동에서 초점은 문화적 진보를 촉진하는 쪽으로 이동한다. 예컨대 광고에서 신체를 지나치게 강조하거나, 영화 속에서 여성 인물이 여자친구 혹은 아내가 아닌 역할로는 거의 등장하지 않는다거나(Mayer 2015), 여성성과 약함, 나쁨을 등치시키는 '보지'나 '씹'과 같은 여성에 대한 경멸적인 언어를 포르노그래피에서 한결같이 사용하는 등(Bridges et al. 2010)의 반여성적인 문화를 타파하고자 하는 것이다. 이처럼 언어를 통해 여성을 타자로 배치하는 문화는 끊임없이 도전받을 필요가 있다.

그러나 무스타파는 약간 다른 문제를 제기한다. 나는 제4물결의 아이러니를 탐구하기 위해 그녀의 경험을 사용했지만, 그녀의 사례는 교차성의 실패를 뒷받침한다. 페미니스트들은 무스타파를 비판하지 않았다. 그녀를 공개적으로 비판한 사람들 대부분은 처음에는 그녀의 해시태그(이성애, 백인, 남성)에 모욕당한 사람들이었다. 그러나 톰슨은 국제적인 플랫폼에서 무스타파와 유사한 요점을 짚고도, 아이러니의 고조된 감각을 가진 여성으로 이해될 수 있었다. 이는 많은 페미니스트들이 다른 페미니스트들보다 위험에 덜 노출된다는 사실을 시사한다. 페미니즘 정치학을 옹호하는 남성 페미니스트는 (물론 재전유로 비난받을 수도 있지만) 성폭력이라는 젠더 특정적, 즉 구체적으로 여성에게 국한된 위협에 시달리는 여성의 신체와 비교해 안전한 경향이 있다. 이와 유사하게 퀴어 페미니스트는 이성애자 페미니스트보다 더 많은 위험에 처해 있으며, 같은 방식으로 장애인 페미니스트들은 비장애인 페미니스트들과 비교하여 여러 가지 행사와 캠페인에 접근하는 것이 여전히 어렵다. 무스타파와 톰슨이 이처럼 다른 대우를 받을 수 있다는 사실은 페미니즘이 이러한 차이들을 최대치로 수용하지 않고 있다는 것을 보여 준다. 사회경제적 지위가 낮은 여성들은 '기댈 수$^{\text{lean in}}$' 없음을 샌드버그가 드러낸 것처럼, 페미니즘은 여전히 교차성에 대해 고심할 필요가 있다. 어떤 신체는 다른 사람들보다 더 위험에 처해 있다는 사실에 대한 지지와 인정이 계속될 때까지는 말이다.

물결에 관한 문제: 제4물결 페미니즘과 교차성

  페미니즘 물결의 시간 속에서 유색 여성, 흑인 페미니스트 집단의 구체적인 행동주의가 물결의 시간 틀과 깔끔하게 일치하지 않고 지워짐에 따라 유색 여성, 흑인 페미니스트들은 역사적으로 '시간 밖에 있다'는 감각을 느껴 왔다(Fernandes 2010). 제4물결 페미니즘에 대한 나의 사례 연구를 살펴볼 때, 무스타파의 사례를 제외하고는 백인 여성들이 가장 많이 진행하고 직면한 캠페인과 조직이 다루어졌다. 베이츠와 크리아도 페레스가 하고 있는 훌륭한 일을 훼손하려는 것은 아니지만, 그들은 서양 언론이 보도하고 싶어 하는 바움가드너 유형의 페미니스트와 유사한 듯 보인다. 이 지점에서 나는 페미니즘에 없어서는 안 될 캠페인에 대해 논의하고 싶다. 이러한 캠페인은 순간의 정동성에 기여할 뿐 아니라 제4물결을 지탱할 정동의 급등보다 오래 지속될 것이다. 내가 제4물결을 면밀히 고려할 때 이 사례들을 다루지는 않았지만, 이 사례들은 여전히 순간의 에너지와 다양성에 기여하고 있다. 그러나 이미 언급했듯, 일부 캠페인은 페미니즘 물결의 시간

틀 바깥에서 중요하게 머무르고자 하는 듯하다. 장기적으로 문화적, 사회적 변화를 이루기 위한 풀뿌리 차원의 작업을 계속할 것을 확실히 하면서 말이다.

님코 알리는 2010년 레일라 후세인Leyla Hussein과 자선단체인 '이브의 딸들'을 설립한, 여성 성기 절제에 맞서는 활동가로서 영국에서 계속 노력해 왔다. 이후 두 활동가는 여성 성기 절제라는 쟁점에 엄청난 관심을 불러일으켰다. 이들의 노력으로 이 쟁점은 영국의 주요 언론에 보도되었을 뿐만 아니라, 2014년에는 채널 4에서 〈잔인한 절단The Cruel Cut〉이라는 제목의 시리즈가 방영되었다. 내가 제4물결의 시간성과 연관시키는 정동들이 알리의 사례와 잘 들어맞는 데에는 여러 이유가 있다. 2010년 자선 활동을 시작한 그녀는 2012년부터 여성 성기 절제 생존자로서 자신의 경험에 대해 논하기 시작했다. 이처럼 알리는 '1인칭 I'를 사용하기로 한 후 캠페인과 외관상 거리를 두지 못하게 되었고, 더 감정적인 캠페인을 시작할 수 있었다. 슬럿 워크 및 '일상 속의 성차별'과 마찬가지로 개인적인 경험은 캠페인의 성공과 더 넓은 대중의 관심을 위해 필수적인 것이 되었다. 알리의 '1인칭 I' 사용은 다른 여성을 임파워링하는 측면에서 중요했을 뿐만 아니라, 문화적 관행, 여성 대상 폭력, 정부 혁신의 필요성, 현실 속 체현된 여성들의 실제 삶 사이의 중요한 연결 고리가 되었다. 알리와 후세인이 해낸 의식 고취의 대부분이 온라인 장 안에서 일어났다는 점에서 이 운동은 제4물결 페미니즘을 뒷받침한다. 두 사람 모두 트위터에 글을 많이 쓰고, 그 장을 사용하여 정치의 한 형태인 '보지의 전진fanny forward'*을 옹호한다. 알리와 후세인은 특히 채널 4 프로

그램이 방영된 이후, 수많은 강간 위협과 살해 위협에 시달리는 등 온라인을 통해서 제4물결의 급등에 필적하는 거대한 반격을 경험했다. 결국 알리와 후세인은 '이브의 딸들' 웹사이트에서 그들의 단체는 "청년들을 위한 복지 공백"을 채우기 위해 여성 성기 절제에 한정하여 도움을 제공하는 것을 목표로 한다고 말했다.[**] 이는 보수당의 긴축이 페미니즘 정동이 심화되고 급등이 생길 수 있는 환경을 만드는 열쇠가 될 수 있다는 관념과 매우 강하게 공명한다.

그러나 알리의 사례에는 제4물결의 동시대로부터 벗어나는 확고한 감각 또한 존재한다. '이브의 딸들'은 트롤링, 온라인 행동주의, 신속성, 풀뿌리 조직화에 공명할 수 있지만, 그들의 작업은 제4물결의 순간보다 훨씬 더 긴 장래성을 가지고 있다. 이처럼 '이브의 딸들'은 제4물결에서 만들어지긴 했으나 이 시기 페미니즘 행동주의의 급등에 자극을 받은 것은 아니었다. 후세인과 알리 덕에 청년들을 위한 서비스에 공백이 있음이 제대로 밝혀졌다. 이는 여성 성기 절제에 관해서라면 맞는 말이다. 한때 관련 예산이 존재했지만 중단된 적이 있었던 것이 아니라, 여성 성기 절제와 관련하여 응급 서비스에 대한 법률 제정 및 권고된 대응이 완전히 부재했다는 것이다. 그런 의미에서 알리와 후세인

---

[*]   (옮긴이) 님코 알리는 여성의 성기를 이르는 속어인 '보지fanny'라는 표현을 적극적으로 사용하며, 스스로를 '보지 수호 대장chief fanny defender'이라 부르기도 한다. '보지의 전진'은 그녀의 캠페인을 지지하는 사람들의 명단을 일컫는다. 한편 그녀의 성생활에 관해 자세히 묻는 식으로 캠페인에 응답한 사람들의 명단non-fanny forward 역시 존재한다. 여기에는 저명한 정치인도 포함되어 있다. Kira Cochrane, *All the Rebel Women: The Rise of the Fourth Wave of Feminism* 참조.

[**] '이브의 딸들'에 대한 더 많은 정보는 다음에서 볼 수 있다. http://www.dofeve.org/about-us.html.

은 '일상 속의 성차별'이나 성별에 따른 임금 차별과 같은 기존의 서양의 역사적 문제에 기반하지는 않지만, 다문화 국가로서 영국이 맞닥뜨린 구체적이고 시급한 쟁점에 대응하도록 요구한다. 수년간의 캠페인은 2013년에 왕립산부인과대학, 왕립간호대학, 왕립조산원대학, 지역 사회 의료진 및 방문 간호사 협회CPHVS(Community Practitioners' & Health Visitors' Association), '이퀄리티 나우Equality Now'가 후원하는 중요한 보고서로 이어졌다. 이 보고서는 여성 성기 절제의 신체적, 정신적 악영향을 다루는 법 및 예방과 개입 조치를 수립하기 위해 국민건강보험NHS(National Health Service)에서 취해야 할 일련의 조치에 대해 약술한다(The Royal College of Midwives 2013). 여성 성기 절제는 1985년부터 영국법에 포함되어 그 절차는 불법이 되었다. 그러나 2013년 보고서에 따르면 6만 6천 명의 영국인이 여성 성기 절제를 경험했음에도 불구하고, 가해자가 기소된 사례는 전무했으며 15세 미만 2만 3천여 명의 어린 여자아이들이 위험에 처한 것으로 보인다(Royal College of Midwives 2013). 2003년에는 입법이 더욱 진전되어 여성 성기 절제술을 받기 위해 젊은 여성들을 해외로 데려가는 것이 불법화되었다. 하지만 이러한 조치에도 불구하고 여성 성기 절제는 2001년 인구의 1.04퍼센트에서 2008년 1.67퍼센트로 증가했다(Royal College of Midwives 2013).

그렇다면 여성 성기 절제를 범죄로 만든 법적 변화가 있었음에도 이 주제에 대해 다루거나 교육하기 위한 공적 기반이 부재했다는 것이 명백하다. 후세인과 알리의 노력은 공공서비스가 대응적 모델뿐만 아니라 예방 차원의 모델을 만드는 방법을 재고하도록 했다. 응급 서비스는 현재 여성 성기 절제 수술에서 위험에 처한 젊은 여성들의 실태를 파악하고, 이들을 사회 서비스로 이관하는 방법에 대해 교육받고 있다(Royal College of Midwives et al. 2013). '이브의 딸들'은 영국 내 공공서비스의 공백을 메울 뿐만 아니라 여성 성기 절제가 영국에서 근절되기를 바라며, 의료 전문가를 양성하고 응급 서비스 교육을 도입하고 있다. 2013년에 이 범죄는 아동 학대의 한 형태로 인정되어 젊은이들에게 여성 성기 절제 근절의 중요성과 필요성에 대한 의식을 높였다. 유죄 판결률이 보여 주듯, 앞으로도 이에 대한 의식 향상과 캠페인이 해야 할 일들이 여전히 많다. 나는 대다수의 여성들과 달리 알리가 트롤링과 관련하여 자신의 안전에 매우 실제적이고 구체화된 위협을 경험했음을 인정하고자 한다. 특히 알리와 후세인은 온라인에서 독설에 찬 위협을 받았고 동시에 자신의 공동체에서도 문제를 경험했다. 2014년 WOW 축제에서 알리는 자신이 오프라인에서 겪은 한층 폭력적인 경험에 대해 이야기했다. 그녀의 지인은 알리의 가족들에게 누구든 500파운드를 준다면 알리를 죽일수 있다고 말했고, 또 다른 이는 알리를 차로 치려고 했다(Praagh 2015). 트롤들은 위협과 괴롭힘을 쉽게 가할 수 있는 한편, 알리에게는 체현된 위험이 실제로 존재한다. 이 경우 누군가를 침묵시키는 것은 그저 그에게 반대한다고 소리 높여 말하는 것만이 아니라 살해를 통해서 성취되는 것이다.

어쩌면 가장 중요한 것은 '보편성' 때문에 인기를 얻은 베이츠의 '일상 속의 성차별'과 달리 알리는 경험의 '독특성' 때문에 제약을 받았다는 것이다. 7세에 성기 절제술을 받은 후 영국으로 돌아왔을 때, 그녀는 여성 성기 절제라는 관행에 대한 통찰력을 주리라는 희망으로 그 경험과 자신이 왜 그 대상이 되었는지를 선생님에게 이야기했다. 선생님은 알리에게 "여성 성기 절제는 너와 같은 소녀에게나 일어나는 일"이라고 말했다(Poon, 2014). 영국에서 사람들은 "글쎄, 우리는 너의 문화에 간섭하고 싶지 않은데"라고 말한다(Poon 2014). 알리는 영국에서 이 문제가 매우 한결같다는 것을 알게 되었다. 여성 성기 절제는 순전히 사적이고 가족적이고, 가정 내의 영역에서 일어나기 때문에 비가시적일 뿐만 아니라, 그 쟁점이 마침내 이야기되었을 때에는 문화적 결정론으로 귀결된다. 이것이 바로 알리가 처한 곤경이었다. 알리는 영국에서 '문화적'이거나 '종교적'인 것으로 여겨지는 관행을 언급하기를 꺼리는 태도뿐만 아니라 문화적 가정과도 싸워야 했다. 따라서 알리의 운동 중 일부는 제4물결의 정동에만 한정되지 않으며, 다문화 국가로서 영국이 다양성을 폭넓게 다루는 방법을 배울 필요성과 함께 여성의 요구를 보호하고 다루는 서비스를 확립하고 유지하기 위해 계속되어야 할 장기적 투쟁이다.

그럼에도 불구하고 '이브의 딸들'은 제4물결의 정동성에 매우 많이 참여했고, 제4물결의 정동에 영향을 주었으며 제4물결의 정동과 공명했다. 베이츠와 알리는 일약 주목을 받은 유사한 경험을 겪고 나서, 여러 번 함께 강연했고 이제는 아주 좋은 친구가 되었다. 이전 장에서 제시했듯, 페미니스트와 페미니즘 조직은 직함이나 캠페인의 일부를 책임지지 않고도 물결에 결부되거나 연계될 수 있다. '이브의 딸들'은 영국의 공공서비스가 모든 여성을 대변하도록 요청하는 일뿐만 아니라, 진정한 교차성 페미니즘에 대한 인식을 고쳐하는 일에도 중심이 되었다. 즉 '이브의 딸들' 운동은 제4물결 급등의 강도와 일치한다. 신체 이미지를 둘러싼 수많은 운동이 여성들 사이에서 소음순 수술이 늘어나는 것에 대해 질문을 던지면서 이 페미니즘의 순간에서 전면에 나서고 있다. 결과적으로 '이브의 딸들'은 빠른 이동과 폭넓은 확장을 가능케 하는 소셜 미디어의 도움을 받아 개인적인 것이 정치적인 영역으로 이동하는 방식에서 많은 주목을 받았다. 그러므로 나는 알리와 그녀의 조직이 이 제4물결의 정동적 시간성에서 배제됨을 시사하는 것이 아니다. 오히려 나는 그녀의 작업을 조직들이 제4물결의 순간들에 연관될 수 있는 방식이자 페미니즘에 대한 공적 관심이 늘어남에 따라 득을 본 사례로 들고자 한다. 그들의 작업은 급등에 앞서 존재했고, 급등 이후에도 계속될 테지만 말이다. 알리는 자신이 여성 성기 절제 수술을 경험한 젊은 여성들을 많이 만났던 중학교 시절, 처음으로 여성 성기 절제 활동가가 되었다고 주장한다. 이러한 자각과 더불어 알리가 여성 성기 절제에 대항하는 운동을 하기로 한 결정은 2003년, 즉 온라인 행동주의, 트위터 트롤링, 보수적인 긴축, 브랜드 동원을 통해 특징지어지는 기간이 아닌 시기에 이루어졌다.

제4물결의 순간에 출현했지만 이 정동적 시간성을 넘어서서 오래 지속될 또 다른 곤경은 트랜스 페미니즘의 어려움이다. 페미니즘은 LGBTQ 활동가들과의 긍정적이고 부정적인 역사 모두를 가지고 있다. 제2물결은 레즈비어니즘과는 다루기 어려운 관계를 갖고 있었고, '연보라색 골칫거리Lavender Menace'*를 낳았다. 일부 활동가들은 이와 거리를 두려고 했고, 리치Adrienne Rich와 같은 이들은 강제적 이성애의 위험에 대해 글을 썼으며(Rich 1995), 어떤 이론가들은 빠른 이동과 폭넓은 확장을 가능케 하는 소셜 미디어의 도움을 받아 레즈비언 분리주의를 옹호했다(Jeffreys 1993). 온라인 유토피아, DIY 문화, 교차성에 중점을 둔 제3물결은 페미니즘과 섹슈얼리티의 관계를 변화시켰다. 제3물결은 학계 및 이론과 연관되어 퀴어 이론과 페미니즘의 관계를 창출했다(Braidotti and Butler 1997; Schor and Weed 1997). 매우 간략한 요약이지만 이는 연대기적 시간을 거치면서 LGBTQ 권리에 관해 성취된 더 넓은 진보가 사회운동에 반영됨을 보여 준다. 이와 같이 LGBTQ 정체성이 널리 받아들여짐에 따라 LGBTQ 정체성은 페미니즘 정치에 더욱 폭넓게 통합되었다.

제4물결의 순간 속에서 트랜스 행동주의는 (페미니즘과 별개로) 상당히 주목받고 있다. 트랜스 인권을 대변하는 저명한 대표자들 다수는 대서양을 가로지르는 구분을 초월한 것으로 보인다. 라번 콕스Laverne Cox 및 케이틀린 제너Caitlyn Jenner와 같은 인물들이 미국에서뿐만 아니라 영국에서도 보도되었다.** 이를 통해 영국에서 2015년 『인디펜던트』에서 선정한 핑크 리스트에 오른 패리

---

* (옮긴이) 페미니즘 운동에서 레즈비언이나 레즈비언 쟁점을 배제하는 행태에 저항하고자 조직된 레즈비언 페미니스트 집단. 1969년 베티 프리단이 여성운동을 '방해'하는 레즈비언 조직들을 우려하며 처음 사용했다. 이후 레즈비언 페미니스트들은 이를 재전유하여 자신들을 표명했다.

** 라번 콕스는 넷플릭스 프로그램 〈오렌지 이즈 더 뉴 블랙Orange is the New Black〉을 통해 명성을 얻었다. 이것은 미국 내 감옥에서의 여성 경험에 중점을 둔다. 그는 『타임Time』 표지에 실린 최초의 트랜스 여성이며 트랜스 권리를 적극적으로 옹호한다. 케이틀린 제너는 리얼리티 TV 프로그램 〈카다시안 패밀리Keeping up with the Kardashians〉에 브루스 제너Bruce Jenner로 출연하여 명성을 얻었다. 2015년 브루스 제너는 트랜스 여성으로 커밍아웃했고 7월 『배니티 페어』 표지에 케이틀린으로 개명하여 실렸다. 케이틀린 제너 또한 주목받는 트랜스 옹호자이며 자신의 성전환transition을 주제로 하는 텔레비전 쇼 〈나는 케이트I am Cait〉를 만들었다.

스 리스Paris Lees, 잭 먼로Jack Monroe와 같은 활동가들은 트랜스 권리를 위해 목소리를 높였고, 매우 주목받는 활동가가 되었다.* 이처럼 이 기간은 트랜스 운동의 임계점으로 간주될 수 있지만, 이러한 진전은 역설적으로 트랜스를 가시화하거나 트랜스를 포함하기를 반대하는 집단에 의해 촉진된 것으로 보인다(Jeffreys 2014). 또한 이러한 저항은 특수하게 학교 및 화장실 사용과 관련하여 특히 미국에서 격렬한 것처럼 보이지만, 영국에서도 마찬가지로 이러한 저항이 나타나고 있다(Withers 2010).** 2016년 1월 마리아 밀러Maria Miller와 여성평등위원회Women and Equalities Committee의 위탁을 받은 영국 내 트랜스 쟁점에 관한 보고서가 출판되었다. 이 보고서는 국민건강보험이 트랜스 환자에 대한 치료법을 바꾸어야 할 필요성과 같은 수많은 중요한 문제들을 지적했다. 이에 더해 밀러는 자신의 연구에 대한 반격 또한 논의했다. 놀랍게도 그에 대한 가장 신랄한 공격은 자신이 페미니스트라고 주장하는 여성들에게서 나왔다.*** 밀러는 강간위기센터와 같이 여성만을 위한 서비스의 중요한 성과를 인정하면서도 트랜스 여성에 대한 지

---

* 패리스 리스는 영국에서 매우 주목받는 트랜스 활동가다. 그는 트랜스 캠페인 '트랜스에 관한 모든 것All About Trans'을 설립했으며, 2015년 영국의 LGBT 공적 인물을 축하하는 『인디펜던트』가 선정한 핑크 리스트의 최상위권에 이름을 올렸다. 2015년에는 음식 블로거 잭 먼로가 트랜스로 커밍아웃했다. 잭 먼로는 여자나 남자가 아닌 젠더 논바이너리로 정체화했다.

** EU LGBT 설문 조사 'EU 내에서 트랜스로 존재하기Being Trans in the European Union'는 지난해 트랜스의 50퍼센트 이상이 자신의 정체성을 이유로 차별을 받았다는 사실을 밝혔다. https://fra.europa.eu/sites/default/files/fra-2014-being-trans-eu-comparative-0_en.pdf. 영국 하원에서 발표한 2016년 보고서에 따르면 트랜스젠더 증오 범죄가 과소평가되고 있으며 트랜스들의 일상적 경험의 일부라고 보고되었다. http://www.publications.parliament.uk/pa/cm201516/cmselect/cmwomeq/390/390.pdf.

*** 보고서에 대해 밀러는 자신의 트위터 피드에 여성들의 비난이 넘친다고 말했다. 이 여성들은 밀러가 트랜스를 옹호하면서 트랜스 정체성을 가장한 폭력적인 남성이 여성 피해자들에게 접근할 수

제4물결 페미니즘: 정동적 시간성

원을 확대할 것을 요구했다(WEC 2015).

트랜스 정체성은 젠더 및 섹스에 대한 페미니즘 연구와 흥미로운 관계에 있다. 트랜스 정체성은 본질주의와 구성주의를 경합시키고 동시에 그 둘을 지지하는 것처럼 보인다. 잘못된 몸에서 태어난다는 주장은 생물학적 본질주의를 거부하는 듯하지만, 그 몸을 바꾸는 운동은 여전히 일종의 생물학적 본질주의가 작동하고 있음을 시사하는 것처럼 보인다. 이러한 본질주의 가운데에서도 젠더와 섹스가 구성될 수 있다는 의미도 있으며, 따라서 더 큰 유동성이 가능해진다(Salamon 2010). 트랜스 여성이나 트랜스 남성이 아닌 그저 '트랜스'로 정체화하는 사람들이 특히 보여 주듯 말이다. 젠더와 섹스에 접근하는 방식이 지닌 이러한 곤란함은 본질주의와 구성주의 사이에서 움직이면서 젠더 이원론을 거부하는 동시에 강화하기도 한다. 이를 두고 어떤 방식으로든 트랜스 여성을 페미니즘에 맞서거나 반하는 것으로 이해해서는 안 된다. 더 나아가 트랜스로 정체화하는 사람들은 의학적, 심리학적, 일상적 관점 모두에서 트랜스로 살아가는 경험에 직접적으로 목표를 두는 서비스에 더해, 다른 여성들과 동일한 서비스와 존중을 요구한다. 페미니즘은 여전히 개방성과 교차성을 강조하기를 바라는 듯하지만, 이 제4물결의 시간성은 트랜스 행동주의의 증가뿐만 아니라 내가 예상했던 것처럼 트랜스 배제적 래디컬 페미니스트와 트랜스 여성 사이에서 계속되는 문제의 시작도 보여 준다(Serano 2007).

있도록 내버려 둔다고 비판한다. http://www.independent.co.uk/news/uk/politics/maria-miller-says-only-hostility-to-transgender-report-camefrom-women-purporting-to-be-feminists-a6830406.html.

페미니즘이 영국 백인 여성의 쟁점들과는 다른 다문화적 쟁점에 대한 관심을 이끌어 냄에도 교차성을 완전히 실천하는 데에는 어려움을 겪는 것처럼, 트랜스 행동주의는 이 제4물결의 급등이 완화된 후에도 필연적으로 계속될 것이다. 이 순간의 정동적 강도가 소멸된 이후에는 트랜스 행동주의에 대한 언론의 보도가 줄어들고 페미니즘계에서도 트랜스 쟁점이 더 적게 다루어지겠지만, 이 쟁점은 트랜스 공동체의 작업에서 오래 계속될 것이다. 그러므로 트랜스 배제적 래디컬 페미니스트, 래디컬 페미니즘 활동가 및 트랜스 활동가들은 이 특수한 순간에서 부딪히지만, 이 곤경은 특정한 여성 집단들과의 관계에서 어느 정도 지속될 것으로 보인다. 이는 부분적으로는 우리가 현재 두 개의 급등, 즉 트랜스 운동의 임계점과 제4물결 페미니즘이 겹치는 것을 경험하고 있기 때문이다. 두 운동 모두에 대한 관심이 강화됨에 따라 이 둘의 관계는 이 시간성 안에서 유사하게 강화될 수밖에 없을 것이다. 페미니즘의 제4물결이 주춤하기 시작하거나 단순하게 해안을 향해 충돌한 후 사라져도, 트랜스 운동은 여전히 일관된 힘으로 계속될 수 있다. 그러나 이러한 수렴은 물결의 격렬한 정동적 급등이 언제나 진보나 앞을 향한 운동으로 귀결되지 않는다는 것을 입증했다. 이는 각 물결이 양적으로 증가할수록 물결에 대한 숫자 표기가 함께 늘어남에 따라 페미니즘이 점점 더 완전한 평등, 개방성, 진보를 향해 이동하리라는 것을 뜻한다. 하지만 제4물결은 페미니즘에 모든 트랜스 여성을 포함하기를 원하는 특정한 페미니스트 집단들이 존재하는 한편(Hoff 2015), 목소리를 높이는 반대편 또한 존재한다는 것을 시사한다(Jeffreys 2014). 이 시간성에서 페미니즘에 대한 관심이 높아졌기에 이 반대자들은 특히 주목할 만하다. 이는 물결을 만들기 위해 결합하는 긍정적인 정동과 부정적인 정동 모두와 관련된다. 페미니스트들은 자신의 정동적 시간성에 항상 긍정적이고 좋은 정동을 보낼 수는 없다. 이 특수한 경우, 즉 트랜스 여성 및 이들의 포함과 관련하여, 정동은 특히 배제, 의심, 공포, 불행에 집중되면서 곤란해진다. 트랜스에 관한 논의가 이러한 부정적인 정동을 야기했다는 사실은 논쟁의 양측 모두가 부정적인 정동을 지속시킬 뿐만 아니라, 일종의 정동적 끈적함을 형성하도록 했다. 정동적 끈적함이란 특정 활동가들이 끈적한 느낌을 통해 이 쟁점에 들러붙는다는 것을 의미한다.

제4물결은 얼마나 오래 지속될 것인가?

페미니즘의 제4물결을 변화시킬 수 있는 요인들, 즉 동시대 행동주의가 발생하는 강도를 높이거나 낮추는 수많은 요인이 존재한다. 앞서 언급했듯, 보수당의 긴축정책을 통해 창출된 경제적 조건은 페미니즘의 네 번째 현현에 큰 영향을 미쳤다. 긴축정책은 정부 자금을 성 평등에 지원하는 대신, 성 평등에 대한 책임을 국민들에게 돌려 풀뿌리 운동에 투자하거나 관심을 갖도록 했다. 이 조건이 변화한다면, 예컨대 강간위기센터의 재정적 지원이 늘어난다거나 하는 변화가 생긴다면, 풀뿌리 운동의 노력들이 합심할 필요성이 줄어들 것이다. 당장 공공서비스가 삭감되는 것처럼 보이지는 않더라도, 페미니즘은 국가의 지원 부족을 보완하기 위해 지속적인 에너지를 유지해야 할 것이다. 국가의 지원 부족으로 인해 강간위기센터, 그리고 학대 관계를 벗어난 여성들을 위한 안전한 주택이 폐쇄되면, 이 특수한 쟁점이 공적인 관심에서 완전히 사라지지 않도록 하면서 이에 대한 정보와 자원을 제시해야 한다. 이처럼 국가 재정과 페미니즘 사이의 관계는 중요하다 (Evans 2015; Fraser 2013). 따라서 풀뿌리 행동주의는 관심을 얻거나 신속하게 불평등에 이의를 제기하는 수단일 뿐만 아니라 여성을 물리적, 재정적으로 지원하기 위해서도 필요하다.

한편 제4물결의 일부 페미니즘 쟁점이 제도적 틀로 나아가면서 주류가 되고 있다는 사실은 흥미롭다. 이 경우 풀뿌리 차원에서 페미니스트 주체들을 한데 묶는 정동적 강도는 국가 지원과 재정 보조에 대한 강조로 대체된다. 이는 어느 정도는 '이브의 딸들' 같은 조직을 위한 장기적인 가능성으로 볼 수도 있다. 여성 성기 절제의 법적 측면은 이제 정부에서 다뤄지며, 이의 치료나 예방 조치는 전체 공공복지에 걸쳐 교육되고 있다. 성매매를 둘러싼 입법 또한 이와 유사하게 지난 5년간에 걸쳐 섹스에 돈을 지불하는 것이 불법화되었다. 성 판매 여성들이 상황에 관계없이 성매매 행위로 처벌을 받지 않도록 법이 바뀐 것이다. 대신에 행위에 대한 책임은 성을 구매하는 사람들에게 돌아간다.* 이 두 가지 경우에서 법은 동시대 여성들의 경험을 반영하도록 변했다. 이처럼 영국은 구체적인 쟁점에 접근하는 방식을 바꾸어야 했고 공공서비스가 이를 지원했다.

---

* 영국의 포르노그래피 접근법에 관한 더 많은 가이드는 CPS 웹사이트를 보라. http://www.cps.gov.uk/legal/p_to_r/prostitution_and_exploitation_of_prostitution/ [원본 링크 유실].

그러나 이와 같은 긍정적이고 진보적인 단계가 언제나 성공적으로 나타나지는 않는다. 여성 성기 절제는 여전히 문화적 중재가 필요하며, 이와 관련하여 의미 있는 판결은 아직까지 없다. 마찬가지로 성 노동자들은 여전히 영국 내에서 합법적 지위에 있지 않고, 이로 인해 잠재적으로 위험한 고객들로부터 자신의 안전을 지키기 위해 노조를 결성하거나 조직하지 못하고 있다(Grant 2014). 성 노동자, 특히 거리에서 일하는 가장 취약한 상태의 성 노동자의 경우, 경찰이 이들이 아니라 성 구매자들을 처벌한다는 증거는 거의 없다(Amnesty 2016). 페미니즘 쟁점이 주류화된 마지막 사례는 디지털 성폭력을 둘러싼 법적 변화다. 디지털 성폭력은 2015년에 불법화되었다. 이러한 변화에도 불구하고, 디지털 성폭력을 기소하는 것은 여전히 극도로 어렵고, 사건 조사율도 저조할뿐더러 유죄 선고율은 믿을 수 없을 정도로 낮다(CPS 2014). 따라서 구체적인 쟁점을 주류화하고 제도화하는 데에는 여전히 페미니즘 조직의 지원이 필요하다. 정부의 여성 복지 투자가 여성에게 국한된 쟁점들에 대한 분명한 관심과 결합될 때, 여성 쟁점들을 가시화하기 위해 조직화하고 합심하는 풀뿌리 노력의 필요성은 줄어든다.

제4물결의 지속을 어렵게 하는 또 다른 문제는 페미니즘 쟁점을 가시화하기 위해 소셜 미디어에 크게 의존하는 것이다. 페이스북과 트위터는 접근성을 높이거나 조직화를 쉽게 하고, 매우 짧은 시간 내에 사람들을 동원하기에 매우 유용하다. 하지만 페미니즘이 소셜 미디어를 이용하는 것이 유효한지에 대한 의문 또한 제기될 수 있다. 제4물결의 사례 연구에 대한 장[5장]에서, 나는 대부분 전례 없이 세를 얻어 실제로 변화를 가져온 소셜 미디어 캠페인에 중점을 두었다. 일부 캠페인은 공적 상상력을 사로잡아 온라인에서 거대한 지원을 얻는 반면, 다른 캠페인들은 같은 수준의 열광을 불러일으키지 못하고 완전히 사라진다(Lovink 2011). 이와 같이 어떤 쟁점은 다른 쟁점보다 더 공공성을 획득하고 더 많은 관심을 얻는다. 이처럼 성공적으로 시작된 온라인 캠페인은 소수에 불과하다. 대부분의 캠페인은 결코 전국적인 매체를 타지 못한다. 쟁점을 가시화하고 운동가들을 동원하기 위해 소셜 미디어에 의존하는 것이 언제나 유용한 것은 아니다. 실제로 소셜 미디어는 속도와 편의를 약속하지만, 적당한 주의를 기울이지 않는다면 소셜 미디어의 효과를 전혀 볼 수 없을지도 모른다(Lovink 2011).

소셜 미디어로 인해 겪는 또 다른 어려움은 페미니즘을 지지하는 유형에 대한 우리의 이해를 왜곡한다는 것이다. '클릭티비즘clicktivism' 현상은 행동주의가 일련의 클릭으로 대체되고 있음을 반영하여 만들어진 용어다. 청원에 이름을 올리거나 특수한 대의명분을 공유하는 것은 쉽게 할 수 있다. 따라서 캠페인에 헌신하는 방식이 크게 바뀌었다. 캠페인에 참여하거나 참여했다고 인정받기가 쉬워졌지만, 초반에 캠페인에 관여한 이후 캠페인을 간과하거나 무시하거나 잊어버리는 것 역시 쉬워졌다(Lovink 2011). 온라인에서 시작된 캠페인은 청원서에 서명하는 것에 기꺼이 응하지만 컴퓨터를 넘어서서 행동할 필요는 없는, 그러한 인터넷 이용자들로부터 막대한 지지를 받을 수 있다. 이런 종류의 행동주의는 구체적인 쟁점이 대중적인 지지를 받는 것처럼 보이게 하지만, 인터넷 영역에 머무를 뿐이다. 오히려 쟁점은 온라인에서 가시화되고, 온라인에서 지지받고, 온라인에서 공유되는, 인터넷 공간 바깥의 실제 세계에는 물질적인 영향을 미치지 않으면서 계속되고 순환한다. 또한 캠페인이 대규모의 지지를 받고 캠페인에 손쉽게 참여할 수 있게 되면서, 제4물결 페미니즘 공동체를 이해하는 방식에도 영향을 미쳤다. 제4물결 페미니즘 공동체는 새로운 청원이나 해시태그에 변함없이 시간과 에너지를 쏟아붓는 사람들로 매우 광대하게 인식될 수 있다. 그러나 온라인 행동주의는 실제적인 의미에서 행동주의가 아니다. 행동주의가 인터넷에서 존재한다고 해서 언제나 현실의 변화와 일치하지는 않는다는 것이다. 온라인 행동주의는 점점 더 쉽게 참여할 수 있도록 지속될 것이지만, 이 행동주의가 물질적 변화로 바뀌지 않는다면, 인터넷에서의 행동주의와 인터넷 바깥의 현실 속 여성 경험 사이의 격차가 점점 더 벌어질 것이다. 슬프게도 여성이 겪는 온라인상의 증오와 여성혐오에 대한 실제적이고 체현된 경험에 이 격차는 반영되지 않는다.

　제4물결은 이 특수한 페미니즘의 정동적 시간성이 '오래 지속될' 구체적인 쟁점에 격렬하게 집중하도록 했다. 여성 성기 절제에 대한 논의뿐만 아니라 극단주의의 부상으로 영국은 다문화주의를 문화 결정론적이지도 않고 인종 차별적이지도 않은 다른 방식으로 다룰 필요가 있다. 이 제4물결의 순간에 이슬람과 베일에 관한 수많은 페미니스트들의 논의가 존재했지만, 다문화 사회로서 영국이 겪는 어려움은 유럽의 광범위한 이주 위기로 인해 심화되고 악화되었다.* 나는 이러한 쟁점이 여성에게 영향을 미치지 않는다고 말하는 것이 아니라 오히려 영국에 페미니즘보다 더 넓은 범위의 쟁점이 존재한다고 말하고자 한다. 영국에서 증가한 인종주의뿐만 아니라 여성 성기 절제와 같은 관행은 국가가 문화와 종교를 어느 범위까지 다루어야 하는가에 대해 특수한 주의를 기울일 것을 요청한다. 마찬가지로, 트랜스 정체성은 페미니즘에서 치열하게 논쟁을 벌이고 있기는 하지만(Jeffreys 2014), LGBT 공동체와 교차하면서 트랜스 운동이 이 제4물결의 순간에 얽매이지 않을 수 있도록 한다. 스톤월Stonewall**은 트랜스 쟁점을 대변하기 위해 더욱 노력하겠다고 약속했다. 그리고 트랜스 운동은 국민건강보험에 주목할 수밖에 없다. 이에 따라 트랜스 캠페인은 이 페미니즘의 동시대를 초월하여 계속되고, 오래 지속될 것처럼 보인다. 따라서 제4물결의 강도는 아마도 젠더와 문화 결정론뿐만 아니라 젠더와 섹슈얼리티의 교차점에 특정한 강도를 추가하는 한편, 이 두 영역의 범위는 제4물결 페미니즘의 역량과 투자를 넘어 연장되고 있다. 그들이 페미니즘을 넘어서서 제도에 대한 비판으로 계속 나아감에 따라 어떤 의미에서는 제4물결의 순간

---

* 이슬람과 페미니즘 사이의 관계 및 이주 위기가 정치에 미치는 영향은 종종 주류 언론에 의해 혼동되기는 하지만 서로 다른 쟁점이다. 우익 간행물에서 이주 위기는 종종 자국의 법에 따라 운영되는 공동체를 만들기 위해 영국으로 이주하는 비非난민의 유입으로 표현된다. 이러한 경우에 이 이민자들이 영국 내에서 공동체의 여성들을 소외시키고 종속시키는 종교와 문화를 고집한다는 논쟁이 있다. 영국에는 '이브의 딸들'을 포함하여 성별, 종교, 문화의 교차점에 집중하여 활동하는 단체부터 '카르마 니르바나Karma Nirvana'와 같이 강제 결혼이나 '명예'를 이유로 자행되는 학대 문제에만 관여하는 자선 단체와 재단이 있다. 그러나 유럽 도시에서 일어난 대규모 성폭행 사건과 이민 센터에서 이민자들이 일으킨 학대가 보고되면서 성, 종교, 문화는 더욱 복잡한 문제로 악화되었다. 이들 사건은 우익 정치인들이 외국인 혐오와 배타적 정치를 정당화하기 위해 페미니즘을 악용한 것으로 귀결되었다.

** (옮긴이) 1989년에 설립된 영국의 LGBT 인권 단체. 공식 명칭은 Stonewall Equlity Limited. 1969년 뉴욕 그리니치에서 벌어진 성 소수자 투쟁인 스톤월 항쟁에서 그 이름이 유래했다.

에는 에너지를 덜 쏟게 될 것이다.

결론

   제4물결과 교차된 특정한 캠페인 및 쟁점과 유사하게, 그리고 이 캠페인과 쟁점이 페미니즘에서 조금은 벗어난 자신만의 궤적을 따르기 전에 이 동시대에서 우리는 여성 정당의 탄생을 목격했다. 정당이 지난 2년 내에 설립되었다는 사실은 이 정당이 제4물결 급등이 끝나더라도 계속 활동하리라는 것을 의미한다. 제4물결이 대표성과 가시성에 중점을 둔다면, 서로 다른 집단과 조직이 대중의 의식을 높이기보다는 장기적인 영향력을 목표로 하며 제도에 진입함에 따라 세를 잃을 수도 있다. 2015년에 캐서린 메이어Catherine Mayer와 샌디 톡스빅Sandi Toksvig은 여성평등당Women's Equality Party을 공동 창립했다. 여성평등당은 웹사이트에 「왜 우리인가, 왜 지금인가Why us, Why now」라는 성명을 포함시켰다.* '왜 지금'은 격렬한 정동적 순간 내에서 과거, 현재, 미래가 수렴하는 것으로서 동시대를 이해하는 나의 고찰에 특히 중요한 듯하다. 제4물결의 정동을 통해 두 창립자들이 정당 설립이라는 목표를 세우게 되었음은 분명하다. 임금 격차에서부터 FTSE** 이사회 참석,

---

*   여성평등당에 대한 더 많은 정보는 이 당의 웹사이트를 보라. http://www.womensequality.org.uk.

** (옮긴이) Financial Times Stock Exchange의 약어. 영국의 주가 지수와 관련 데이터 서비스를 제공한다. 대표적으로 런던 증권거래소에 상장되어 있는 주식의 시가 총액 순서대로 100개 기업의 주가를 지수화하는 FTSE100 등을 운영한다.

강간 유죄 판결, 학교에서의 젠더 고정관념에 이르기까지 영국에서 불평등이 더욱 가시화되고 언론의 집중이 늘어남에 따라 여성평등당은 공식적이고 정치적인 대표성이 필요하다고 결단했다. 그들은 영국에서 여성의 권리에 전적으로 초점을 맞추는 기본 방침에서 이탈하지 않을 것이라고 주장한다. 이 정당이 앞으로 성공을 거두든 그렇지 않든, 향후 선거운동을 통해 의석 확보가 결정될 것이다. 하지만 정당이 설립되었다는 것 자체가 페미니즘이 가장 영향력 있는 조직의 일환이 되었다는 것을 확실히 보여 주는 페미니즘의 공식화되고 제도화된 노력이다. 이 정당은 정부에 청원하고 로비하는 것을 포함하는 과거의 페미니즘 행동주의에 의존하는 동시에 진정 페미니즘적인 미래를 열망하면서, 국내 정치 세력으로서 자신의 위상을 확립하기 위해 페미니즘의 동시대 순간의 혜택을 받고 있다.

정당을 창당하는 것 외에도 페미니즘의 물결은 필연적으로 더 멀리 나아갈 것이다. 새로운 물결은 반드시 자신을 대표할 타이틀이 필요한 새로운 세대에 의해 결정되는 것이 아닐뿐더러 제4물결에 대한 반항도 아닐 것이다. 오히려 새로운 물결은 매체에서 재현되거나 공적인 장에서 유발되는 페미니즘적 관심의 급등일 것이며, 이는 압도적인 정동적 반응을 형성하는 환경에 대한 응답이다. 페미니즘의 목적은 제4물결의 순간 내에서 여전히 변하지 않았다. 페미니즘의 목적은 다양성을 더 포함하고자 하는 영국에 부응하기 위해 확대되고 다양화되긴 했지만, 궁극적으로는 여전히 여성을 위한 평등과 관련한다. 동일 임금이 성취되고 있는지, 의회에서 여성이 남성만큼 대표성을 가지고 있는지에 관한 통계를 고려해 보면, 영국이 여남 동수gender parity에 이르기까지는 수백 년까지는 아니더라도 수십 년은 걸릴 것 같다.* 제4물결은 이 동시대에 활력을 얻어 등장했지만 수십 년 동안 지속될 수는 없다. 활동가들은 휴식 없이 싸울 에너지가 없으며, 캠페인도 마찬가지로 그 출현의 맥락이 내적으로 변화하여 페미니즘의 물결에서 이탈하게 될 수도 있다. 페미니즘은 이와 같이 정치, 입법, 공공복지 개혁이라는 아주 명확한 궤적을 지니고 제도와 장기 캠페인 내에서 작동하는 동안에도 비가시화될 수도 있다. 그럼에도 네 번의 페미니즘 물결들이 만들어졌던 것처럼, 페미니즘은 제도화된 노력 및 풀뿌리 운동과 결합하면서 다시 출현하게 될 것이다. 과거에서부터 더 나은 미래에 이르는 운동과 관련해서 맥락과 정동들이 서로를 연결할 수 있는 끈적한 급등을 형성하기 위해 수렴하는 바로 그 순간에 말이다.

---

* 포셋Fawcett[Fawcett Socity, 여성 참정권 활동가 밀리센트 포셋Milicent Fawcett의 이름을 따 만들어진 영국의 여성 단체]은 11월 9일을 동일 임금의 날equal pay day로 공표했다. 남녀 임금 격차를 감안하여 계산하면 여성은 11월 9일부터 한 해의 마지막 날까지 더 이상 수입이 생기지 않는다. 이 조직은 또한 남녀 노동자의 임금 격차가 13.9퍼센트라고 계산한다.

<h1 style="text-align:center">참고문헌</h1>

Amnesty International(2016), *Policy on State Obligations to Respect, Protect and Fulfil the Human Rights of Sex Workers*, Amnesty International Online, Report no. POL 30/4062/2016.

Aune, Kristin and Redfern, Christine(2010), *Reclaiming the F-Word*(London: Zed Books Ltd.).

Banyard, Kate(2010), *The Equality Illusion*(London: Faber and Faber).

Braidotti, Rosi and Butler, Judith(1997), "Feminism By Any Other Name", *Feminism Meets Queer Theory*(Bloomington: Indiana University Press), pp. 31~67.

Butler, Judith(2008), *Gender Trouble: Feminism and the Subversion of Identity*(Oxon: Routledge).

Bridges, Ana J., Wosnitzer, R., Scharrer, E., Sun, C., and Liberman, R., "Aggression and Sexual Behaviour in Best-Selling Pornography Videos: A Content Analysis Update", *Violence Against Women*, Vol. 16, No. 10(October 2010), pp. 1065~1085.

Cochrane, Kira(2014), *All The Rebel Women: The Rise of the Fourth Wave Feminist*(London: Simon & Schuster, Kindle e-book).

CPS(2014), "Crown Prosecution Service offers clear guidance for prosecutors on 'revenge pornography'", CPS.GOV.UK. 6 October 2014. http://www.cps.gov.uk/news/latest_news/crown_prosecution_service_offers_clear_guidance_for_prosecutors_on_revenge_pornography/(Accessed 28 March 2016). [원본 링크 유실].

Equality and Human Rights Commission(2015), *Pregnancy and Maternity-Related Discrimination and Disadvantage: Experiences of Mothers*(London: IFF Research).

Evans, Elizabeth(2015), *The Politics of Third Wave Feminism: Neoliberalism, Intersectionality, and the State in Britain and the US*(Basingstoke: Palgrave

Macmillan).

Farmer, Andrew, "Facebook and Twitter Experience Year of Declining Popularity", *YouGov.co.uk*.(5 June 2014). https://yougov.co.uk/ news/2014/06/05/facebook-and-twitter-experience-year-declining-pop/(5 March 2016).

Fernandes, Leela(2010), "Unsettling 'Third Wave Feminism': Feminist Waves, Intersectionality, and Identity Politics in Retrospect", *No Permanent Waves: Recasting Histories of U.S. Feminism*(New Brunswick: Rutgers University Press), pp. 98~118.

Foster, Dawn(2016), *Lean Out*(London: Repeater Books).

Fraser, Nancy(2013), *The Fortunes of Feminism: From State-Managed Capitalism to Neoliberal Crisis*(London: Verso).

Gira Grant, Melissa(2014), *Playing the Whore: The Work of Sex Work*(London: Verso).

Government Equalities Office(2016), *Government Response to the Women and Equalities Committee. Report on Transgender Equality*(London: Gov UK), ID P002806198.

Hoff, Shannon, "Translating Principle into Practice: On Derrida and the Terms of Feminism", *The Journal of Speculative Philosophy*, Vol. 29, No. 3(2015), pp. 403~414.

Jeffreys, Sheila(1993), *The Lesbian Heresy: A Feminist Perspective on the Lesbian Sexual Revolution*(Melbourne: Spinifex).

Jeffreys, Sheila(2014), *Gender Hurts: A Feminist Analysis of the Politics of Transgenderism*(London: Routledge).

Levy, Ariel(2005), *Female Chauvinist Pigs: Women and the Rise of Raunch Culture*(London: Simon and Schuster UK Ltd.).

Long, Julia(2012), *Anti-Porn: The Resurgence of Anti Pornography Feminism*(London: Zed Books).

Love, Heather(2007), *Feeling Backward: Loss and the Politics of Queer History*(Cambridge: Harvard University Press).

Lovink, Geert(2011), *Networks Without a Cause: A Critique of Social Media*(Cambridge: Polity Press).

Mayer, Sophie(2015), *Political Animals: The New Feminist Cinema*(London: I.B. Tauris).

Penny, Laurie(2013), *Cybersexism: Sex, Gender and Power on The Internet*(London: Bloomsbury Publishing).

Poon, Linda, "Fighting Genital Cutting of British Girls: A Survivor Speaks Out", *NPR*(5 August 2014). http://www.npr.org/sections/goatsandso da/2014/08/05/336040358/fighting-genital-cutting-of-british-girlsa-survivor-speaks-out(Accessed 12 May 2016).

Rich, Adrienne(1995), *On Lies, Secrets and Silence: Selected Prose, 1966–78*(London: W.W. Norton & Company).

Riley, Denise(2005), *Impersonal Passion: Language as Affect*(London: Duke University Press).

Royal College of Midwives et al.(2013), *Tackling FGM in the UK: Intercollegiate Recommendations for Identifying, Recording and Reporting*(London: The Royal College of Midwives).

Salamon, Gayle(2010), *Assuming a Body: Transgender and Rhetorics of Materiality*(New York Chichester: Colombia University Press).

Schor, Naomi and Weed, Elizabeth(1997), *Feminism Meets Queer Theory*(Indianapolis: Indiana University Press).

Serano, Julia(2007), *Whipping Girl: A transsexual woman on Sexism and the Scapegoating of Femininity*(Emeryville: Seal Press).

Thompson, Becky, "Multiracial Feminism: Recasting the Chronology of Second Wave Feminism", *Feminist Studies*, Vol. 28, No. 2(Summer 2002), pp. 336~360.

Valenti, Jessica(2008), *He's a Stud, She's a Slut and 49 Other Double Standards Every Woman Should Know*(Berkeley: Seal Press).

Van Praagh, Anna, "Laura Bates and Nimco Ali: Feminism's Superheroes", *Red: Views & Opinions*(16 April 2015). http://www.redonline.co.uk/redwomen/blogs/laura-bates-and-nimco-ali-feminisms-superheroes(Accessed 15 January 2016).

Withers, Deborah, "Transgender and Feminist Alliances in Contemporary U.K. Feminist Politics", *Feminist Studies*, Vol. 36, No. 3(Fall 2010), pp. 691~697.

결론

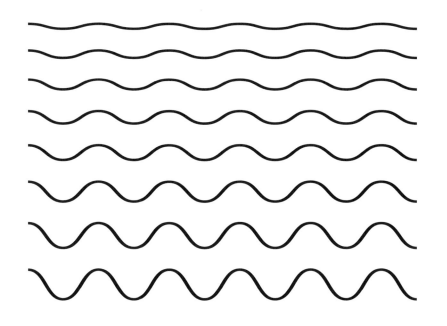

물결의 역사가 페미니즘 행동주의의 급등을 매우 정확하게 묘사하는 것처럼 보일지라도, 많은 문제를 안고 있다. 물결로 쓰인 역사는 진보와 패배라는 서사가 출현하도록 이어졌으며, 사회운동 내 여러 세대 사이의 긴장과 분리를 정당화하는 데 사용된다. 다양한 물결들이 주목을 받은 결과 특정한 기간들은 페미니즘 물결의 '외부' 또는 페미니즘이 '침체'된 시기로 간주되었다. 페미니즘을 주목할 만한 행동이 네 가지 물결의 순간으로 나뉜 것이라 이해한다면, 정치는 급등들 사이에서 침체기로 빠지는 것을 암시하게 된다. 물론 이는 사실이 아니지만, 물결을 이렇게 이해함으로써 장기적으로 지속되어 온 행동주의가 사회운동에 대한 우리의 전반적인 이해에서 지워졌다. 물결은 또한 구체적인 간판 인물 및 정체성과 관련되었다. 제2물결은 열의와 의식 고양으로, 제3물결은 DIY 잡지와 펑크 문화로 각각 거칠게 특징지어진다. 제2물결과 제3물결의 기간 동안 행동주의 강도의 급등은 몇몇 구체적인 여성들을 확실히 물결 전체의 대표자로 위치시킨다. 불행히도 이 여성들 가운데 몇몇은 물결 내에서 실제로 발생하는 다양성의 문제를 성찰하지 않으며, 따라서 물결 서사는 더 다문화적이고 교차적인 사회운동과는 달리 백인 페미니즘에 완전히 묶여 있는 것처럼 보인다. 그러므로 물결이 널리 비판받고, 어떤 경우에는 페미니즘을 역사적으로 이해하는 것과 관련해서 전적으로 거부당한다는 것은 놀랄 일이 아니다.

　　이와 같은 어려움과 한계에도 불구하고, 물결 서사는 여전히 페미니즘 학계와 역사에서 가장 두드러지는 듯하다. 물결을 거부하기로 한 사람들조차도 페미니즘 역사 서사와 관련해서는 다음

　　　　　　　　제4물결 페미니즘: 정동적 시간성

과 같은 입장을 취한다. 물결을 쓰지 않더라도 비평가들은 어쩔 수 없이 먼저 물결을 호출하고 설명한 후에 거부해야 한다. 이처럼 물결이 페미니즘에 유용하다거나 혹은 한계로 간주되어도, 물결은 여전히 페미니즘 학계에서 페미니즘의 역사를 서술하기 위한 방편으로 우위를 차지하고 있다. 이로부터 이 책이 제기한 질문은 어떻게 물결 서사를 긍정적인 의미로 개선할 수 있을지에 관한 것이었다. 물결 서사는 세대 및 정체성과의 연관성으로부터 어떻게 벗어날 수 있을까? 그리고 물결 서사는 페미니즘의 배제와 페미니즘의 곤란한 역사를 다루는 데 어떻게 사용될 수 있을까? 제4물결을 새로운 페미니즘에 대한 세대적 요구와 연관시키는 대신, 나는 제4물결을 사회운동 자체에서의 정동의 급등과 관련이 있는 것으로 이해했다. 이러한 급등 또는 물결은 수많은 교차적인 요인에 의해 생성되며, 이 요인들은 구체적인 정체성이나 연령대와는 관련이 없다. 오히려 급등과 물결은 변화하는 사회정치적 문화에 대한 응답으로 등장한다. 즉 급등과 물결은 특정한 캠페인이나 쟁점이 공적 상상력을 사로잡을 때 기세와 힘을 얻는다. 또한 급등과 물결은 그 순간의 중심적인 관심사처럼 보이는 것에 많은 활동가들이 관여하게 됨으로써 지속된다. 그리하여 물결은 더 유동적인 사건이 될 수밖에 없으며, 불가피한 것도 아니고, 예상할 수도 없다. 물결의 시작은 일련의 상황에서 페미니즘이 평소보다 더 큰 힘으로 급등을 일으키는 맥락이 만들어질 때 매우 유기적으로 발생한다. 이는 그동안 작동해 온 페미니즘의 더 넓은 바다를 부정하기보다는, 오히려 내외적 맥락이 영국에서 페미니즘이 나타나는 강도에 직접적으로 영향을 미친다는 것을 시사한다.

　물결은 순간 내에서뿐만 아니라 소급적으로, 계속해서 열린 것이 되도록 접근해야 한다. 물결 자체의 범위를 제한하거나, 페미니즘의 물결이 아닌 순간을 탐구하지 못하게 한다는 해석 대신에, 물결의 급등을 독특한 맥락에 특유한 현상으로 보는 것도 가능하다. 이를 위해서 나는 페미니즘의 시간 기록을 고려해야 했다. 나는 페미니즘이 직선상에서 하나의 성취로부터 또 다른 성취로 움직인다거나, 완전한 평등을 향해 진보한다는 의미에서 페미니즘을 선형적인 것으로 보아서는 안 된다고 제안한다. 우리는 현재를 과거에서 진전된 것이라 보아서는 안 되며, 마찬가지로 미래를 함께 생각해야 한다. 왜냐하면 미래의 가능성이 사회운동을 지속시키기 때문이다. 이를 염두에 둔다면 과거와 미래는 페미니즘에, 그리고 페미니즘을 이해하는 데 중심적이며 행동주의의 급등은 과거와 미래 없이 존재할 수 없다. 이와 같이 물결의 순간은 동시대가 된다. 즉 행동주의의 동시성은 과거의 지식을 통해 단련되고, 미래에의 지향을 통해 지속됨으로써 순간 속에서 전개된다. 이러한 급등은 현 상태가 아니며, 급등의 에너지는 페미니즘의 역사를 지배하게 될 때까지 유지될 수도 없다. 오히려 동시대 페미니즘의 시간적 강도는 유한하고, 이 동시대 페미니즘 안에서 물결의 순간은 어떤 시점에서는 소멸되어야 하는 유한한 원기 왕성함에 의해 추동된다. 물결이 유한하다는 점, 즉 물결이 무한정한 기간 동일한 수준의 에너지를 유지할 수 없다는 점은 물결의 순간을 페미니즘의 시간선 내에서 표명되도록 만든다. 물결의 순간은 과거를 부정하지 않을뿐더러, 오히려 격렬하게 전개되는 행동주의가 물결 내에서 형태를 갖추게끔 하도록 미래와 함께 과거를 인식한다.

물결 서사를 이처럼 사유하는 방식의 중심에는 정동이 있다. 정동은 개인과 집단, 개인적인 것과 공적인 것, 느낌과 동원 사이의 간극을 연결한다. 서로 다른 페미니스트들이 모두 품고 있는 개인적인 감정에서 시작하는 정동은 구체적인 맥락에서 경험한 감정들이 누적된 효과이기도 하다. 정동으로 연결되는 이 결합은 견인력을 얻기 위해 입법 변경, 긴축 조치, 소셜 미디어 사용, 주목받기 위해 전면에 나서는 더 개인적인 증언을 통해 주변 환경에서 정동이 도출되도록 한다. 물결의 정동적 급등은 일률적으로 공유되는 느낌으로 이루어지지 않으며, 연대와 임파워링이라는 긍정적인 경험뿐만 아니라 페미니즘 내외부 모두에서 나오는 부정적 정동으로도 구성될 수 있다. 이렇게 작용 중인 다중적인 느낌들이 가진 힘, 그리하여 그 느낌들이 집단적으로 경험되는 힘이 되는 방식은 시간성과 더 넓은 사회 모두에서 이행이 가능하게끔 한다. 이를 통해 나는 이 순간의 정동적 강도가 물결을 이루는 것임을 의미한다. 즉 물결에는 반응을 느끼는 것에서부터 시간과 함께 움직이기 시작하는 응집력 있는 사회운동까지 움직임이 있다. 세이그워디와 그레그가 약술한 힘과 이행은 개인을 약화시키지 않으며 느낌을 간과하지도 않는다. 대신에 정동적 환경은 특정한 끈적함을 형성한다. 이 끈적함은 강렬한 사회적 행동주의의 유한한 기간에 페미니스트들을 서로 들러붙게 만든다.

제4물결

　　제4물결 페미니즘은 다양한 정동으로 이루어져 있지만, 이 정동들이 서로를 보완하는 것처럼 보이지는 않는다. 슬럿 워크는 성폭력 유죄 선고의 낮은 비율, 강간 문화, 성적으로 적극적인 여성에 대한 판단과 관계가 있으며, 피해자에게 책임을 묻는 것에 대한 분노와 반란, 저항의 감정을 만든다. 슬럿 워크는 반대로 혐오감과 불신의 감정과도 관련이 있다. 강간에 대응하는 법안이 무수히 많이 통과되었음에도 불구하고, 여성들이 여전히 어떤 방식으로든 성폭력에 책임이 있는 것처럼 보일 수 있다는 사실은 여성들을 좌절시키고, 믿을 수 없을 정도로 일반적인 통념이다. '일상 속의 성차별'은 내가 약술했듯, 여성이 자신의 성차별 경험을 예외적이거나 중요하지 않은 것으로 생각하도록 부추기는 문화에서 연대, 함께 있음, 나눔의 감각을 창출한다. 그러나 '일상 속의 성차별' 사이트에 성차별 경험에 대한 진술이 대규모로 올라오는 바람에, 오히려 성차별은 극복할 수 없고 불가피하다는 감각을 만들어 낸다. '페이스북 강간 문화 고발 캠페인'을 통해 탐구했듯, 페미니즘이 자본에 의존하는 것 또한 다양한 감정을 불러일으킨다. 여성들이 정치를 위하여 기업들을 동원함으로써 임파워링되었을 수도 있지만, 자본에 공모하거나 체념하는 감각 역시 존재한다. 기업이 페미니즘을 향하도록 영향을 미치기 위해서 자본이 필요하다는 것은 피곤한 일일뿐더러 브랜드의 [페미니즘에 대한] 실질적인 관심이나 투자가 부족하다는 사실을 보여 준다. 마찬가지로, 기업과 보다 긴밀한 유대 관계를 형성하게 되면 성차별적 광고를 통해서든 임금 격차의 영속을 통해서든 젠더 불평등을 이용하는 자본주의 체제에 페미니즘이 공모하게 된다. '5파운드 지폐 캠페인'에서 나온 트롤링은 여러 다른 감정을 불러일으켰다. 물론 캠페인이 효과적일 때에는 승리와 성공의 감각이 있지만, 이러한 진보는 폭력의 위협에 부딪힐 것이라는 깨달음과 함께 이루어진다. 크리아도 페레스에 대한 익명의, 그리고 대규모의 온라인 응답은 그녀를 두려움에 떨게 했을 뿐만 아니라 걱정, 두려움, 저항, 무력함의 감각을 운동 전체에 주입했다. 영국의 제도가 개입되면 효과적인 변화가 가능할 수도 있겠지만, 대규모의 트롤이 10파운드 지폐 캠페인에 나서는 여성에게 폭력으로 반응한다면 문화적인 변화는 어떻게 일어날 수 있을까. 이와 유사하게 무스타파의 사례는 그것이 교차성 페미니즘에 관해 폭로하는 것 때문에 말썽을 일으킨다. 서로 다른 정체성을 가진 페미니스트들이 더 넓은 사회에서 어떻게 이해되고 코드화되는지에 따라 매우 다른 대우를 받을 것임은 분명하다. 또한 무스타파는 현재 페미니즘의 전략이 실망스럽게도 페미니즘에 반하게 되는 방식을 보여 주었다. 혐오 발언, 배타적 관행, 침묵시키기는 대부분 주변부에 있는 페미니스트들의 탓으로 간주되며, 더 헤게모니적인 목소리에 도전하는 것이 거의 불가능한 환경을 조성한다.

이 모든 느낌은 조화로운 대화 속에서 작동하는 것이 아니라 서로 충돌하는 것처럼 보인다. 이러한 다양한 느낌들과 더불어 또 다른 페미니즘 물결이 존재했기에 만들어진 대규모의 정동들이 존재한다. 제4물결 현현이 시작되면서, 페미니즘은 언론의 주목을 점점 더 받고 있으며, 페미니즘의 중심적인 관념은 확실히 더 많은 대중에게 퍼지고 있다. 이는 불가피하게 저항과 폭력 위협, 분노를 초래할 것이지만, 페미니즘에 대한 자각 또한 높인다. 페미니즘 쟁점에 대한 이 새로운 감수성은 행동해야 할 필요성뿐만 아니라 분노, 불신의 감정을 만들어 낼 것이다. 격렬한 순간 내에 함께 모일 수 있게 되면서, 물결 바깥에서 가능한 것보다 더 광범위하고 강력하게 느껴지는 연대감이 격화된다. 정동적 환경의 끈적함은 효과적일 뿐만 아니라 강력하고 정동적인 페미니즘 행동을 만들기 위하여 주체들이 서로 들러붙도록 한다. 제4물결의 동시대 속에서 페미니즘의 행동, 혹은 적어도 페미니즘에 대한 관심이 늘어나면서 낙관주의의 감각 또한 수반된다. 페미니즘의 필요성은 실망과 적의, 분노를 불러일으키는 동시에, 이 필요성이 평등한 사회를 향해 여전히 급등하고 있다는 사실이 낙관주의의 원인이 된다. 이는 물론 이전의 물결들에서 페미니즘은 원하는 대로 진전될 수 없었다는 비관주의를 통해 단련된다. 따라서 페미니즘 물결은 과거의 비관주의와 미래의 낙관주의 사이의 긴장 속에 존재하며, 페미니스트 주체들 사이에 강력한 정동적 매듭을 형성한다.

그러나 페미니즘 물결이 강력해지고 사회운동에 대한 관심이 증가한다고 해서 언제나 긍정적인 느낌이 형성되는 것은 아니다. 무스타파를 포함한 교차성 페미니즘과 트랜스 페미니즘에 대한 나의 글이 보여 주듯, 페미니즘 안과 밖에서 차이와 분열이 격화된 바 있다. 여성 성기 절제에 대한 알리의 작업은 제4물결 내에서 연대와 행동이라는 격렬한 감각으로 기여했지만, 물결이 소멸된 이후에도 필연적으로 계속될 것이다. 그녀의 활동은 내가 제4

제4물결 페미니즘: 정동적 시간성

물결로 논했던 다른 행동주의보다도 훨씬 더 노동 집약적인 관여가 될 텐데, 이는 페미니즘 내에서 관심이 부족하기 때문이 아니라, 그녀가 활동하기 전에는 이 쟁점에 관한 법적 지원이나 쟁점에 대한 이해가 거의 없었기 때문이다. 무스타파는 유색인 페미니스트의 작업이 백인 페미니스트의 작업보다 더 어렵다는 것을 보여 준다. 젠더와 인종이 교차하면서, 유색 여성은 백인 여성보다 더 공격적이며 더 까다롭다고 여겨진다. 이와 유사하게 시스젠더 페미니즘과 트랜스 페미니즘 사이의 불협화음이 급등하기도 했다. 이 물결의 흐름 속에서 트랜스 쟁점과 페미니즘 양쪽 모두에 주목하는 것은 두 사회운동 모두에 널리 이로울 수도 있지만, 둘 사이의 상호 작용에는 긴장이 따른다. 이 사례들은 물결이 페미니즘의 에너지를 강화할 때, 부정적인 측면과 부정적인 정동 또한 비슷하게 강화됨을 보여 준다. 트랜스 배제적 래디컬 페미니스트들은 트랜스 페미니즘 운동의 기세에 대항하여 목소리를 드높일 대의명분을 찾는데, 페미니즘에 대한 관심이 높아지면서 트랜스 배제적 래디컬 페미니즘 또한 상당한 주목을 받고 있다. 이와 유사하게 페미니즘이 얻은 주류적인 대중성과 페미니즘 운동에 맞춰진 초점 때문에 유색인 여성과 백인 여성 간의 차이가 훨씬 더 두드러지게 되었다. 물결의 강도는 이러한 쟁점으로 인해 반드시 손상되는 것은 아니며, 오히려 실제로는 절박한 느낌과 시급하게 관여해야 한다는 감각을 갖도록 한다. 배타적인 실천이 개방적이고 급등하는 페미니즘에 모순되는 것처럼, 부정적이고 긍정적인 정동이 상반되는 것처럼 보일지라도, 이 정동들은 모두 동일한 순간 내에서 정동적 관여의 강력한 망을 형성하며

결론

공존한다.

여기에서 내가 개괄한 정동들의 결합은 이전의 물결들에서 보인 역사적인 전례로부터 크게 벗어나지 않는다. 낙관주의와 비관주의는 언제나 페미니즘과 한몸이었고, 사회운동이 계속 존재할 필요성을 정당화해 왔다. 성 평등을 주창하는 사람 없이 성 평등을 향한 변화가 과연 일어날 수 있는가에 대한 비관주의가 존재하는 동시에, 미래가 달라질 수도 있다는 낙관주의는 여전히 남아 있다. 페미니즘의 정동들 및 제4물결 내 페미니스트 주체들의 개인적인 느낌은 페미니즘이 자신의 과거로부터 이탈했음을 시사하지 않는다. '개인적인 것이 정치적'이라는 문구가 오랫동안 페미니즘의 신조로 확립되었다는 사실은 개인적인 감정과 대규모로 현실화된 정동 사이에서 이행이 필요한 이유를 설명한다. 이는 더 나아가 단일한 개인적인 경험이 단계적으로 확대되고 국제화되는 것을 이 순간이 목격하는 것 같지만, 그러한 사건이야말로 언제나 정치의 중심이 되어 왔다는 것을 지적한다. 성폭력 경험, 일상 속의 성차별이라는 부정의의 경험, 불평등에 관련하여 발생한 필연적인 분노의 경험은 페미니즘 전체를 이끌어 왔으며, 따라서 이 특수한 문화적 순간에만 독특하게 나타나는 현상은 아니다. 페미니즘의 물결 속에서 경험하는 연대와 강도는 여러 특정한 동시대가 '물결'로 이해되는 방식을 설명한다. 이 동시대들은 정동적인 매듭을 격렬하게 공유한 직접적인 결과인 행동의 급등이다. 내가 제4물결에 대해 약술한 정동은 실제로는 제2물결 또는 제3물결과 완전히 다르지는 않다. 오히려 이 정동들은 이전에 존재했던 물결들의 순간과 마찬가지로, 이 순간이 투자라는 느낌의 급등을 맥락화하기 위해 페미니즘의 더 넓은 바다에 의존하는 방식을 보여 준다.

강도와 연속성

물결이 그 자신의 정동들로 식별될 수 없다면, 물결은 어떻게 정동적 시간성을 구성할 수 있을까? 워커의 글 「제3물결 되기」로 돌아가서 그녀가 자신의 경험을 새로운 물결의 선언으로 어떻게 바꾸었는지를 들여다본다면 물결이 정동적 시간성을 구성하는 방식을 이해하는 데 도움이 될 것이다. 클래런스 토머스와 어니타 힐 사건은 워커에게 내적으로 전환되어, 워커와 그녀의 연인 사이에서 곤경을 일으켰다. 성차별주의가 지배하는 외부 세계는 이 경우 사적인 생활, 즉 가정 내 상황에서 작동한다. 그러나 워커와 그녀의 연인 모두 체계적인 억압을, 그리고 이 억압들 중 인종과 젠더의 교차점에서의 억압이 가장 무겁다는 것을 인지할 수 있다. 워커는 자신을 파괴하는 자들에게 공모할 것인지 연인에게 물으며 흑인 여성으로서 자신의 경험과 몸이 다른 사람들보다 훨씬 더 큰 위험에 처해 있다는 것을 인식하게 된다. 그때 열차에서 워커를 성적으로 유혹하는 한 무리의 남성들로부터 멀리 떨어진 곳으로 자리를 옮긴 것은 동원의 한 형태다. 그녀는 열차 내 자리 이동 및 그 이동의 느낌을 순수한 힘으로 묘사한다. 두려움, 혐오감, 분노에서 변모한 그녀의 감정은 그녀를 움직이는 힘이 되었다. 그 힘은 단지 객차 사이에 통로를 만들 뿐 아니라, 행동주의의 새로운 물결로 나아가는 통로를 만들었다. 워커의 경험은 중요하다. 워커 스스로가 맥락이 느낌을 자극하는 방식을 식별하고, 이는 이동성과 움직임을 강력히 주장하는 외향적인 전진으로 전환되기 때문이다.

그렇다면 정동적 시간성은 이 시간성이 불러일으키거나 마주친 느낌들이 아니라, 시간성의 강도를 통해 특징지어진다. 제4물결에 관한 장에서 보여 주었듯, 이 물결을 위해 손쉽게 규정된 정동적 정체성 때문에 공적으로뿐만 아니라 사적으로도 논쟁적인 감정이 너무 많이 존재한다. 과거에 실존했던 성폭력에 대한 책임이 늘어난 것과 더불어 영국의 긴축이라는 맥락은 제4물결의 이 특수한 현현에 영향을 미치는 한편, 이러한 맥락은 여러 느낌이 특수한 집단적 원기 왕성함을 띠는 상황을 설명하고 있기도 하다. 마찬가지로 기술을 사용하는 것은 제4물결의 방법론으로 자리매김될 수 있지만, 각각의 물결은 모두 원하는 대로 방법론적 혁신을 활용해 왔다. 온라인 활동으로 특징지어지는 기간에서 사회운동이 소셜 미디어로 눈을 돌리게 되는 것은 불가피하다. 그러므로 온라인 행동주의를 본질적으로 페미니즘적이라고 말할 수는 없지만, 페미니즘을 증진시키고, 페미니즘의 아이디어를 대중 기반으로 퍼뜨리고, 점점 더 빠르게 조직화하기 위해 온라인이 사용될 수 있다. 사회적, 정치적 맥락은 정동 및 강도와 관련해서 격렬한 느낌이 있을 만한 공간을 조성해 왔다. 또한 소셜 미디어에서는 공적인 것과 사적인 것의 경계가 흐려지면서 대개 개인적인 경험과 반응이 정당하게 공적 영역으로 이동할 수 있게 되었다. 소셜 미디어는 강도가 지속될 수 있는 신속성을 만들어

냄으로써 이에 기여해 왔다. 다시 말해, 소셜 미디어는 쟁점들이 사람들 사이에 서서히 스며들거나 오래 묵혀지도록 내버려 두지 않으며, 사람들이 쟁점들을 즉시 보고하고 대응할 수 있도록 한다. 이와 같이 제4물결은 순전히 행동주의나 이에 관련된 페미니스트들을 통해서가 아니라, 활동의 강력한 급등을 용이하게 하는 맥락과 기술을 통해 창출되었다.

각 페미니즘 물결에는 선거와 같이 특정한 목표의 성취로, 혹은 젠더를 수행적인 것으로 접근하는 것과 같이 사회적, 문화적 변화에 영향을 미치는 행동주의가 지속된 기간으로 귀결되는 강도가 있었다. 강도는 더 많은 활동가들을 고무하여 물결을 페미니즘의 역사 내에서 표명되는 순간으로 만들고, 사회에서 더욱 주목받으면서 물결을 형성한다. 이 원기 왕성함은 기념비적인 사건에서만 출현하는 것이 아니라, 겉보기에 그리 중요하지 않아 보이는 사건이 세를 얻을 때에도 발생할 수 있다. 이는 페미니즘과 더욱 관련이 있는 새로운 맥락이나 매우 광범위한 호소력을 얻는 특수한 캠페인의 존재 유무와 상관없이 수많은 요인이 서로 충돌할 때 발생할 수 있다. 아메드가 말했듯, 이러한 힘들은 특정한 끈적함을 가지고 있다. 정동들은 모두 함께 작동하여 사람들에게 들러붙는다. 그리고 결과적으로 이 정동들은 응집력 있는 사회운동으로 보이는 것에서 페미니스트들을 서로 들러붙도록 한다. 페미니즘에 들러붙은 사람들의 수 자체는 이미 많았으며, 언제나 활동해 온 사회운동들 사이에 급등으로 보이는 것을 만든다. 그러나 정동은 한결같이 긍정적이지도 않고, 연합한 페미니즘에 언제나 찬성하며 작동하지도 않는다. 때로는 일반적으로 공유되는 감정이 아닌 집단적 감정의 강도가 페미니즘의 급등을 형성하기도 한다. 페미니즘에 대한 관심, 페미니즘 행동, 원기 왕성함이 늘어나면서 다른 여러 감정, 말하자면 페미니즘 내의 배제적 관행과 실패를 뒷받침하는 곤란한 정동들이 전면에 제기된다. 화합의 느낌을 일으키지는 않지만, 사회운동이 내적 진보와 발전을 계속하기 위해서는 이러한 정동들이 존재해야 하며, 표현되어야 한다. 게다가 나쁜 감정은 균열이나 분리 같은 것을 초래할 수 있지만, 여전히 물결이라는 순간의 전반적인 정동적 강도에 기여한다.

시간: 연대기적이지만 비선형적인

물결 서사, 특히 이 네 번째 현현에 대한 나의 이해는 페미니즘의 시간을 재사유하는 것을 중심으로 한다. 시간성에 대한 장에서 약술한 퀴어 이론과 마찬가지로 페미니즘은 과거, 현재, 미래의 동시성을 필수적으로 유지한다. 과거는 미래를 향한 페미니즘의 방향을 제시할 뿐만 아니라, 선례를 수립하여 이로부터 각 물결의 현현이 출현할 수 있도록 한다. 역사에 초점을 두면 이전의 물결이 새로운 물결로 대체되거나 잊히는 대신에 시간이 지나도 전달되도록 할 뿐만 아니라, 사회운동의 진보를 측정할 수 있게 된다. 역사 말고도 페미니즘의 과거에도 초점이 맞춰진다는 것 또한 중요하다. 이는 아카이브를 확장하고 역사에서 주변화되거나 잊힌 목소리를 발견할 가능성을 열어 준다. 이처럼 역사에서 주변화되거나 잊힌 목소리를 되찾는 기획은 사회운동이 계속해서 개방되도록 하여, 페미니즘이 역사 전반에 걸쳐 해온 작업에 대한 가치 평가와 연계될 수 있다. 미래와 과거는 동시대에서 특히 중요해지는데, 동시대에서 행동주의의 순간은 물결을 구성하게 될 정도로 강도 높은 순간이다. 순간이 더 넓은 시간의 바다 안에 있다고 이해함으로써, 각 물결이 페미니즘 내의 혁신이나 혁명이라는 점에 초점을 맞추기보다는 연속성이 강조된다.

나는 연대기를 벗어날 수 없다는 것을 시인했다. 즉 제1물결, 제2물결, 제3물결이 모두 순서대로 발생했던 것처럼, 페미니즘의 진보, 사건, 행진, 캠페인은 모두 구체적인 날짜에 발생했다. 그러나 나는 물결의 발생이 선형적인 것이 아니라 연대기적이라는 것을 강조하면서 각 새로운 물결이 순전히 시간이 지남에 따라 일어난 것이 아님을 보여 주고자 한다. 다시 말해 제2물결, 제3물결, 제4물결의 기간에서 이전의 물결이 지나가 버렸거나 혹은 완전히 소멸했기 때문에 각각의 새로운 반복이 발생했다고 볼 수는 없다. 새로운 물결은 필연적인 것이 아니다. 즉 페미니즘의 원기 왕성한 기세를 유지하기 위해서 새로운 물결이 다른 물결을 대체하는 것이 아니다. 제2물결, 제3물결, 제4물결이 모두 빠르게 연속해서 나타나는 것처럼 보이는 까닭은 이 때문이다. 물결은 반드시 다른 물결을 선형적이거나 불가피하게 이어받는 것이 아니라, 오히려 그 당시의 기술적 능력에 달린 매우 구체적인 맥락에 대한 응답이다. 이를 염두에 두면, 또 다른 페미니즘 물결이 생기지 않을 수도 있다. 사회운동은 계속해서 여남 동수를 추구하겠지만 물결의 정동적인 환경을 조성하는 또 다른 맥락과는 만나지 않을 수도 있다. 반대로 페미니즘에 끈적한 정동적 시간성을 창출하는 맥락이 등장하면 무수히 많은 물결이 더 존재하게 될 수도 있다. 이 모든 가능성은 각 새로운 세대가 전적으로 자기만의 새로운 사회운동으로 '어머니' 선구자를 대체하며 페미니즘을 만든다는 생각을 무효화한다. 물결은 반드시 세대 분열과 연결되지 않으며, 대신에 독특한 사회정치적인 것들의 성좌를 통해 공고해진 급등 또는 힘으로 이해될 수 있다.

결론

물결을 '접촉하는 시간'으로 생각하기 위해서는 정동과 시간성이 모두 필요하다. 동일한 순간에 침입하고 사회운동을 안내하고 방향을 제시하는 시제들과 더불어, 과거, 현재, 미래의 동시성은 시간성에 촉각적 특질을 부여한다. 물결은 시간선과 고유한 관계를 맺으며 여전히 연대기를 고수하지만, 페미니즘이 가장 격렬할 때에는 언제나 과거와 현재에 대한 이해가 동시에 이루어지고 있음이 분명하다. 이 촉각적 시간성은 순간의 정동에 대한 강도에 기여하며 물결을 일으킨다. 페미니즘을 둘러싼 느낌은 이를 통해 만들어지고 영원히 지속되어 물결의 운동을 구성하고 지속시킨다. 공유된 정동의 강도, 즉 좋고 나쁜 다른 감정의 범위를 누적하는 것은 순간의 우연성에 반응하며 동시대 물결을 유지한다. 페미니즘의 물결은 물결의 힘뿐만 아니라, 그 힘의 유한하고 예외적인 본성을 통해 드러난다. 물결을 형성할 때 정동과 시간성은 원기 왕성함과 함께 작동하지만, 이 원기 왕성함은 오랫동안 지속될 수 없다. 활동가들은 그러한 급등을 계속하는 데 필요한 에너지를 소진할 뿐 아니라, 물결이 우연하다는 것은 물결의 흐름flux이 변할 수 있음을 의미하기 때문이다. 물결은 구체적인 맥락에서 만들어지기에, 그 맥락의 핵심적 양상이 바뀐다면 물결은 기세를 잃을 수 있다. 더 나아가 정동은 이전보다 강도에 있어 덜 끈적한 운동을 형성하면서 사라질 수도 있다. 정동은 그러한 페미니즘적 강도의 순간을 창출하는 데 중심이 된다. 이는 대규모 느낌의 강도가 물결에 관련된 페미니스트들뿐만 아니라 변화가 필요한 더 넓은 사회와 닿아 있음을 인정하는 것이다.

참고문헌

Campbell, Sue, "Being Dismissed: The Politics of Emotional Expression", *Hypatia*, Vol. 9, No. 3(Summer, 1994), pp. 46~65.

Currie, Dawn and Kazi, Hamida, "Academic Feminism and the Process of De-Radicalization: Re-examining the Issues", *Feminist Review*, No. 25(Spring, 1987), pp. 77~98. https://www.jstor.org/stable/i260629.

Felski, Rita, "Telling Time in Feminist Theory", *Tulsa Studies in Women's Literature*, Vol. 21, No. 1(Spring, 2002), pp. 21~28.

Grey, Sandra and Sawer, Marian(2008), *Women's Movements: Flourishing or in abeyanc*e? (London: Routledge).

Halberstam, Judith(2011), *The Queer Art of Failure* (California: Duke University Press).

Halberstam, J. Jack(2012), *Gaga Feminism: Sex, Gender, and The End of Normal* (Boston: Beacon Press).

Jacob, Krista and Licona, Adela C., "Writing the Waves: A Dialogue on the

Tools, Tactics, and Tensions of Feminisms and Feminist Practices over Time and Place", *NWSA Journal*, Vol. 17, No. 1(Spring 2005), pp. 197~205.

Mann, Susan A. and Huffman, Douglas J., "The Decentering of Second Wave Feminism and the rise of the Third wave", *Science & Society*, Vol. 69, No. 4(January, 2005), pp. 56~91.

Margretts, Helen et al.(2016), *Political Turbulence: How Social Media Shape Collective Action*(Oxford: Princeton University Press).

Mirza, Heidi, "Plotting a History: Black and postcolonial feminisms in 'new times'", *Race Ethnicity and Education*, Vol. 12, No. 1(March 2009), pp. 1~10.

Ngai, Sianne(2007), *Ugly Feelings* (London: Harvard University Press).

Purvis, Jennifer, "Grrrls and Women Together in the Third Wave: Embracing the Challenges of Generational Feminism(s)", *NWSA*, Vol. 16, No. 3(Autumn, 2004), pp. 93~123.

Riley, Denise(2005), *Impersonal Passion: Language as Affect* (London: Duke University Press).

Simic, Zora, "'door bitches of club feminism'?: academia and feminist competency", *Feminist Review*, Vol. 95, No. 1(July 2010), pp. 75~91.

Stacey, Judith, "Is Academic Feminism an Oxymoron?", *Signs*, Vol. 25, No. 4(Summer 2000), pp. 1189~1194.

Valenti, Jessica(2010), *The Purity Myth* (Berkeley: Seal Press).

Walby, Sylvia(2011), *The Future of Feminism* (Cambridge: Polity Press).

Wolf, Naomi(1991), *The Beauty Myth: How Images of Beauty are Used Against*

Women (London: Vintage).

World Health Organisation(2013), *Global and regional estimates of violence against women: prevalence and health effects of intimate partner violence and non-partner sexual violence* (Geneva: WHO), Report no. HV 6625.

Wrye, Harriet Kimble, "The Fourth Wave of Feminism: Psychoanalytical Perspectives Introductory Remarks", *Studies in Gender and Sexuality*, Vol. 10, No. 4(2009), pp. 185~189.

옮긴이의 말

페미니즘이 역사를 말한다는 것은 중요하다. 오랫동안 역사는 신의 소유인 영원의 시간이었거나, 진보를 성취하는 인간, 남성, '그'의 시간이었기 때문이다. 무엇보다도 역사는 시간에 대한 어떤 서사다. 이는 지나간 시간에 대한 기억이자, 미래에 대한 기대와 관련을 맺는다. 프루던스 체임벌린의 『제4물결 페미니즘: 정동적 시간성』이 흥미로운 사실은 역사를 그저 과거의 사건이 아니라 과거에 일어났던 일을 기록하고 문서화하여 설명하는 방식에 주목한다는 점이다. 체임벌린은 사건을 쓰고 기억하는 주관적 방법을 검토하면서 '실제로 일어난 일'과 '우리가 일어났다고 이해한 일' 사이의 차이를 사유한다. 그에 따르면 역사에 대한 설명은 필연적으로 역사 그 자체를 형성하고 구조화한다.

이 책은 어떻게 역사를 서사할 것인가를 질문한다. 이는 오랫동안 세계의 창조자로 자처한 남성, 대문자 인간^{Man}인 그^{He}의 역사를 기록하는 방식과는 다르게, 동시대 페미니즘의 역사를 서사하는 방식을 탐색하며 타자들의 역사, 페미니즘의 역사를 펼친다.

그러나 이 책의 역사 서사는 인류의 역사를 고쳐 쓰기에 초점을 맞추기보다는, 오랫동안 페미니즘 역사를 바다에 비유하여 기록한 물결 서사를 정동적 시간성이라는 측면에서 새롭게 사유하는 것을 택한다. 이와 같은 선택의 이유는 온라인을 기반으로 페미니즘의 새로운 물결로 급등한 제4물결을 선형적 서사를 기반으로 삼는 진보 사관으로 설명하기에서 비켜나 동시대의 현장을 이해하기 위해서다.

———

이 책에서 다루는 역사적 사실은 아주 먼 과거로 거슬러 올라가지 않는다. 체임벌린은 2011년 시작되어 북미 주요 도시와 유럽, 오스트레일리아 등 세계 60개 도시와 한국에서도 진행한 슬럿 워크에서 비롯한 온라인 페미니즘의 동시대적 진행을 영국을 중심으로 살핀다.

체임벌린은 온라인을 기반으로 삼는 동시대의 페미니즘을 『가디언』의 저널리스트인 키라 코크런이 2013년에 『반항하는 모든 여성들: 제4물결의 등장』에서 최초로 사용한 '제4물결'로 칭한다. 체임벌린은 페이스북과 트위터 등의 디지털 온라인 플랫폼과 SNS 이용에 방점을 맞추어 페미니즘 행동주의의 연결성과 즉시성에 주목하여 여성들의 소통과 캠페인의 조직에 따라 그 전과는 다른 방식의 새로운 행동주의를 제4물결로 설명한다.

제4물결의 주요 특징으로 기술에 주목하는 이유는 다음과 같다. 기술 발전이 소통과 행동의 속도에 추진력을 부여하면서 응답성, 즉시성, 신속성의 감각을 높여 대화로 이끌고 사회 문제의 불만을 표현할 수 있는 문화를 보장하면서, 행동주의의 참여와 특정한 종류의 느낌의 생산으로 이끌기 때문이다. 하지만 체임벌린은 디지털 기술과 활력적 행동주의 연결로 출현한 새로운 페미니즘을 세대로 이해하기보다는 물결로 설명한다. 이 물결은 오래된 것을 대체하는 물결이 아니라, 오히려 페미니즘의 바다에 이전에 존재한 물결들과 더불어 각각의 물결이 새롭게 나타나는 활력 넘치는 시기를 뜻한다. 또한 물결은 대중의 감정적 반응을 자극하는 개별 사건들로 생겨나고 페미니즘의 물결을 일으키기 위한 활동들이 응집하는 시간성으로 설명된다.

여기서 체임벌린은 물결을 서사하는 시간성을 '정동적 시간성'으로 제시한다. 이러한 체임벌린의 문제의식은 비가역적인 선형적 시간성으로 설명할 수 없는 우연성이 제4물결을 추동하며 이미 지나간 것이라고 여겨진 과거의 물결들이 동시대의 물결과 더불어 급등하고 있다는 점에서 기인한다. 정동과 페미니즘 물결은 강도의 급등에 따라 끊임없이 변화하고 그 강도가 더 이상 지속될 수 없을 때 사라진다. 이로 인해 체임벌린은 물결을 정동이 지속되는 기간과 관련한 정동적 시간성과 연관시켜 서사한다. 정동적 시간성은 현재 순간에서 일어나는 정동적 즉시성에 어떻게 과거와 미래가 영향을 미치는지를 이해하면서도, 물결을 페미니즘 역사 서사를 구성해 나가는 중요한 수단으로 만든다. 이와 같은 이유로, 새로운 시간성을 통과하는 물결 서사로 페미니즘 운동의 역사성을 검토할 것으로 제안하는 것이다.

———

　이 책은 1장 「서문」에서 4장까지는 물결 서사의 필요성과 새롭게 물결 서사를 읽어 낼 시간 기록의 방법론을 고민한다. 시간 기록은 정동적 시간성이라는 개념을 통해 설명된다. 이는 정동이 물결과 어떻게 연관되는지를 탐색하고, 그러한 물결이 어떠한 시간성을 지니면서 다른 물결들과 관련하여 선형적 시간성과 다른 방식의 페미니즘 시간 서사를 가능케 하는지 탐색하는 것이다. 5장, 6장, 결론에 이르는 내용은 영국을 중심으로 실제 사례를 다루어, 소위 제4물결이라 칭할 수 있는 정동적 시간성인 제4물결의 급등을 주요하게 짚고 이에 기여한 동시대의 기술들과의 연관성을 제시한다. 각 장의 내용을 세부적으로 살펴보면 다음과 같다.

　1장과 2장에서 저자는 물결 서사가 수많은 비판에도 불구하고 여전히 사용되고 있는 이유를 탐구하고, 물결을 특정 세대나 정체성이 아닌 시간성으로 사유할 것을 제안한다. 선형적으로 물결을 이해하면, 물결들이 교차하면서 만들어질 수 있는 대화를 위한 공간이 형성될 수 없기 때문이다. 또 물결을 세대적인 것으로 이해하는 것과도 단절하는데, 세대와 물결을 동일시하면 한 물결이 다른 물결로 완전히 대체된다고 여기게 된다. 이런 식으로 물결을 이해하면, 물결 서사는 세대 간의 대화를 방해할 뿐만 아니라, 하나의 물결을 특정한 정체성에 결부시킴으로써 당시 페미니즘 운동에 적지 않은 영향을 미쳤던 여타 주변화된 정체성들을 배제하게 되어 물결 서사가 주요하게 비판받는 가장 주요한 이유로 회귀한다. 여기서 저자는 물결 서사가 물결에 대한 이야기를 들려주는 방식의 서사의 새로운 가능성을 탐구해야 한다고 제안한다. 그리고 새로운 물결을 이전의 물결과 구별하는 것은 세대나 정체성이 아니라, 새로운 물결이 구체적인 역사적 순간에 관련된 새로운 에너지를 안정된 페미니즘 투쟁을 이어 나가는 데 활용하고 있다는 점에 주목할 것을 강조한다. 이 점에서 물결 서사는 확실성의 기표가 아니며, 새로운 물결은 특히나 강렬한 순간을 경계 짓는 것일 뿐이며, 고정되어 있지 않고 그 시대의 정동에 열려 있다.

3‒4장에서는 물결 서사를 쓰는 새로운 방식을 시간성과 관련하여 탐구한다. 저자는 어떻게 시간을 기록할 것인가의 문제에 집중하며, 정동 개념에 주목해 정동적 시간성을 제안한다. 동시대의 페미니즘은 즉각적인 순간에 일어나는데, 이는 언제나 역사를 되돌아보게 하는 동시에 발생시킨다. 동시대의 정동이 과거에 지나간 것으로 여겨진 물결의 정동들과 닿아 연결한다는 것이다. 체임벌린은 이러한 정동의 연결로 인한 행동주의의 지속하는 시간을 정동적 시간성으로 설명하고, '촉각적 시간성' 또는 '닿는 시간들'의 한 형태로 이해한다. 특히 느낌과 정동이 중요한데, 이로 인해 지금 순간은 과거와 미래 모두에 의해 움직여지면서 현재라는 시간 속에 행동주의의 급등을 이끌어 낼 수 있다. 저자의 관심은 순간 속에 나타나는 정동들의 기술과 해독하는 방법론을 제안하기보다는, 어떻게 정동이 제한된 기간 동안 스스로를 지탱하는 특정한 형태의 공적 느낌을 만들어 정치적 주체들을 한데 묶을 수 있는지에 관심을 둔다. 궁극적으로 정동의 불확실성과 힘을 긍정하면서, 정동이 시간을 관통해 생성하는 이행이 독단이나 정

확성을 즉시 요청하지 않고도 페미니즘 물결을 출현시킨다고 주장한다. 이러한 정동에 대한 사유는 페미니즘의 급등에서 작용한 부정적 정동에 의미를 부여한다. 부정적 정동들은 항상 환영받지 못할 수도 있고 사람들을 불편하게 만들 수도 있지만, 페미니즘을 계속 진보하게 만드는 것은 바로 그 불편함이라는 것이다. 정치는 외부의 정동적 맥락에 의해서가 아니라, 내부에서 생산된 정동들에 끊임없이 적응하며 형성된다. 페미니즘 시간성을 정동에 귀속시킴으로써, 개인적 느낌이 보다 사회적이고 공적인 영역 내에서 공존할 수 있으며 각각의 주체들이 서로 어떻게 들러붙는지를 이해할 수 있다.

5장에서는 영국을 중심으로 동시대 제4물결로 칭해지는 구체적인 행동주의를 설명한다. 이 장은 동시대 영국 사회를 기반으로 하는 다섯 가지 사례, '슬럿 워크,' '일상 속의 성차별,' '페이스북 강간 문화 고발 캠페인,' '#모든백인남성을죽이자,' '5파운드 지폐 캠페인'을 소개한다. 소셜 미디어는 제4물결 페미니즘 행동주의의 유포와 참여의 방식을 변화시켰다. 특히 기술 사용에 따른 온라인 행동주의의 즉시성과 빠른 속도는 새로운 형태의 집단과 특정한 정동적 환경을 만든다. 슬럿 워크는 슬럿이라는 단어를 재전유하는 방식으로 강간 문화에 이의를 제기한 대표적인 운동으로 온라인에서 규모를 확장했다. 일상에서 일어나는 크고 작은 성차별 사건들을 아카이빙해 온 '일상 속의 성차별'은 온라인 공간의 즉시성과 접근 용이성으로 기술이 페미니즘 실천을 변형하는 방식을 명확히 한 사례다. '페이스북 강간 문화 고발 캠페인'은 대기업 그리고 자본의 힘이 제4물결 페미니즘과 맺는 느슨한 관계를 보여 준다. 신자유주의적 맥락에서 기업과 브랜드와 관계 맺지 않는 행동주의는 오히려 상상하기 어려운 것이 되었다. 페미니즘 운동에 기업을 동원하는 것은 불편하지만 운동의 효과를 높이고 동시에 기업의 정치를 복잡하게 만든다. 페미니즘 용어, 특히 아이러니를 말하는 사람이 누구인가에 따라 허용되지 않거나 의도적으로 곡해된 '#모든백인남성을죽이자' 사례와 영국 지폐에 여성 인물의 얼굴을 넣기 위한 '5파운드 지폐 캠페인'이 성사되자 트롤링과 반격을 받은 사례는 물결과 반격이 동시대에서 강도의 높고 낮음을 공유한다는 것을 보여 준다. 5장에서 다루는 사례들은 제4물결의 시간성에 각기 다른 정동을 부여한다. 그러므로 사례를 제시하는 것은 정동을 명확한 언어로 정의하여 제시하는 것을 피하면서, 복잡하고 지속적으로 움직이는 정동적 환경을 살펴보는 것을 가능케 한다.

6장에서는 제4물결 페미니즘으로 표명되는 동시대 페미니즘의 '미래'에 대해서 쓰는데 사실상 그 미래는 예측하기 어렵다. 즉 물결이 얼마나 지속될 것인지, 그리고 어느 시점에서 소멸될지는 불확실하다. 제4물결 페미니즘의 미래를 예측하는 대신에, 5장에서 다룬 사례들과 대화하며 물결 시간성의 미래성을 논의한다. 물결은 구체적인 맥락에 페미니즘이 응답함으로써 만들어지기 때문에, 페미니즘의 내적, 외적 맥락이 바뀌면 물결도 기세를 얻거나 잃을 수 있다. 저자는 특히 물결을 만들기 위해 긍정적이고 좋은 정동뿐만 아니라 부정적인 정동 모두가 관여하여 결합한다는 점을 강조하며, 페미니즘의 기세를 약화시킬 수 있는 요소, 즉 분리, 특권, 위협, 가장 중요하게는 인종 및 트랜스 쟁점과의 교차성에 주목한다.

—

이 책의 번역을 결정한 가장 큰 이유는 2016년 강남역 여성혐오 살인 사건을 분기로 삼아 급등한 한국의 페미니즘을 이해하기 위해서다. 이 책의 상황이 한국의 페미니즘을 전부 설명할 수 있다거나 완전히 비슷하다고는 생각하지 않는다. 그러나 디지털 기술과 온라인 플랫폼의 소통 방식, 그리고 해시태그를 통한 캠페인 조직으로 페미니즘이 확산되고 분기되는 과정은 한국의 페미니즘과 결코 무관하다고 생각하지 않는다. 게다가 이 책은 정동적 시간성이라는 아주 의미 있는 개념을 제안한다. 이 개념이 인본주의를 넘어서는 페미니즘의 서사 방식 모색에 도움이 되리라 생각한다.

번역이 결정되고 난 후, 혼자서 이 책을 떠맡기보다는 한국의 제4물결을 타고 넘나드는 '영영 페미니스트들'과 꼭 함께 번역하자고 결심했다. 그러한 바람 덕분인지 우연이 맺어 준 인연으로 강은교, 김상애, 허주영과 함께 이 책을 무사히 번역할 수 있었고, 이 책의 문제의식을 한국의 상황에서 사유해 보려는 또 다른 책 역시 준비할 수 있었다.

이 책의 1장과 2장은 강은교, 3장과 4장은 김은주, 5장은 허주영, 6장과 결론 그리고 감사의 글은 김상애가 번역했다. 강은교, 김상애, 허주영과 함께한 시간을 떠올리며 정말로 고맙고도 기뻤다는 말을 전한다. 글을 꼼꼼하게 읽어 준 편집자와 에디투스 연주희 대표에게도 감사의 말을 전한다. 2016년에서 5년이 지났다. 많은 것이 바뀌었으나 여전히 진행 중이다. 동시대에 함께 존재하는 페미니스트들에게 존경을 전한다.

2021년 봄
공역자들을 대신해 김은주 씀

찾아보기

제4물결 페미니즘: 정동적 시간성

ㅂ

ㅅ

제4물결 페미니즘: 정동적 시간성

제4물결 페미니즘: 정동적 시간성

제1판 1쇄 2021년 5월 21일

지은이 프루던스 체임벌린
옮긴이 김은주, 강은교, 김상애, 허주영
펴낸이 연주희
편집 엄정원
펴낸곳 에디투스
등록번호 제2015-000055호 (2015.06.23)
주소 경기도 성남시 분당구 황새울로351번길 10, 401호
전화 070-8777-4065
팩스 0303-3445-4065
이메일 editus@editus.co.kr
홈페이지 www.editus.co.kr

제작처 영신사

가격 18,000원

ISBN 979-11-91535-00-6